本书出版获浙江大学"双一流"专项经费资助

主 编 李 娜

编委会（按姓氏拼音或字母为序）

陈蔚镇（同济大学）

陈 新（浙江大学）

李宏图（复旦大学）

姜 鹏（复旦大学）

马 勇（中国社会科学院）

孟钟捷（华东师范大学）

潘守永（上海大学）

苏智良（上海师范大学）

唐际根（中国社会科学院、南方科技大学）

唐建光（新历史合作社）

杨祥银（中国人民大学）

赵冬梅（北京大学）

赵亚夫（首都师范大学）

周 兵（复旦大学）

Paul Ashton（澳大利亚悉尼科技大学）

Sharon Babian（加拿大科技博物馆）

James F. Brooks（美国加州大学圣巴巴拉分校）

David Dean（加拿大卡尔顿大学）

Michael Frisch（美国纽约州立大学布法罗分校）

Jerome de Groot（英国曼彻斯特大学）

Marla Miller（美国马萨诸塞大学）

Serge Noiret（欧洲大学学院）

Constance B. Schulz（美国南卡罗来纳大学）

Graham Smith（英国纽卡斯尔大学）

Alexander Trapeznik（新西兰奥塔哥大学）

启真馆 出品

公众史学

|第四辑|

李娜 主编

浙江大学出版社
ZHEJIANG UNIVERSITY PRESS

前　言

今天的中国，历史似乎无处不在：公众以怀旧的情感倾听往昔的声音，述说身边的历史；以主人翁的态度用第一人称与历史直接对话；相信直觉，将"过去"生动地植入"现在"。当亲历者的声音在历史解读中显得日益重要，当历史的场景得以生动地再现，当普通人开始质疑曾经理所当然的历史叙事、解释或论断，开始发掘那些隐藏的或未曾被讲述的故事，开始关心宏大历史所不屑于关注的种种细节，历史便不再被垄断，不再是专家学者的专利，不再是对权力精英的背书；历史开始百花齐放、百家争鸣。公众史学——一门新兴学科，一种新型史观，一场知识自组织运动，一种大众文化——应时代而生。

公众史学是突出受众的问题、关注点和需求的史学实践；促进历史以多种或多元方式满足现实世界的需求；促成史家与公众共同将"过去"建构为历史。其基本旨趣，亦是其新颖之处，在于多样性与包容性。

媒体的变革意味着获取知识的途径更多元、平等、活跃，意味着历史发现、解释与传播的空间日益扩大，也意味着人人都可能成为史家。但是，这并不意味着人人都能够成为史家。史学的方法和技能依然不可替代：对信息或知识的审辨、分析、比较和应用，对历史的深度体验，对历史真实性的求证，对历史环境的解读与保护等，均需要长期严格的专业训练。换言之，历史的严谨、客观与公正没有也不应该因为公众的参与或新媒体的介入变成消遣，变得容易。

历史的"公众转向"标志着另一种史学的可能性，成为开创新形态历史研究的契机。公众史学的发展既要上升到学科高度，成为专门之学，学理清晰、构架完整、自成体系，又要突破专门之学的种种弊端，不断探索、鼓励创新、敢于纠错、勇于实践、侧重具体、无意排他。

《公众史学》坚持开放的视域、启蒙的精神、独立清正的学术追求；通过平实易懂、流畅亲切的语言，通过细节，构建历史的丰富性；通过情景再现，返回历史现场，发掘复杂甚至矛盾的历史事实，并为之提供论辩的空间；书写民间的历史情感和具体的伦理诉求；建构一种民间记忆的多元图景。

《公众史学》是公众史学的研究者、实践者和教育者与公众交流的平台。《公众史学》鼓励跨学科、多领域、学院内外的交叉与合作，鼓励学者与研究受众之间"共享权威"；期待积极、活跃的公众参与；强调就具体问题、具体人物的微观互动。

求真的勇气与实践、学识服务于公众的谦卑是《公众史学》的原动力。史学，或任何学科之进取，当有一股力量、一种精神、一番创新。"路漫漫其修远兮"，愿同人共同努力！

目　录

理论探索、前沿与反思

公众史学与环境

实践聚焦：图像、历史与记忆

评　论

CONTENTS

THEORY, HISTORIOGRAPHY, AND REFLECTION

PUBLIC HISTORY AND THE ENVIRONMENT

REPORTS FROM THE FIELD:
IMAGES, HISTORY, AND MEMORY

理论探索、前沿与反思

共同探究是反思公众史学实践的重要组成部分。所有好的历史实践都是反思性的，但公众史学需要一种特殊的承诺，即合作、回应、共同探究和共享权威。由于受过训练的实践者和非专业人士往往会为不同的目的寻找不同的过去，公众历史学家可能会发现自己处于倡导和调解之间，通过共同探究的过程检讨和调整自己的行为。在《对共享探究的共同探究》一文中，作者以 30 年来的公众历史经验为基础，反思了他们在共同探究和共享权威时所面临的困境。

2019 年 7 月，第三届中国公众史学高校师资培训班在浙江大学举行。这次培训的主题是"口述历史、公众史学与数字人文"（Oral History, Public History and Digital Humanities)。迈克尔·弗里施在这次培训中主持了为期 3 天的"从共享权威到口述与公众史学的数字转向"工作坊。弗里施在为《公众史学》撰写的专稿《数字时代如何"共享权威"》中深入分析了公众史学在数字时代面临的挑战和机遇。

对共享探究的共同探究 *

凯瑟琳·科贝特 (Katharine T. Corbett)

霍华德·米勒 (Howard S. Miller)

摘要: 共同探究是反思公众史学实践的重要组成部分。所有好的历史实践都是反思性的,但公众史学需要一种特殊的承诺,即合作、回应、共同探究和共享权威。由于受过训练的实践者和非专业人士往往会为不同的目的寻找不同的过去,公众历史学家可能会发现自己处于倡导和调解之间,通过共同探究的过程检讨和调整自己的行为。由于公众史学本质上是情境性的,所以没有一种方法是放之四海而皆准的。作者以 30 年来的公众历史经验为基础,反思了他们在共同探究和共享权威时所面临的困境。

Abstract

Shared inquiry is a key component of reflective public history practice. All good historical practice is reflective, but public history requires a special commitment to collaborate, to respond, to share both inquiry and authority. Because trained practitioners and lay people often seek different pasts for different purposes, public historians may find themselves poised between advocacy and mediation, monitoring and adjusting their own behavior through the process of shared inquiry. Since public history is inherently situational, there is no one-size-fits-all methodology. Drawing

---

  * Katharine T. Corbett, Howard S. Miller, "A Shared Inquiry into Shared Inquiry, " *The Public Historian*, Vol. 28, No. 1, pp. 15-28. © 2012 by the Regents of the University of California and the National Council on Public History. Published by the University of California Press. 该文由于留振(陕西师范大学历史文化学院副教授)翻译。

on thirty years of shared public history experience, the authors reflect on situations in which they strove to share both inquiry and authority.

杰西·苏尔科夫斯基（Jessie Sulkowski）早已从针线活中退休，坐在沙发上，凝视着来自密苏里大学圣路易斯分校社区档案馆里的一些照片。凯西·科贝特（Kathy Corbett）带来这些照片，是为了充实收藏的照片文献，这些照片文献是在 1933 年国际妇女服装工人工会发起的圣路易斯制衣工人罢工期间拍摄的。她和一名同事手里拿着照片、录音机和相机，追踪找到了一些退休的制衣工人，希望他们能够认出其中一些面孔，或许还能让那些早已凝固在时间里的场景重现生机。或许，他们也可以收集有关罢工历史的口述证据。

突然，杰西叫了起来："照片里的人是我和我妹妹！"几十年过去了，她热情地回忆起大萧条时期的同事、纠察队、车间文化和城市生活。当杰西回忆起往事时，那场罢工的场景又重现在眼前。诚然，这是一个值得纪念的事件，但只是她更为宏大的故事中的一段插曲，这个宏大故事就是，40 年前，作为一名服装行业的年轻职业女性意味着什么。那些性格形成的时期的经历一直伴随着她。其他退休的制衣工人也有同样的反应。旧的罢工照片引发记忆，引发对话，但被释放的记忆有自己的能量，遵循自己的逻辑。杰西和她的同事们很快就把谈话内容从最初的寻找照片里的人的身份转移到了其他地方。这些妇女有更为宏大的故事要讲，而且坚持要讲述这些故事。

"访谈结束后，"凯西写道，"我们得到的比我们所预期的要少，却比我们所希望的要多。"在揭露有关罢工的一些新事实的过程中，这些退休工人出人意料地打开了一扇窗，让人们得以了解大萧条时期职业女性的社会、经济和情感环境。他们将一场温和的学术调查，转变成了一个关于女性工作和生活的细致入微、充满力量的故事。

杰西和她的朋友们给我们上了关于如何与公众一起做历史的早期课程。凯西和制衣工人之间的对话录音是富有创造性的相互交换的产物。历史学家的询问引发了记忆。反过来，工人们的回忆提出了新的问题，这些问题引发了更多的故事和长期珍藏的值得纪念的事件。采访者和被采访者都对圣路易斯劳工历史背景下职业女性经历的共同调查做出了贡献。由于口述历史采访本质上是合作性的，所以双方在内容和语气上都拥有共同的权威。

这些磁带和照片成为 1977 年展览的基础，展览名为"美元服装：圣路易斯妇女在 20 世纪 30 年代服装工业中的地位"（"Dollar Dresses: St. Louis Women in the 1930's Garment Industry"）。凯西在采访引用的文字的周围贴上了标签，并扩充了服装工人借给档案馆的图片。尽管她对这些材料将以何种展览形式出现没有共同的决策权，但潜在的相互让步的研究过程让制衣工人对结果有了一种主人翁感。"美元服装"表明，专业学者和国际妇女服装工人工会的退休员工可以发挥彼此的优势，创作出令双方都满意的原创作品，因为它比任何一方单独创作的作品都要好。[1]

离开这个职业

20 世纪 70 年代中期，与杰西·苏尔科夫斯基和其他圣路易斯人的偶遇，将我们带入了公众历史。迪克·米勒（Dick Miller）当时在密苏里大学圣路易斯分校任教，凯西则是一名历史学研究生。对将照片作为历史资源的实用性的共同兴趣带来了许多合作的社区研讨会、"美元服装"展览和一些学术会议论文。就在那时，凯西成了密苏里历史学会的教育策展人，迪克和圣路易斯的摄影师昆塔·斯科特（Quinta Scott）开始研究当地的地标性建筑——伊兹大桥（Eads Bridge）。[2]

这些早期的冒险使我们俩都走出了学院，走上街头，走进博物馆。在美国早期历史的大部分时间里，圣路易斯一直是一个交汇点，而在之后的很多时间里，圣路易斯都是一个起点。这座门户城市的过去在街道网格和旧建筑、城市传统和家庭传说中挥之不去。我们周围的环境需要，甚至要求既具有地方特色又具有国家特色的历史实践，它以文献为基础，具有丰富的艺术内涵，既具有学术性又具有街头智慧。与圣路易斯大学的同事迈伦·马蒂（Myron Marty）和乔治·利普西茨（George Lipsitz）进行了鼓舞人心的交谈，加深了我们对这个地方及其居民的迷恋，也让我们相信，附近的历史往往与权力和动因（agency）相关。[3]

当时，我们所做的努力在学生中比在同事中更受欢迎。迪克于 1983 年开办的历史研究机构的研究生课程取得了成功，但由于缺乏系里的支持，到 1988 年，这个项目已经萎缩了。当凯西结束博士学习去密苏里历史学会接受这个职位时，她的一位资深学术同事和朋友对她"离开这个职业"表示了由衷的遗憾。

对我们俩来说，"离开"是一种解放。我们在学术界和历史学会之间来回穿梭，学习公众历史。迪克把必修的本科四年级研讨班变成了社区历史的专业课。历史学会的教育系成为各年龄段原创研究和创造性公共规划的引擎。[4]

人人都是自己的历史学家

在 20 世纪 70 年代，我们并不知道唐纳德·舍恩（Donald Schön）和其他社会科学家正在为我们自下而上探索的实践提出一个理论框架。舍恩的概念，特别是"反思性实践"、"行动中的反思"和"共同探究"，只不过是人们长期以来都熟悉的技术的新术语，而且其含义过于宽泛，无法定义任何特定领域，但它们有助于区分有能力的历史实践的内部和外部两个方面的内容。"反思性实践"是指反思性的自我批判，是对"认识你自己"这一古老训诫的重新诠释。"行动中的反思"是回应性的，根据其效果对参与者的行为进行持续的监视和调整——类似于系统工程师早期的、更为有用的自校正"反馈回路"（feed-back loop）概念。反思和回应在"共享探究"的过程中融合在一起，在这个过程中，参与者和利益相关者参与了平等交换的讨论，以设置相互接受的问题，并找到相互满意的答案。"共享权威"是共享探究的必然结果，它将探究的动因问题——谁拥有权力？——置于首位。

理论构建有助于将"美元服装"和其他项目的实际情况置于更为广泛的方法论语境之中予以讨论。即便如此，公众历史学家和其他努力忠于自己学科而要力图满足客户需求的专业人士，可能从理论学家那里学到的共享探究技巧，要少于从个人经验和自身学科文化中学到的技巧。[5]

20 世纪早期的历史学家，特别是弗雷德里克·杰克逊·特纳（Frederick Jackson Turner）、查尔斯·比尔德（Charles A. Beard）和卡尔·贝克尔（Carl Becker），已经掌握了反思性实践和共同探究的核心要素。特纳是一位典型的公众历史学家，他在向威斯康星州农村地区的公众讲授推广课程时，阐明了他关于边疆和其他社会力量的重要性的观点。比尔德认为，健全的学术始于批判性反思所产生的智识上的自我意识。1931 年，贝克尔发表了具有里程碑意义的美国历史学会的主席演讲《人人都是自己的历史学家》（"Everyman His Own Historian"），呼吁历史实践与"每个人"（即历史学家渴望服务的普通公民）分享探究和共享权威。每个人每天都在用历史来理解这个世界，不管有没有专业历史学家的帮助。因此，参与的重担落在了专业人士身上。"我们会因为他不读我们的书而痛骂他，"贝克尔说，"'人人先生'比我们强大，迟早我们必须使我们的知识适应他的需要。"[6]

处理情境

公众历史的特殊性与其说来自公式化的定义，不如说是来自实践的细微差别和背景。公众历史总是情境化的，而且往往是混乱的；反思性实践、行动中的反思、共同探究和共享权威的具体案例，都是在实验性的平等交换中产生的。在现实世界中，对理论架构的不懈追求往往会走向死胡同。一位经验丰富的从业者说，有时候最好的策略是保持灵活，"放松，让它发生，尝试不同的想法"。[7]

公众历史的方法和手段有时受到体制的限制，有时又取决于偶然和不可预见的因素。前者需要聪明的计划，后者需要快速的策略。每个项目都需要对长期存在的核心问题给出自己的答案：该项目的目标是什么，谁制定了它们？如何实现这些目标，由谁来实现？谁是利益相关者？利益相关者和目标受众之间有什么关系？作为一名历史学家，实践者能否在即将到来的环境中有效地工作？公众史学的先驱之一 G. 韦斯利·约翰逊（G. Wesley Johnson）曾经明智地指出，公众历史学家的"关键技能"是"处理某种情境的能力——理解其价值、结构、背景、文化内涵，以及相关的社会、经济和政治事实"。[8]

不幸的是，情境训练——快速评估环境，学会如何与他人合作和相处——通常不是公众历史教育的重点，也不是马拉·米勒（Marla Miller）所说的公众历史学家"基本技能"的重要组成部分。尽管最优秀的学者和教师都会本能地自我反思和分享探究，但无论是研究生的作业、专业的同行评审，还是学生的反馈，都不一定有有助于培养调解技巧或共享权威的倾向。[9]

公众历史总是涉及与非历史学家的谈判，在这种情况下，动因是流动的，甚至是可以争取的。的确，虽然所有的历史学家都应该努力在他们所处的地方满足他们的读者，但公众历史学家必须这样做。正如芭芭拉·佛兰考（Barbara Franco）所指出的，"虽然我们有责任监督准确性，但我们的公共合作伙伴正在寻求理解和意义。这是一个持续不断的谈判，建立在信任和相互尊重的基础之上，有时需要花费大量的时间和工作，这似乎与我们所接受的训练所遵循的历史惯例相去甚远"[10]。

最具不确定性的挑战是面对面的访谈。历史学家可以发起口述历史项目，但只有被采访者能够支持这些项目。无论是作为过去事件的目击者，作为人种志文化的传承者，还是作为个人或群体赋权的准备者，受访者都有自己的媒介，并以自己的方式分享它。访谈人要么成为熟练的反思性实践者，要么从事其他研究。罗纳德·格里（Ronald Grele）写道："在创造对话和反思这种创造的过程中，我们同时陷入了这种状态，只有到后来，我们才能重新解释最初的解释。"动因和反思的相互作用在"共享权威"中表现得很明显。"共享权威"是迈克尔·弗里施（Michael Frisch）在1990年推广开来的一个术语，用来描述口述历史实践的一个关键方面。弗里施写道，共享权威是访谈的固有本质，"通过隐约或隐含的连字符，让我们想起作者和权威之间的联系"。采访者和被采访者共同拥有口述历史，因为他们共同参与了口述历史的创造。共同探究同样也是对话过程中所固有的，即使实践者有时认为公众历史是"'我们'传递给'他们'的某种东西"。实践者可以决定，而且常常决定的是，他们愿意在与公众共享和为公众创建的材料的公共使用方面分享多少权力。共享权威是一种经过深思熟虑的决定，目的是放弃对历史研究成果的一些控制权。[11]

动因和角色的问题也萦绕着那些在学术界之外从事公众历史的实践者。活跃的历史学家常常自上而下地发起社区历史项目，结果却让社区成员从下至上地重新引导计划。展览顾问有时适合作为项目团队的成员，有时与他们保持距离，交付他们分配的工作产品，并在其特殊领域之外的问题上听从其他专家的意见。埃里克·方纳在回顾自己在芝加哥和辛辛那提为重要的内战和地下铁路展览提供咨询的经历时说："在我看来，学者的角色是坚持学术……如果其他人参与进来，他们就是在扮演自己的角色。"方纳因其对特定历史主题熟知而被咨询，他认识到展览团队的其他成员在他的知识范围之外也有基本的知识。博物馆环境中的专业历史学家的作用是将外部和内部的专业知识融合在解说服务中。[12]

展览在本质上是合作性的事业，在制度上具有明确的任务、职责范围和资源方面的优先次序。在小型的历史学会中，历史学家往往是一个人的乐队，他们撰写标签、筛选文物、制作展览、策划公共规划，并在开幕式上侃侃而谈。在 20 世纪 80 年代，密苏里历史学会拥有足够的资源来雇用文物策展人和制作小型展览，但是职业历史学家仍然做着几乎所有其他的事情，包括在行政部门的限制下，对解释的主旨拥有最终的发言权。

如今，一些博物馆有足够的资金聘请设计师、教育家、策展人、历史学家和其他专家，并希望他们在项目团队中紧密合作。团队越来越多地向一种新出现的专家负责，这种专家被称为策展人（exhibit developer），他有时是历史学家，但更多时候不是。在这种情况下，学术权威和责任的界限可能会模糊到危及历史学家身为历史学家的工作能力的程度。这里的核心问题涉及历史学家对内容和解释的权威。尽管团队成员和利益相关者可能而且应该参与决策过程，但责任止于历史学家。没有权威的责任意味着灾难。如果单个团队成员不能在整个事业中拥有所有权，也不能对自己的特殊部分负责，那么灾难也就迫在眉睫了。

然而，展览脚本并不是展览，团队历史学家很少能够决定解释性主题如何呈现出有形的形式。设计师、撰写员、管理员、策展人和教育工作者也会带来必要的专业知识。成功的共享探究和权威团队制作的展览所带来的效果会远远超过各自部分的总和。在博物馆和历史学会中工作的历史学家，当他们学会像其他团队成员一样看待自己的作品时，他们是最成功的。

无论公众历史学家所处的制度环境如何，他们都必须依靠自己的说服力和其他人际交往技巧，因为他们的权威最终取决于雇主所定义的制度角色。在最初的概念阶段，外部顾问的地位可能是最高的，然后随着项目以有形的形式呈现，以及越来越多的利益相关者坚持听取意见，外部顾问的地位可能会降低。学术顾问可以争辩、恳求、罢工，但在象牙塔之外，他们无法诉诸学术自由，也无法指望得到终身职位的尊重。管理员最终会决定展览什么、发布什么以及观众会看到什么项目。有时，就像最近国家公园管理局重新解释战场遗址一样，历史学家占了上风。更常见的情况是，比如史密森博物馆命运多舛的埃诺拉·盖伊（Enola Gay）展览，会有其他人处于主导控制的地位。[13]

我是如何学会放弃忧虑，热爱社区历史的？

公众历史学家想要讲述的故事有时并不是公众想要听到的故事。很少有人会忽视过去本身；关于历史的激烈争论之所以爆发，只是因为人们关心历史。事实上，最激烈的冲突不是发生在历史的捍卫者和批评者之间，而是发生在那些过去及其目的截然不同的概念的捍卫者之间。"当学院派史学家缺乏说服力时，"戴维·洛温塔尔（David Lowenthal）写道，"那是因为公众发现，他对过去的看法不仅冷漠，而且与利用过去的传统模式背道而驰。"洛温塔尔在 20 世纪 80 年代帮助构建了参与的术语，当时他警告称，"遗产"即将征服"历史"。传统上，历史和遗产是用不同词汇表述的不同事物。历史是对过去的一种叙述，而遗产则是可以继承的东西，往往更具体可触。自 20 世纪 50 年代以来，流行的用法模糊了这些术语，但它们仍然代表着对过去的不同看法。[14] 无论如何定义，历史和遗产影响了具有历史头脑的人决定哪些过去是最重要的，以及他们如何将自己划分为利益集团的方式。每当公众历史学家试图立刻对他们的读者做出回应，并对他们的作品负责时，他们就会对峙。成功往往取决于过去所提供的与过去所期望的有多接近，以及实践者是否能够协调彼此的满意度。如果历史和遗产陷入僵局，最好的策略往往是巧妙地回避，将令人瘫痪的矛盾转化为创造性的对位。[15]

一个有希望的方法是首先承认——正如卡尔·贝克尔可能会说的——遗产比历史更为强大。如果人们为了从我们的历史中获益而放弃他们自己的关于过去的版本，特别是当他们的版本令人欣慰，而我们的版本扰乱了平静时，那么公众历史注定要灭亡。公众历史学家至少可以反思他们对过去的无情的、现代的、线性的、世俗的、解释性的方法，并探索将更古老和更普遍的过去保持形式结合起来的方法。

　　贝克尔将历史学家比作有用神话的守护者，暗示了这种可能性。民俗学家亨利·格拉斯（Henry Glassie）写作了大量关于他的历史导师休·诺兰（Hugh Nolan）的文章。诺兰是一位来自北爱尔兰巴利曼农（Ballymenone）的老年农民。休·诺兰讲述了两种故事，看似矛盾，甚至自相矛盾，但却舒适地共存。一种历史是一段以时间为基础的线性变化叙事，有点类似学术史。另一个，也是更重要的，是一种永恒真理的循环叙事，扎根于太空，更像是神话。在第一种历史中，可记录的事实就是故事。在第二种历史中，可替代的事实为故事提供了依据。[16]

　　展览人和诠释者常常发现自己面临着历史的双重思考。密苏里历史学会路易斯与克拉克国家 200 周年纪念展览（National Lewis and Clark Bicentennial Exhibit）的策展人卡罗琳·吉尔曼（Carolyn Gilman）力图解读 19 世纪拉科塔人（Lakota）的《冬日计数》（*Winter Count*），即一部画在野牛皮上的图画编年史。编年史家洛恩·道戈（Lone Dog）画了一个图标，代表每年最重要的事件。给吉尔曼留下深刻印象的是他对难忘事件的选择，这在她看来似乎是例行公事和重复的。虽然洛恩·道戈无疑知道小巨角战役（Battle of Little Bighorn）的事，但他把它漏掉了。吉尔曼终于明白，洛恩·道戈对重要事件的理解与她不同。在"我的欧洲线性历史感"的驱使下，吉尔曼写道："我……认为独特而非凡的事物具有解释或因果价值。"洛恩·道戈认为反复发生的事件更值得注意。"路易斯和克拉克的到来或卡斯特的失败太独特了，它们不太可能再次发生。因此，洛恩·道戈拒绝了他们，而喜欢重复发生的事件，肯定了历史的稳定性。"在《路易斯与克拉克：跨越鸿沟》一书中，他的《冬日计数》成了一件引人注目的艺术品，承认而不是摒弃一种陈旧的保存过去的方式。[17]

　　美国国家公园管理局历史学家塔拉·特拉维斯（Tara Travis）从纳瓦霍（Navajo）文化的内部解读，将神圣的空间和时间交织到切利峡谷（Canyon de Chelly）的文化史中。她很容易在学术研究和传统神话故事之间转换，前者是关于纳瓦霍妇女如何在大变革时期利用编织技能维持部落生活方式的，后者是关于教纳瓦霍妇女在天空和地球的十字杆子上编织的神话蜘蛛女。特拉维斯的解释通过将历史和遗产编织进蜘蛛女宏伟的设计中，而与之相对立。[18]

　　对于传统的说书人来说，稳定比变化更重要，真理比事实更珍贵。我们所称的遗产往往胜过我们所称的历史，这不足为奇。事实上，这两者可能只是当前的标签，代表着两种历史的延续，它们之间的冲突与其说是真实的，不如说是显而易见的。格拉斯、吉尔曼、杰里米·布雷彻（Jeremy Brecher）和其他人已经证明，反思性实践可以通过在项目中为两者寻找空间来平衡历史和遗产。在布雷彻的黄铜谷（Brass Valley）项目发展的早期，他总结说："人们对于这个项目形成与我们不同的理解是正确的。"因此，摆脱束缚的布雷彻"学会了如何停止忧虑，热爱社区历史"[19]。

社区历史在人们能够坦然面对自己的过去并与他人分享的情况下蓬勃发展。德怀特·皮特凯斯利（Dwight Pitcaithley）——借用芭芭拉·金索夫（Barbara Kingsolver）的一个短语——称这些为"中间的空间"（the spaces between），在这里"不同的观点交织在一起"。中间的空间往往是文化的边界地带、可能性的场所，甚至是"可以不大声疾呼地表达不同意见的暂停区"，在这里，历史可以成为一组供个人探索的问题，而不是上面给出的一套现成的答案。[20]

中间的空间是历史学家工作的特殊地带，他们在公共场所工作，以发掘意外的机会。"在博物馆、历史遗址和社区历史项目中工作，"戴维·格拉斯伯格（David Glassberg）写道，"我遇到了一些关于过去的观点，这些观点是我在专业学术界永远不会遇到的。在向公众呈现历史的过程中，我很快意识到，公众也在向我呈现历史，我所实践的历史和我所生活和理解的历史是不可能分开的。"[21]

我们与流行的过去最好的接触往往发生在中间的空间。伴随着历史心态、个人环境和制度背景的变幻莫测，它们构成了公众历史的实践框架。正如韦斯·约翰逊（Wes Johnson）几十年前坚持的那样，在这些情况下工作的能力仍然是公众历史实践的"关键技能"。

不错的幻灯片，但是我们的投影机从来就不工作

像他那一代的许多学者一样，迪克从一扇由国家人文基金会（National Endowment for the Humanities）打开的大门进入历史博物馆。国家人文基金会在资助重大项目方面得到了广泛的认可，但更值得称道的是，它果断地提升了

基层历史机构的水平，并向公众历史这一新兴领域提供了巨额联邦资助。

凯西成为密苏里历史学会的教育策展人之后不久，她召集了一个由历史学家、博物馆教育者和课堂教师组成的咨询小组，向国家人文基金会提交了一份中学水平的历史教育拨款提案。这个时机是偶然的。到 20 世纪 80 年代，国家人文基金会（1965 年成立）已经调整了它的使命和拨款指导方针。通过资助视外部专家的参与而定的办法，国家人文基金会为公众历史学家提供了工作，这些历史学家渴望在就业市场不景气的情况下从事自己的职业。他们的参与提高了全国各地历史研究机构的历史学术水平，并使职业历史学家在自己的机构内增加了影响力。国家人文基金会要求学术严谨、实用性强的项目能够经受同行评审，从而对历史机构和咨询历史学家等施加了新的绩效标准。

一个成功的国家人文基金资助申请不仅仅意味着钱。这是一种认可，是一种全国性展示的保证，也是利用地方支持的支点。然而，基金会最大的贡献，是让学术历史学家和公众历史实践者在大学里接触——在许多情况下是第一次接触。前者认识到，历史人才在学院之外蓬勃发展，展览和公共项目不仅仅是重新包装的讲座和书籍，共享的探究是获得的探究，共享的权威不一定是失去的权威。后者了解到，一些学者实际上是精明的，甚至是合作的。

我们的第一个由国家人文基金会资助的密苏里历史学会教育赠款提议，创制圣路易斯中学教师可以用来将国家和地方历史融入他们的美国历史课堂的教学材料。老师们告诉我们，他们认识到，最生动、最吸引人的历史是附近的历史，但他们不太知道如何把它纳入已经超负荷的课程。我们回答说，我们不是要求他们用更多的钱做更多的事，而是提供给他们用不同的方式做得更好的方法。

我们提出了一项为期 15 个月的计划，以确定原始资料来源，根据已在使用的国家文本设计适当的年级教学计划和对教师友好的辅助材料，并将它们分成 10 个重叠的主题单元和时间单元。我们设想该项目既是一个独立的本地资源，也是其他社区公众历史教育者的操作模型。我们几乎没有意识到自己陷入了什么境地。

事实证明，研究部分很容易，因为我们可以利用密苏里历史学会的资源、我们的学术技能和以前的地方历史知识。而课程计划较为困难，因为只有一个团队成员有高中课堂经验。我们花了大量时间进行反思实践，甚至更多的是行动中的反思，来学习如何简洁地思考而不是过分简化地思考，如何缩小规模而不是简单化。我们的咨询老师很快指出了我们的假设把我们引入歧途的地方，并解释了顽固的教室现实如何经常破坏最好的学术意图。

譬如，我们的计划包含了密苏里历史学会收藏的高质量、无版权的原始文档和图表幻灯片。老师们看了我们的选择后说："幻灯片不错，但是我们的投影仪从来就不工作。"另外，他们欢迎用不透明投影机或影印机打印的图像作为讲义。我们保留了幻灯片，但增加了打印材料。

我们的关键错误在于，我们想当然地认为普通教师对教科书上的美国历史非常熟悉，能够将全国性的主题和地方案例结合起来。我们没有预料到老师（和他们的高年级学生）需要一个易懂的、解释性的叙述，与教科书的主题保持一致，以明确地表达我们希望老师们让学生理解的全国性主题与地方案例之间的联系。在国家人文基金会的批准下，我们修改了工作计划，在教材中增加了当地的故事，减少了课程计划的数量。在当地教室进行实地测试，并被分为五个单元出版后，《美国历史中的圣路易斯》仍为圣路易斯地区的教师所使用。[22]

在课程计划的设计过程中，我们对公众历史的了解可能比我们合作的老师对圣路易斯历史的了解还要多。每一天都是一门关于反思性实践、行动中的反思、探究共享和权威共享的速成课程。在几次全国性会议上，我们向其他考虑课程项目的人提出了一些建议：倾听你合作的老师，因为他们知道你所不知道的东西；不要建议降低教学水平，而要提高教师的知识水平；预计可能必须由志愿者来承担超出的费用和时间；如果你想让老师使用你的东西，那就培养自己的激情和灵活性；为具体的教室后勤问题提供解决方案；确保团队中至少有一名全职工作人员参与了项目的构思；撰写符合实际工作关系的工作描述；并尽最大努力防止同工不同酬。[23]

换一个角度思考问题

1989 年初，密苏里历史学会举办了一场名为"播下一颗强大的种子"（"A Strong Seed Planted"）的展览，内容是对 1963 年在杰斐逊银行（Jefferson Bank）参加民权示威活动的活动人士进行口述历史采访。1963 年的民权示威活动是 20 世纪圣路易斯民权斗争的关键事件。[24]

这次展览也是密苏里历史学会的一个转折点。早在几年前就开始举办的密苏里历史学会教育分部的"黑人历史月"展览和项目，是该机构第一次把黑人争取尊严和平等的斗争作为圣路易斯宏大叙事的一部分，来努力吸引非洲裔美国人游客。最初的故事都安全地发生在遥远的过去，而对杰斐逊银行事件的记忆在事件发生 25 年后仍历历在耳。

1963 年 8 月，就在马丁·路德·金博士为争取就业和自由而在华盛顿游行的两天后，美国争取种族平等大会圣路易斯分会在杰斐逊银行门前组织了一场示威。杰斐逊银行长期以来一直欢迎非洲裔美国人储户，但限制他们获得白领职位。示威活动并不引人注目，直到几名抗议者违反了禁止干预银行业务的限制令。圣路易斯警方以藐视法庭为由逮捕了示威者和一些组织者。该市的权力精英正确地将抗议解读为对种族现状的直接挑战，并紧密团结在这家陷入困境的银行背后。包括中产阶级教师、律师和现任市议员在内的 19 人被判有罪、罚款和监禁。试图用这 19 个人的例子来以儆效尤的做法却适得其反；许多圣路易斯的白人第一次意识到种族现状已经站不住脚了。前市议员和国会议员比尔·克莱（Bill Clay）后来回忆说："杰斐逊银行在消除他们为黑人获得公平待遇而设置的各种障碍和妨碍方面，击败了这个城市的支柱……这是这个镇上发生的历史性事件之一，我们应该铭记它。"[25]

凯西的展览团队从帮助他们进行前期研究的社区成员开始，确定了在 60 年代的银行示威和其他地方民权活动中发挥重要作用的居民。他们包括从全国有色人种协进会的律师到准军事黑人权力组织的成员。从一开始，展览团队就决定以示威者的话来承载这个故事。采访者问"杰斐逊银行"在当时对他们意味着什么，这件事与他们对民权和社会正义的更广泛追求有什么关系。他们回答说，在这个长期以根深蒂固的种族主义而闻名的城市，他们努力克服顽固的抵抗。

在博物馆礼堂四周的墙板上，"播下一颗强大的种子"的展览上有讲述者的肖像照片和简短的传记，还有一些老旧的新闻照片和其他文件，上面附有他们采访的引文。凯西和研究小组的另一位历史学家玛丽·西马特（Mary Seematter）一起撰写了展板内容，详细叙述了示威活动的历史以及随后的地方民权行动。时间轴将地方事件置于全国性的语境之中。

　　整个 1989 年的春天，博物馆为民权活动人士提供了一个"中间的空间"，让他们讲述一个当地的故事，这个故事对大多数白人居民乃至一些非洲裔美国人来说都是新鲜的。这些人积极地参加了学校的团体活动，并随后在当地公共电视台上面对跨种族观众进行了生动的小组讨论。

　　"播下一颗强大的种子"是共同探究和共享权威的产物，尽管它们都受到这个主题的政治和参与其中的历史学家立场的影响和限制。凯西和玛丽与内部员工一起开发了这个展览，并没有让潜在的叙述者或其他利益相关者参与设置问题。他们根据自己的历史和政治议程、广泛的研究以及之前与几位活动人士的专业关系，选择了这个主题和解释策略。他们组织了口述历史的采访，以引出可供展览标签引用的材料。就叙述者而言，他们利用这个机会直接与圣路易斯的白人对话，这些白人还不认为民权斗争是这座城市历史的合法组成部分；并直接与圣路易斯的黑人交谈，几十年来，圣路易斯的黑人一直在等待，希望他们的斗争能在该市的主流历史博物馆得到认可。杰斐逊银行的展览特意以他们的条件和声音讲述他们的故事。它不求做到公正。展览开幕后，一些参观者表示反对，认为展览所呈现的内容有偏见。杰斐逊银行的前行长公开抱怨说，这次展览没有公正地展示双方的故事——也就是说，他自己这一方的故事。

　　回顾展览和公众的反应时，凯西想知道她和玛丽是否应该让所有的利益相关者都参与到问题的设置中来。商界也应该有机会讲述自己的故事吗？展览承认抗议者无视法庭命令。但展览团队并没有找到任何一位代表银行立场的人，更不用说为其辩护了。令人困扰的问题依然存在：在公众历史中，展现一些强有力的第一人称叙事而不是其他叙事，这是负责任的吗？在一个种族混杂的城市里，一家由纳税人资助的文化机构是否有公民义务严格做到公正和道德中立，或者它能否在公民不服从是比种族压迫更轻的罪行这一命题上采取原则性立场？[26]

　　10 年后，密苏里历史学会与当地非洲裔美国人合作，发起了另一个非洲裔美国人历史项目。"透过孩子的眼睛"（"Through the Eyes of a Child"）是共同探究和共享权威的一种实践，因为它是建立在口述史采访基础上的，但它不像"播下一颗强大的种子"，因为它追求的目标不同，使用的手段也不同。

凯西和杰奎琳·戴斯（Jacqueline Dace）发起的这个项目。杰奎琳·戴斯是一名非洲裔美国人工作人员，她是一名经验丰富的研究员和口述采访者，但不是训练有素的历史学家。这一次，一个明确的目标是与黑人社区分享调查和权威，从焦点小组讨论开始，确定社区希望看到什么样的博物馆展览。研究小组寻找的是具有代表性的非洲裔美国人群体，但焦点群体主要是不成比例的中产阶级和中年人。这些居民坚决反对举办有关民权、音乐或体育的展览，他们认为所有这些充其量都是老套的把戏。他们与杰斐逊银行多年前的活动人士有着不同的议程，但同样紧迫：他们认为，传统的非洲裔美国家庭和社区价值观正面临风险，要抚养一个非洲裔美国孩子，需要强大的家庭和社区的支持。他们中的许多人深情地回忆起自己在骄傲的中产阶级北圣路易斯"维尔"（North St. Louis "Ville"）的童年，当时那里实行种族隔离。[27]

杰奎琳组织了一个由焦点小组志愿者组成的顾问委员会，并招募了非洲裔美国人咨询历史学家来帮助解决这个问题。从他们的讨论中引出了展览的主题，即探索 1940 年至 1980 年间 4 个以黑人为主的圣路易斯社区人的童年。杰奎琳是这个项目热情的驱动力——申请基金、雇用非洲裔美国人面试官、与密苏里历史学会工作人员合作开发展览，并担任政府与非洲裔美国人社区之间的联络人。

"透过孩子的眼睛"和它的配套节目，包括一个独幕剧和社区口述历史项目的课程材料，庆祝中产阶级社区的价值观，并将它们从博物馆反映回社区。尽管咨询历史学家希望对社区之间真正的阶级差异进行更有针对性的分析，但咨询委员会没有这样做。主题的选择，以及原始资料本身，都与批判性的阶级和性别分析背道而驰，因为采访者会唤起对童年的回忆，而回忆往往容易引发怀旧情绪。然而，对童年记忆的肯定关注并没有带来比它所传递的更多的希望，也没有得出超出现有证据之外的结论。

展览的设计和执行都很不错。参观者通过一组照片和其他讲述种族隔离和种族冲突的古老文件的蒙太奇，进入一个较为平静的画廊，这里展示了每个社区，并提供客厅、教室、厨房和教堂避难所的代表。游客可以用手机收听从口述历史磁带中收集的童年记忆。

非洲裔美国观众蜂拥而至，喜欢这个展览，在很大程度上是因为它是关于他们的展览；他们有理由声称拥有所有权。非洲裔美国人在展览策划阶段的直接和果断参与，让参与者与展览结果有了利害关系，并进入了一个许多人此前认为是陌生领域的机构。许多人在展览结束的那天前来告别，随着一场他们喜爱并参与创作的展览落下帷幕，他们流下了眼泪。"透过孩子的眼睛"让圣路易斯的非洲裔美国人得到了他们想要的展览，公众历史学家反对教训人们如何看待自己的过去。[28]

今天的故事

如果说"透过孩子的眼睛"是共享权威的榜样，那么"镀金时代的圣路易斯"则不是。1992 年，密苏里历史学会给我们布置了一项任务，那就是开发一个大型的、由国家人文基金会资助的展览。我们选择探索圣路易斯是如何在 19 世纪末成为一个主要的工业城市的——许多居民认为，这个时代是美好往昔（Good Old Days）的基础，1904 年圣路易斯世界博览会（St. Louis World's Fair）则是美好往昔的顶峰。马克·吐温和查尔斯·达德利·华纳的讽刺小说《镀金时代：今天的故事》（1873）提供了解释性的隐喻和戏剧性的设计意象——它描述的是表面的光鲜掩盖了核心腐败，进步的过程中却存在普遍的贫困。我们想让这次展览成为一个关于今天的不朽的故事——一个对过去的批判性揭示和对当前的评论。[29]

对于长期共事的同事来说，内部的反思性实践和共同探究变得很容易。国家人文基金会的指导方针要求与外部学术学者进行磋商，但对更广泛的社区参与没有那么坚持。展览团队决定严格控制展览的权力。

"镀金时代的圣路易斯"展示了国家人文基金会模式的、以学者为主导的历史展览的优缺点。这次展览的研究基础是全面深入的，解释主题也与最新的学术研究相契合，这些展览的设计和执行都很专业，展览日录是一个持久的社区历史资源。该展览兑现了对国家人文基金会的承诺，实现了密苏里历史学会的学术目标，吸引了热情的人群来到博物馆，并获得了美国各州与地方历史协会的优异奖。不过，尽管大多数游客喜欢维多利亚时代的流行服装，以及基于 1880 年人口普查的迷人的电脑互动，但许多人错过了我们尖锐的解读主旨。这次展览对普通观众来说太学术化了。如果我们从历史学会之外那些富有想象力的人那里寻求更多的建议，我们可能会变得更轻松，从而产生一种更容易理解，因此也更为有效的解释。[30]

圣路易斯奥比斯波小镇里的历史

在"镀金时代的圣路易斯"项目进行到一半时，迪克到了退休年龄，搬到了加利福尼亚州的圣路易斯奥比斯波县（San Luis Obispo County）。在那里，他遇到了一群公众历史学家，其中一些受过专业训练。餐桌上关于当地历史状况的讨论使他们在 1997 年获得了"遗产共享"（Heritage Shared）的特许，这是一家非营利性组织，其使命是培育包容、参与性的社区历史。

圣路易斯奥比斯波（通用缩写是 SLO）是一个乡村小镇，拥有开阔的空间、崎岖的地形和稳定的生活习惯，许多居民在保险杠贴纸上写着"我爱 SLO 生活"。当地历史在一百多个当地历史学会精心保存的巴尔干化碎片中繁荣发展。[31]

"遗产共享"努力拓宽当地的历史视野，从而帮助居民看到他们的整个历史。最初的努力是由加州人文委员会（California Council for the Humanities）资助的三个年度社区历史论坛，包括外部专家的正式演讲、当地人和来访的历史学家之间的非正式讨论、以内容为重点的戏剧和音乐，以及最初研究过的网站指南丰富的实地考察。随后的项目包括各种各样的公共项目，包括 SLO 县历史组织的参考指南、为当地公立学校的历史教育筹款的历史之家之旅、历史悠久的圣路易斯奥比斯波自行车之旅，以及正在进行的时事通讯。[32]

2003 年至 2004 年的一项反思性自我评估表明，迄今为止，遗产共享董事会成员在共同探究和共享权威问题上已经获得了成功。从积极的方面来说，我们的公共规划和大量的原创工作提高了我们全体会员的历史期望。但我们在机构合作和社区外展方面的努力不足，在扩大 SLO 历史想象力方面的努力也不足。作为公众历史学家，我们过于关注历史，而忽视了公众。我们已经忘记了，通俗历史总是由讲乡村故事的人开始和结束的。事实仍然是，圣路易斯人通常更喜欢他们的过去，因为它一直是逸事，带来安慰，有家的温暖。[33]

遗产共享面临着一个双重问题和机遇：让我们的过去更能为公众所接受，

让他们的过去更能为我们所接受。在这里，戴维·格拉斯伯格的告诫让我想到了学术和通俗历史之间的距离，"历史学家不会通过'公众'来跨越，而是通过他们的参与来发现他们共有的人性"。格拉斯伯格敦促历史学家们，既要考虑到他们对过去的个人需求，也要平衡好他们经过精心教育、超然的视角。"我们自己的家庭，我们自己的社区，可以成为历史洞见的源泉，不是因为我们假设每个人都和我们一样，而是因为我们只有从一个地方，从一个社区，从世界上某个地方写作，才能确定我们是谁。"到 2005 年，遗产共享已经准备好承认，即使是 SLO 的过去也足够宽敞。[34]

我们在博览会上见

1904 年夏天，圣路易斯世界博览会（Louisiana Purchase Exposition）仅用了几个月的时间就把森林公园变成了一个神奇的王国，但这一事件仍然是这个社区最珍贵的记忆，而且这个公园是公民神话和家庭传说的圣地。博览会象征着美好往昔的最好一面，当时圣路易斯达到了其影响力和文化抱负的顶峰。密苏里历史学会，位于前博览会场地，是官方的展览档案和公认的记忆和纪念品的保管者。在过去的几十年里，圣路易斯人每次参观博物馆都期待着一个博览会展览。

1993 年，凯西、迪克和诠释小组的其他成员被任命负责开发另一个世界博览会的展览，他们决定将博览会的中心主题定为对博览会的记忆，而不是它的现状。我们希望"我们在博览会上见：记忆、历史与 1904 年的世界博览会"（"Meet Me at the Fair: Memory, History, and the 1904 World's Fair"）能激发公众的讨论，讨论这个遥远的、曾经的事件如何以及为什么仍然充斥着当地历史、家族史和公民认同。我们希望，通过重构博览会的记忆，我们可以鼓励整个社区反思我们所有人不断回顾过去的方式。[35]

当时对历史和记忆的广泛的专业讨论，加深了我们对历史的社会建构的好奇心。密苏里历史学会世界博览会的藏品主要是由博览会的宣传部制作的视觉物件，而且这些小型又廉价的纪念品，特别适合这种展览方式。小饰品和图像的诱惑，以及森林公园本身几近神圣的土地，让人产生了与传说中的过去进行有形接触的幻觉。[36]

"我们在博览会上见"于 1996 年 6 月开幕。我们设计这个展览是为了说明物品和地点如何帮助塑造个人、家庭和公民的记忆，以及每一代人如何为自己的社会和政治目的赋予这些记忆新的意义。这个项目也很快成为一个实物课程，让我们了解到，当公众历史学家提出一些令人不安的问题时，他们是如何与共同探究和共享权威做斗争的。这些问题涉及发自内心的家庭传统、文化认同和公民自豪感。

后见之明让我们有机会反思，我们如何才能与两部分观众找到共同点，他们都对博览会记忆投入了大量资金。一部分观众来自菲律宾裔社区；另一部分观众人数更多也更为分散，包括圣路易斯人，他们把博览会迷人的小摆设和活动本身联系在一起，因此对一个从未有过的博览会怀有浪漫的回忆。[37]

考虑到反对美国占领菲律宾的菲律宾起义（1899—1902）在美西战争后不久就结束了，毫不奇怪的是，1904 年博览会上最受欢迎的展品是一个菲律宾村庄。在那里，精心安排的岛民用他们的本土方式来娱乐博览会的参观者。我们想让参观者意识到，这个由美国政府赞助的展览，就像博览会上的其他所有人类学展览一样，有着明确的议程，其基础是社会达尔文主义的文化进化论。博览会向参观者展示了"原始"状态下的土著民族的展品，同时也展示了被西方文明"改良"的同一民族的展品。菲律宾村庄将受传统束缚的伊戈尔罗特人（Igorots）与更加西化的维萨亚人（Visayans）放在一起，展示了落后的种族如何在美国的指导下向前发展。[38]

我们列举菲律宾村庄故事的一个方面，以说明持续的博览会记忆如何助长了当地的种族主义传说。事件发生一个世纪后，许多圣路易斯人认为，伊戈尔罗特村的村民是贪婪的食狗者，经常在附近的社区里寻找宠物。事实是，伊戈尔罗特人在家只在极少数的仪式场合吃狗肉。圣路易斯博览会的管理者坚持每天都要吃成磅的狗肉，因为这是一场很好的表演，而且似乎证实了当地人所谓的文化劣势。觅食的菲律宾人疯狂奔跑的故事渗透进了当地的都市传说，并成为人们对博览会最普遍的记忆之一。

在展览策划阶段，我们联系了当地的菲律宾文化组织，了解当前的菲律宾裔美国人如何看待这个不好的当地传说。策划主席是一名医生，她解释说伊戈尔罗特人吃狗肉的故事是对其他菲律宾人的痛苦的种族主义侮辱，尤其是对维萨亚人（她自己的血统），他们也曾在博览会上出现过。她借给我们传统的维萨亚人的针线活做展览，并安排菲律宾舞者在开幕式上表演。然而，当她参加预展并看到 1904 年伊戈尔罗特人杀狗的照片时，我们的关系恶化了。

我们没有把她包含在展示照片的决定中，一部分原因是我们错误地认为她默许了，另一部分原因是我们想保留对照片的解释权。我们现在才意识到，我们在菲律宾裔美国人社区中陷入了持续不断的种族和阶级紧张，但是有点晚了。维萨亚文化协会中经验丰富的成员不愿意被认为是伊戈尔罗特人，也不愿意以任何方式帮助他们恢复历史声誉。他们威胁要抵制公开展览。随后的谈判以痛苦的妥协告终。我们不愿修改解释文字，但同意删除令人不快的图片，并添加一些维萨亚人的历史照片。牺牲这张照片削弱了一个重要的解释性观点，即图像在记忆构建中的力量。比文字记录更引人注目的是，伊戈尔罗特人吃狗的照片助长了这个传说。

更重要的是，我们意识到我们对菲律宾裔美国人文化的内部动态不够敏感。如果在把这张照片挂在墙上之前，我们让当地的菲律宾裔美国人参与到互谅互让的讨论中来，我们也许就能就它在展览中的价值达成一致。如果我们更善于反思，更愿意分享探究和权威，我们或许就能达成一种文化对位，而不是勉强的文化妥协。

尽管如此，参观者还是蜂拥而至，喜爱展览会上的纪念品。由于参展者总是从手头的材料中构建自己的体验，所以大多数人都很满意。因为很多圣路易斯人都能认出与他们的祖母的古董柜里的物品相似的东西，所以这些展出的文物成功地唤起了人们的记忆，将公民事件与家族遗产联系了起来。

然而，作为对记忆形成过程的探究，"我们在博览会上见"被证明只是部分成功。由专业评估师进行的调查显示，参观者确实接受了我们的一个主要解释观点，即参加博览会的人在当时有很多经历，因此后来的回忆也会因他们的个人和社会情况而有所不同。然而，对于大多数参观者来说，要从对无数往事的普遍理解，过渡到对某一特定事件的新理解，更不用说将记忆作为一种社会和政治结构加以欣赏，那就太强人所难了。

"我们在博览会上见"生动地提醒我们，在公众历史的规划和上演过程中，动因扮演着至关重要的角色。尽管——在某种程度上也是因为——如此多的圣路易斯人珍视他们美好的回忆，我们却很少努力让公众参与展览的开发过程。我们并没有认真地接触社区来设置问题或分享调查结果。我们紧紧地控制权威，部分原因是我们怀疑圣路易斯的居民会拒绝对他们最受尊敬的历史事件进行批判性的审视。当条件迫使我们在行动中反思时，我们的反应是踌躇的或防御性的。我们缺乏足够的信心，认为深入反思性实践和真诚的共同探究可以让我们找到共同点，所以我们不敢冒险。

由此产生的展览要求参观者把乐趣带出博览会，用享受来换取分析，用遗产来换取历史。具有讽刺意味的是，他们的拒绝证明了我们关于记忆的力量的观点，但这意味着我们并没有揭开神话和传说的面纱，而正是这些面纱使圣路易斯的人们无法以新的眼光看待他们的博览会。参观者带着所有的权威走进来，并保留了它。他们在出口徘徊，穿过入口离开，完全忽略了一些工艺品，按照他们选择的任何顺序看其余的展品，所有人都在寻找能激起他们兴趣的东西，因为它触动了他们的心灵和思想。与往常一样，我们的参观者控制着谈话；实际上，我们最应该期待的是一个加入的机会。尽管我们尽了最大的努力把话题引到我们这边，但大多数参观者还是像来时一样离开了，谈论着让他们想起圣路易斯是世界中心的那个灿烂夏天的收藏品。[39]

那张照片中的是我和我妹妹！

批判性的共同反思表明，在过去的几十年里，我们为我们的公众做得很好，但与他们一起做得不好。在大多数项目的形成阶段，我们分享的调查或权威太少，因此限制了我们与公众的不同过去进行历史对比的机会。诚实的分享，愿意放弃一些智识上的控制，是公众历史实践中最困难的部分，因为这是与学术气质和训练最格格不入的方面。卡罗尔·伯金（Carol Berkin）比较了她在历史纪录片中扮演的学者和说话者的双重角色，她指出，历史学家"既不是天生的合作者，也不是训练有素的合作者"，他们往往更喜欢档案中的孤独，而不是与活人打交道。"也许世界上除了诗歌写作和灯塔看守之外，没有任何一种职业能让我们如此独立，如此控制创作和完成一个项目的过程。"[40]

口述历史学家和活动人士似乎比大多数人更擅长合作历史，这既是出于实际需要，也是出于个人信念。琳达·舒普斯（Linda Shopes）指出："协同工作对个人和智识的要求都很高，需要一种能力——甚至是勇气——来处理可能会很困难的人和情况。"它还要求"对项目如何进行的模糊性和不确定性有一定的容忍度；愿意承担风险，不遵守既定协议，并根据工作本身的逻辑做出决策"。[41]

真正的双向公众参与是有的，但绝非易事。安妮·瓦尔克（Anne Valk）为杜克大学"面纱背后"（"Behind the Veil"）口述历史项目协调研究的经历让她意识到，重要的社区合作者和学者对研究结果有着不同的利害关系。"他们寻找当地例外的证据，这可能成为经济发展或历史性庆祝活动的基础，"她回忆道，"另一方面，我们与每个社区接触，寻找更广泛的历史模式的证据。"同样，琳达·舒普斯形容她的公众历史经历"相当复杂，常常相当令人沮丧"，因为当地人倾向于把他们定义的当地故事视为不言自明的。"我的工作，轻轻地，小心地，是建议他们的故事是一个更为广泛的故事的一部分……因此，我们在一场关于历史本质的对话中来回穿梭：我们记住了什么以及为什么要记住它。"[42]

面对明尼苏达历史学会的动因问题，本杰明·菲林（Benjamin Filene）的展览团队经过深思熟虑，让公众带头修复社区历史。他们把一张很大的社区地图带进社区，邀请居民们在什么地方、什么时候做标记。参与者们聚集在一起，争论、纠正或划掉彼此的符号，共同努力使其正确。"记忆、反思和对话的过程（与我们，尤其是参与者之间）至少和最终结果一样重要。我们试图引出一个观点，而不是控制它。"当菲林后来在明尼苏达历史中心展示这张标记过的地图时说，"我们发现，即使没有笔，对话和记忆的过程也丝毫没有减弱。"[43]

这些和其他实践者的经验加强了我们自己的观察和结论。第一个观察和结论是，"公众历史"中的有效词是公众。所有好的历史实践都是反思性的，但是公众历史需要一个真正的承诺。所有的历史学家都应该关注公众对过去及其目的的看法，但公众历史学家更有义务这样做，这是成功就业的一个条件。

此外，公众历史实践是情境性的。这个领域没有一种放之四海而皆准的方法，因为每个场合都必须按照自己的方式来处理。最基本的要素是动因：对于从业者来说，关键的问题是谁拥有合法的权力，谁愿意分享它，以及在什么条件下分享它。

历史中的大写字母 H 本身就是一个问题。过去是一个普遍的参照，但是训练有素的实践者和非专业人士经常为不同的目的寻找不同的历史。因为我们所有人都用过去帮助理解现在，并在我们的生活中找到意义，通俗的历史比学术版本的在学术研讨会中完善的历史更深入地植根于文化。专业的从业者既不能忽视流行的过去，也不能大声疾呼，但通过努力和运气，我们可以加入到公众正在进行的对话中。就像其他有用神话的守护者一样，我们扮演着调解人的角色，处于过去与现在之间，处于我们想要告知人们的真相与人们想要告诉我们的真相之间。为了做好我们的工作，我们必须保持灵活性，反应灵敏，随时准备好与杰西·苏尔科夫斯基偶遇，她发现自己置身于一张快照之中，与我们分享了一段我们可能会错过的过去。

注　释

[1] Katharine T. Corbett, "St. Louis Garment Workers: Photographs and Memories," *Gateway Heritage* 2, no. 1, spring, 1983, pp.19-24. *Dollar Dresses: St. Louis Women in the 1930's Garment Industry*, Katharine T. Corbett and Jeanne Mongold, co-curators, University of Missouri-St. Louis and International Ladies' Garment Workers Union, St. Louis Headquarters, 1977.

[2] Katharine T. Corbett and Howard S. Miller, "Which Thousand Words?" OAH annual meeting, San Francisco, 1980; Katharine T. Corbett, "The Historical Landscape: Photographs as Evidence," Jean Tucker, ed., *Landscape Perspectives: Photographic Studies,* St. Louis: University of Missouri-St. Louis, 1986; Quinta Scott and Howard S. Miller, *The Eads Bridge*, St. Louis: Missouri Historical Society Press, 1999.

[3] Howard S. Miller, Katharine T. Corbett, and Patricia L. Adams, "St. Louis: Communities in Counterpoint," *OAH Newsletter Convention Supplement,* February, 2000; George Lipsitz, *A Life in the Struggle: Ivory Perry and the Culture of Opposition* (Philadelphia: Temple University Press, 1988); David E. Kyvig and Myron A. Marty, *Nearby History: Exploring the Past Around You,* Nashville, Tenn.: AASLH, 1982; 2nd ed., Walnut Creek, Calif.: Altamira Press, 2000. 关于 "agency" 的翻译：在以质性研究为主的公众史学语境中，"agency" 代表个体的能动性，即积极地并富有创意地参与历史建构，本文译为 "动因"，即强调这一能动性。读者可参阅：agency, the capacity to exercise creative control over individual level thoughts and actions; or " the existence of a capacity for

redefining reality establishes that individuals who are situated within rigid contexts of social control can emancipate themselves sufficiently to think and act in a self-determined manner, that is, to exercise agency." Lisa M. Givin, ed., *The Sage Encyclopedia of Qualitative Research Methods*, 2008, pp.14-15. （编者加注）

[4] Marla Miller, "Playing to Strength: Teaching Public History at the Turn of the 21st Century: An Overview and Report from the U.S.," *American Studies International*, vol. 42, nos. 2-3, June-October, 2004, pp.179-180.

[5] Rebecca Conard, "Facepaint History in the Season of Introspection," *The Public Historian,* vol. 25, no. 4, 2003, pp. 9-24; Rebecca Conard and Shelley Bookspan, e-mail memo to *The Public Historian* special issue contributors, 17 March 2004. Donald A. Schön's key works include *The Reflective Practitioner: How Professionals Think in Action* (New York: Basic Books, 1983), and *Educating the Reflective Practitioner: Towards a New Design for Teaching and Learning in the Professions* (San Francisco and London: Jossey-Bass, 1987). Schön's critics include Peter Reason, ed., *Human Inquiry in Action: Developments in New Paradigm Research* (London: Sage Publications, 1988); John Bray, et al., *Collaborative Inquiry in Practice: Action, Reflection, and Making Meaning* (Thousand Oaks, Calif.: Sage Publications, 2000); and Stephen Newman, *Philosophy and Teacher Education: A Reinterpretation of Donald A. Schön's Epistemology of Reflective Practice* (Brookfield, Vt.: Ashgate Publishing Co., 1999). On feedback, see J. de Rosnay, "History of Cybernetics and Systems Science," http://pespmc1.vub.ac.be/CYBSHIST.html.

[6] Charles Beard, "Written History as an Act of Faith," *American Historical Review,* vol. 39, no. 2, 1934, pp.221-236; Charles Beard, "Grounds for a Reconsideration of Historiography," Social Science Research Council, *Bulletin 54: Theory and Practice in Historical Study,* New York: SSRC, 1946, pp.1-14; Carl Becker, *Everyman His Own Historian: Essays on History and Politics,* New York: Appleton-Century-Crofts, 1935, pp.143-168, pp.191-234; Ray Allen Billington, *The Genesis of the Frontier Thesis: A Study in Historical Creativity,* San Marino, Calif.: The Huntington Library, 1971, pp.44-54; Otis Graham, "No Tabula Rasa," *Public Historian,* vol. 17, no. 1, 1995, pp.12-14.

[7] Cindy Little, personal communication with the authors, 3 April 2004.

[8] G. Wesley Johnson, "Introduction," *Public Historian,* vol. 9, no. 3, 1987, p.18.

[9] Marla Miller, "Playing to Strength," p.181, p.183, pp.193-195. 国家公园体系对历史学家的"基本技能"的陈述同样也没有体现米勒所描述的"有效的公共历史实践背后的人际关系素质"。www.nps.gov/training/npsonly/RSC/historia.htm.

[10] Barbara Franco, personal communication with the authors, 5 April 2004; Barbara Franco, "Interchange: Genres of History," *Journal of American History,* vol. 91, no. 2, 2004, pp.572-593.

[11] Ronald J. Grele, *Envelopes of Sound: the Art of Oral History,* Chicago: Precedent Publishing, Inc., 1985, p.243, p.259, pp.271-272; Michael Frisch, personal communication with the authors, 12 March 2004; Michael Frisch, *A Shared Authority: Essays on the Craft and Meaning of Oral and Public History,* Albany: State University of New York Press, 1990; Michael Frisch, "Commentary: Sharing Authority: Oral History and the Collaborative Practice," *The Oral History Review,* vol. 30, no. 1, 2003, pp.111-113; Linda Shopes, "Commentary: Sharing Authority," *The Oral History Review,* vol. 30, no. 1, 2003, pp.103-110; Jeremy Brecher, "Using Ethnography to Enhance Public Programming," Jean J. Schensul et al., *Using Ethnographic Data: Ethnographer's Toolkit 7,* Walnut Creek, Calif.: Altamira Press, 1999, pp.115-149; Lorraine Sitzia, "A Shared Authority: An Impossible Goal?" *Oral History Review,* vol. 30, no. 1, 2003, pp.87-101.

[12] Eric Foner, personal communication with the authors, 1 April 2004; Eric Foner, *Who Owns History?*

Rethinking the Past in a Changing World, New York: Hill and Wang, 2002. On activist historians' shared inquiry, see James Green, *Taking History to Heart: The Power of the Past in Building Social Movements*, Amherst: University of Massachusetts Press, 2000, pp. 2-4; Marla Miller, "Playing to Strength," pp. 178-179; Ronald Grele, "Whose Public, Whose History?: What is the Goal of a Public Historian?" *The Public Historian* 3, no. 1, Winter, 1981, pp. 40-48; Brass Workers History Project, Jeremy Brecher, et al., comps., *Brass Valley: The Story of Working People's Lives and Struggles in an American Industrial Region*, Philadelphia: Temple University Press, 1982, pp. 169-186; Dolores Hayden, *The Power of Place: Urban Landscapes as Public History* , Cambridge: MIT Press, 1995.

[13] Katharine T. Corbett and Howard S. Miller, "Taking Responsibility for the *Enola Gay*," *Exhibitionist*, vol. 14, no. 1, 1995, pp.12-14; Edward T. Linenthal and Tom Engelhardt, eds., *History Wars: The Enola Gay and Other Battles for the American Past*, New York: Henry Holt, 1996; Dwight Pitcaithley, "History in the Public Sense: The National Park Service and Education," *University of Michigan Research Policy Lecture*, 3 February 1998; Nancy McIlvery, ed., "Rethinking the Exhibit Team: A Cyberspace Forum," *Exhibitionist*, vol. 19, no. 1, 2000, pp. 8-13; "History Exhibit Standards," Statement Adopted by the Organization of American Historians Executive Board, St. Louis, Missouri, April 2000. www.oah.org/pubs/nl/2000may/execbd.html.

[14] David Lowenthal, *Possessed by the Past: The Heritage Crusade and the Spoils of History*, New York: The Free Press, 1996. Compare Eric Hobsbawm and Terence Ranger, eds., *The Invention of Tradition*, Cambridge: Cambridge University Press, 1983; James Lindgren, "A Cuckoo in our Nest: Can Historians Handle the Heritage Boom?" *The Public Historian*, vol. 19, no. 2, 1997, pp. 77-82. For popular perspectives, see Roy Rosenzweig, "Marketing the Past: American Heritage and Popular History in the United States," in *Presenting the Past: Essays on History and the Public*, eds. Susan Porter Benson, Stephen Brier, and Roy Rosenzweig, Philadelphia: Temple University Press, 1986, pp. 21-49; "Roundtable: Responses to Roy Rosenzweig and David Thelen's The Presence of the Past: Popular Uses of History in American Life," *The Public Historian*, vol., 22, no. 1, 2000, pp. 13-44.

[15] Erik Erikson, *Childhood and Society*, New York: W. W. Norton & Co., 1950, p. 185, suggested counterpoint as a trope for exploring the apparent contradictions in American "national character." Michael Kammen explored the approach in *People of Paradox*, Ithaca, N.Y.: Cornell University Press, 1980. Examples of counterpoint at the grassroots include Robert Weyeneth, "History, He Wrote: Murder, Politics, and the Challenges of Public History in a Community With a Secret," *The Public Historian*, vol. 16, no. 2, 1994, pp. 51-73; David Glassberg, "Remembering a War," *Sense of History*, pp. 25-53; Katherine Borland, " 'That's Not What I Said,' : Interpretive Conflicts in Oral Narrative Research," Robert Perks and Alistair Thomson, eds., *Oral History Reader*, London: Routledge, 1998, pp. 63–75.

[16] Becker, "Everyman His Own Historian," pp. 231–234; Henry Glassie, *Passing the Time in Ballymenone: Culture and History of an Ulster Community* , Philadelphia: University of Pennsylvania Press, 1982, pp.621-655, pp.664-665 and passim; Henry Glassie, *Material Culture*, Bloomington & Indianapolis: Indiana University Press, 1999, pp.1–39; Michael Frisch, "Prismatics, Multivalence, and Other Riffs on the Millennial Moment: Presidential Address to the American Studies Association, 13 October 2000," *American Quarterly*, vol. 53, no. 2, 2001, pp. 193-231, Michael Frisch, "Taking Dialogue Seriously," Frank Munger, ed., *Laboring Below the Line: Perspective on Low Wage Labor and the Global Economy*, New York: Russell Sage Foundation Press, 2002, pp. 281-289.

[17] Carolyn Gilman, *Lewis and Clark: Across the Divide*, Washington, D.C.: Smithsonian Books, 2003, pp. 312-315, p. 389; Carolyn Gilman, personal communication with the authors, 8 April 2004.

[18] Tara Travis, "Spider Woman's Grand Design: Making Native American Women Visible in Two Southwestern History Sites," Kaufman and Corbett, *Her Past Around Us*, pp. 69–86.

[19] Jeremy Brecher, "How I Learned to Quit Worrying and Love Community History: A 'Pet Outsider's' Report on the Brass Workers History Project," *Radical History Review* 28-30, 1984, p. 187; "How This Book Was Made," Brass Workers History Project, *Brass Valley*, Appendix.

[20] Dwight Pitcaithley, "Barbara Kingsolver and the Challenge of Public History," *The Public Historian*, vol. 21, no. 4, 1999, pp. 11-18.

[21] David Glassberg, *Sense of the Past*, 22. Examples of "spaces between" public history practice include James O. Horton, "Presenting Slavery: The Perils of Telling America's Racial History," *The Public Historian*, vol. 21, no. 4, 1999, pp. 19-38; Laura Peers, " 'Playing Ourselves,' First Nations and Native American Interpreters at Living History Sites," *Public Historian*, vol. 21, no. 4, 1999, pp. 39-59; Polly Welts Kaufman, "Who Walked Before Me?: Creating Women's History Trails," Kaufman and Corbett, *Her Past Around Us*, pp. 11-30.

[22] Katharine T. Corbett, Howard S. Miller, Mary E. Seematter, and Alex Yard, *St. Louis in American History*, 5 vols., St. Louis, Mo: Missouri Historical Society, 1989–1995.

[23] Howard S. Miller and Katharine T. Corbett, "The Missouri Historical Society St. Louis History Project," OAH/NCPH joint annual meeting, 1984; Katharine T. Corbett and Howard S. Miller, "State and Local History in the High School Curriculum," AASLH annual meeting, 1989.

[24] Exhibit title drawn from Langston Hughes's poem, "Democracy," in Langston Hughes, *Selected Poems of Langston Hughes*, New York: Vintage Books, 1959, p. 285.

[25] William Clay, quoted in Missouri Historical Society exhibit brochure, *A Strong Seed Planted: The Civil Rights Movement in St. Louis, 1954–1968,* St. Louis: Missouri Historical Society, 1989, p. 2.

[26] Katharine T. Corbett and Mary E. Seematter, " 'A Strong Seed Planted': Black History Programming at the Missouri Historical Society," *OAH Magazine of History*, vol. 4, no. 3, 1989, pp. 16–20.

[27] Revealing autobiographical accounts of growing up black in segregated St. Louis include Maya Angelou, *I Know Why the Caged Bird Sings,* New York: Random House 1969; Dick Gregory, *Nigger,* New York: Pocket Books, 1990, and Ntozake Shange, *Three Pieces,* New York: Penguin Books, 1982.

[28] *Through the Eyes of a Child*, Missouri Historical Society, 2002; Jacqueline K. Dace, interview with Katharine T. Corbett, 5 May 2004.

[29] Mark Twain and Charles Dudley Warner, *The Gilded Age: A Tale of To-day,* Hartford, Conn.: American Publishing Co., 1874; Miller and Scott, *The Eads Bridge*; Howard S. Miller, "The Sense of the Place, The Spirit of the Times," keynote address, *The Persistence of the Past: The Legacy of Gilded-Age St. Louis: A Forum for Discussion,* Missouri Historical Society, 12-13 November 1993; "镀金时代"展览解释小组成员包括凯西·科贝特、迪克·米勒和帕特里夏·亚当斯。

[30] Katharine T. Corbett and Howard S. Miller, *St. Louis in the Gilded Age*, St. Louis: Missouri Historical Society, 1993; Katharine T. Corbett and Howard S. Miller, "Engaging the Public in Urban History: St. Louis in the Gilded Age," poster session, OAH/NCPH annual meeting, 1995; Robert W. Duffy, "Beyond the Glitter," *St. Louis Post-Dispatch*, 7 October 1993; Deborah L. Perry and Evan Finamore, "Saint Louis in the Gilded Age at the Missouri Historical Society: Summative Evaluation Report," Selinda Research Associates, December 1995.

[31] Heritage Shared, Perspectives, Spring, 1999: 1; *The Heritage Shared Guide to Central Coast Historical Resource,* San Luis Obispo, 2002; www.historyinslocounty.com. Dick writes here as a reflective participant-observer, not necessarily an organizational spokesman. On the relation of

locale to local history, see Joseph A. Amato, *Rethinking Home: A Case for Writing Local History,* Berkeley: University of California Press, 2002; Glassberg, "Sense of History" and "Making Places in California," *Sense of History*, pp. 3-22, pp. 167-202; and Glassie, *Ballymenone*, pp. 575-665.

[32] Representative Heritage Shared publications include *In Search of Chinese San Luis Obispo* (1988); *Historic Byways of San Luis Obispo County* (1999); *Living on the Land: San Luis Obispo County Historic 20th Century Agricultural Sites* (2001); *Deliveries' Round the Back: A History and Heritage House Tour* (2000); *Pedaling the Past Through San Luis Obispo* (2005); *Perspectives: Celebrating the History, Heritage and Culture of the Central Coast* (1999 to date); and the website www. heritageshared. org.

[33] See *Times Past*, Dan Krieger's perennially popular local history columns in the San Luis Obispo Tribune. For a more positive assessment of Heritage Shared accomplishments, see Robert Pavlik, "Seventh-Inning Stretch," Heritage Shared, *Perspectives,* Spring, 2004, p. 4.

[34] Glassberg, *Sense of History*, 210. Compare Howard S. Miller, "Whose History? Whose Heritage? Recovering Chinese San Luis Obispo," panel session, *Multicultural Perspectives on Community History*, NCPH annual meeting, 1998; John Kuo Wei Tchen, "Creating a Dialogic Museum: The Chinatown History Museum Experiment," Ivan Karp, Christine Mullen Kreamer, and Steven D. Lavine, eds., *Museums and Communities: The Politics of Public Culture,* Washington, D.C.: Smithsonian Institution Press, 1992, pp. 285-326, and "Back to Basics: Who is Researching and Interpreting for Whom?" *Journal of American History,* vol. 81, no. 3, 1994, pp. 1004-1110.

[35] "我们在博览会上见" 的小组成员包括：凯西·科贝特、帕特里夏·亚当斯、迪克·米勒和卡罗尔·克里斯特。For broader context see Robert Rydell, *All the World's a Fair: Visions of Empire at American International Expositions, 1876–1916,* Chicago: University of Chicago Press, 1984.

[36] On the material culture of memory, see David Thelen, ed., *Memory and American History*, Bloomington: Indiana University Press, 1989; Michael Kammen, *Mystic Chords of Memory: The Transformation of Tradition in American Culture,* New York: Knopf, 1991; Barbara Kirshenblatt-Gimblett, "Objects of Memory: Material Culture as Life Review," Elliott Oring, ed., *Folk Groups and Folklore Genres: A Reader,* Logan: Utah University Press, 1989, pp. 329-338, and Glassie, *Material Culture.*

[37] Susan Binzer, "The Exhibit: Some Like It, Some Don't!," *World's Fair Society Newsletter,* August, 1996, p. 3. On the edginess of historical memory studies, see Edward Linenthal, "Struggling With Memory and History," *Journal of American History,* vol. 83, no. 3, 1995, pp. 1094-1101, and Glassberg, *Sense of the Past*, pp. 205-211.

[38] Rydell, *All the World's a Fair*, pp. 154-183.

[39] Randi Korn & Associates, "A Summative Evaluation of *Meet Me at the Fair: Memory and History and the 1904 World's Fair*," Prepared for the Missouri Historical Society, May 1997; Katharine T. Corbett, "How Exhibits Mean: Memory, History, and the 1904 World's Fair," *Exhibitionist* 18, Fall, 1999, pp. 38-41.

[40] Carol Berkin, "So You Want to Be in Pictures? Tips From a Talking Head," *OAH Newsletter* 33, February, 2005, p. 1, p. 10.

[41] Shopes, "Commentary: Sharing Authority," p. 106.

[42] Anne Valk, personal communication with the authors, 28 March 2004; Linda Shopes, personal communication with the authors, 5 April 2004.

[43] Benjamin Filene, "Object Lessons: Open House," *Common-Place,* vol. 3, no. 3, April, 2003: www. Common-Place.org; Benjamin Filene, personal communication with the authors, 4 May 2004.

数字时代如何"共享权威"

迈克尔·弗里施（Michael Frisch） *

摘要：2019 年夏天，我有幸在由浙江大学主办的"第三届全国公众史学高校师资培训"中主持了为期 3 天的工作坊。本文以我在 1990 年出版的《共享权威：口述和公共历史的技艺和意义》为开端，主要讨论借助视频和音频记录的数字索引进行口述史内容的整理的方法。在此基础上，我介绍了"图说历史"（PixStori）软件，一种可以将照片和录音合成在短时形式的多媒体文档之中的崭新工具。所有这些思索均源自口述史和公众史学的核心——"共享权威"，或至少是潜在地可共享的权威的持续探索。我认为，数字人文实践的革新不仅仅只是一种走向口述历史或公众史学的"新方法"；这些革新往往令人意外，正在深刻地影响着口述与公众史学领域。

关键词：数字化索引；数字人文；马赛克样态口述历史；多媒体叙事；口述历史；"图说历史"软件；公众史学；共享权威；口述短史

Abstract

My contribution offers commentary growing out of the three days of workshops I led in the "Third National Public History Faculty Training Program", at Zhejiang University, Hangzhou in the summer of 2019. I began with a discussion of my 1990 book, *A Shared Authority: Essays on the Craft and Meaning of Oral and Public History*. On the second day, I led a workshop applying a new and different direction

---

* 迈克尔·弗里施：纽约州立大学布法罗分校美国史教授，高级研究员，名誉教授。该文由毕元辉（长春师范大学历史文化学院教授）翻译。

in my work: approaches to oral history content management, via digital indexing of audio and video recordings. On the final day, I introduced PixStori—a brand-new tool combining photos and audio in short-form multimedia documentation. I discuss how only gradually did I recognize how much all of this work—old, new, and VERY new—flowed from a consistent exploration of shared authority, or at least an authority potentially shareable, at the core of oral and public history. Yet the inquiry has evolved significantly over this time: innovation in digital humanities practice is more than just a new "means" to an oral or public-history "end." More significant is its capacity to redirect work in these fields in some surprising and significant ways.

Key Words

Digital Indexing; Digital Humanities; Mosaic Oral History; Multimedia Storytelling; Oral History; PixStori; Public History; Shared Authority; Short-Form Oral History

2019 年夏天，我有幸在由浙江大学主办的"第三届中国公众史学高校师资培训"中，主持了为期 3 天的专题工作坊，主题是口述历史、公众史学与数字人文的关系。参加这次培训的教师都身在中国公众史学一线，我很高兴能与这些活跃而善于思考的新同事一起讨论和学习。

第一天的工作坊，我围绕着我在 1990 年出版的《共享权威：关于口述和公众历史的技艺和意义》（*A Shared Authority: Essays On the Craft and Meaning of Oral and Public History*）一书中介绍的方法做了评述。这本书已经成为相关领域国际讨论的标准之一。工作坊的第二天和第三天，我介绍了我和我的同事们最近使用的关于口述史和公众历史的新数字人文工具和方法。我们讨论了为传统的长篇采访编制索引。同时，我们尝试了使用工具制作一种新的短篇采访的方法，即在静态图像中添加音频故事，形成由个体小型音频–图像"瓷砖片"组建一种"马赛克样态的"叙事模式。

工作坊主要结合各种项目，小组成员在公众口述历史的语境下动手实践。这些练习未采用特定的模型或工具。准确地说，其目的是提供实操体验，探索新的数字实践如何应对日益受到关注的口述和公众历史工作和项目，部分是为回归到第一天引入的"共享权威"这一理论框架。

在圆桌讨论的简短发言中，我引出了3天课程中讨论的主题。我讨论的重点是，数字人文实践对于口述或公众历史的"终极"来说，远远不只是一个新"途径"。或许，更重要的是，它能够以某种令人意外且十分有效的方式改变这些领域的工作方向。《共享权威：关于口述和公众历史的技艺和意义》是基于一系列具体而特定的口述和公众历史项目进行反思而形成的论文集。通过这些文章，我提出了一个观点，即口述史和公众历史从根本上讲是一种对话，即历史学家和研究对象，抑或是受访者和观众之间直接或间接的对话。可以想象，二者都把某种东西带到一次相遇中，使之变成一种解释与反思的交流，而不是"我们"（历史学家）对"他们"（公众）说话的单行道，更不是从一个受访者的原始故事材料中提取"资料"。

基于这种观点，口述史采访的"作者"既不完全是受访者，也不完全是采访者。确切地说，在访谈中，每一方理应也必然拥有原创身份。而词义上源于"作者"的"权威"一词本身有"被共享"之义。甚至在受众超越被动的接受者和消费者身份而积极参与一项展览时，情况同样如此。这是不同诠释的交流与碰撞，隐晦地表达了两种视角：一种基于专长（expertise），另一种则基于体验（experience）。这有点像一种文字游戏，因为在英语中，这两个词有一个共同的词根，这个词根意为"集思广益"或"互为阐释"。在工作坊的第一天，我就探讨了这一概念的多重内涵。

长期以来，我一直认为，以上观点是基于早期体验，写在1990年出版的《共享权威：关于口述和公众历史的技艺和意义》一书中，也在整个20世纪90年代的一系列项目和出版物中继续诠释和传承，尤其是在《钢铁肖像》（*Portraits in Steel*，1993）一书中。这本书是我与著名纪实摄影师米尔顿·罗戈文（Milton Rogovin）合写的，该书通过不同时间的人像照片及其沉思式的口述史及生活史，呈现了工厂倒闭前后的钢铁工人的生活与世界。大约2000年以后，我开始探索将新数字工具用于口述历史，这些建立在完全不同领域基础上的新方法，似乎激起了我前所未有的好奇。直到后来，我才逐渐意识到，一种共同的旨趣贯穿在新的和原来的工作之中，那就共享权威，或至少是一种可能共享的权威。这种诠释在过去几年里渐渐变得清晰，并贯穿于第二天和第三天的工作坊。

第二天，我们探讨了数字媒体索引，我和兰德福公司（Randforce Associates）的同事们已将这项工作推进了十多年，我们通过提供咨询将之应用于一系列全国性和地方性的项目中。这包括，在或有或没有文本的音频和视频文件中确定其内容和含义，以打开和关闭时间码的方式标识段落，然后用各种各样的被称为"元数据"的代码或含义来标识这些段落，每个"元数据"根据已确定的代码或含义进行自行分类。具体而言，这些维度包括：使用或编辑的内容、主题、语境、类别等。这些构成了收藏集的采访地图；这种地图不仅可以用来在一个长篇采访内浏览和搜索，也可以根据偏好和兴趣在多个文件中进行浏览和搜索。从实践层面而言，拥有这样的数字地图意味着，一个口述历史资料数据库能够被检索，并得以广泛地共享与传播。有这样一张地图并不会被赋予特定的含义，而是为使用者根据其偏好和兴趣查阅、收藏或研究打开了方便之门。

如果拥有这样一种能力，并实现与所有用户共享，这也意味着，公众史学中例如展览和纪录片等核心模式中蕴含的某些"约定俗成的假设"（unexamined assumptions）将受到挑战。可见，互动性并没有取代前文提及的核心单行道模式，即将故事单项呈现给受众。在为音频和视频口述历史资料编制索引地图的过程中，我们常常受到另一个隐喻的影响：传统上处理口述史资料的诸多方法都意味着区分"生的"（raw，这里指"未经处理的"）和"熟的"（cooked，这里指"经过处理的"）采访资料。档案馆里保存的完全是"生的"采访资料，这些采访资料因其原有的媒体格式往往无法直接使用，只有通过转录稿才可以被查阅和使用。而转录稿表达的信息相当有限，同时又因转录成本高，所收藏的大多采访音视频资料常常不能够做到全部转录。这些资料除了被学者研究使用外，对于公众而言，大多都使用其"熟的"形式，一些人以某种方式把"生的"材料变成了纪录片，或是通过对物件和口述历史片段的选择做策展，进而讲述某一故事或探索某一主题。

"生—熟"是比"单行道"更有力的隐喻，暗示了一种更开放的替代愿景。纪录片是一个从大量素材中提取的"故事"，通常一个小时的片子是从 8 至 12 个小时或更长的原始素材中精选而成的。我喜欢这种经过剪辑的纪录片，但它们回避了一个关键问题：有多少情节在影片中被埋没了呢？如果我们超越于通过一个电影导演的视角去看问题，如何能够发现、塑造和讲述不同的故事呢？考虑到如此之多纪录片的进步性和民主化特点，我们惊讶地看到，这种模式本身必然是权威主义的，因为它表达的往往是某一个作者的视角。

相比之下，编制媒体索引地图，使任何人基于可能完全不同的问题和好奇心，或基于对常见问题的不同价值判断和感知力，去探索相同的素材，以及通过这一素材开发新的路径。因此，我们开始把内容管理工作看作是在开放式的厨房中将"生的"变成"熟的"，在这里，烹饪过程本身可以去神秘化，并实现与不同的公众广泛而交互的分享。新的数字人文和方法拓展了公众史学的内涵及其用途的想象，并赋予其一种新型对话关系。

在我们早期的索引编码中，我们使用数字工具识别段落，以使其在价值或意义上适用于所有用户。我们曾试图建立适用于这些段落的分类代码或标签，以便于查找和使用。随着时间的推移，我们发现，这种方法可能会适得其反：它导致地图编码复杂化、碎片化，以至于很难得到有效的使用。我们进而发现这一方法与"共享权威"的理念存有矛盾，因为我们承担着近乎不可负荷的权力与责任，即想象使用者在查找过程中最感兴趣的内容，并将其编制到检索工具中。

因此，我们的实践朝着一个有趣的对话方向发展，我的同事道格·兰伯特（Doug Lambert）创造了称为"故事单元"（unit-story）的方法。我们用这种方法与客户合作，首先让他们在长度为10—15分钟的自然段落或分割点的地方将每个采访视频分割成更小的单元。用这种方法进行某种实践后，我们建议他们使用通过即时倾听采访录音为较简短的采访写出内容摘要的方法，为相当中立的大篇幅采访提取出所讨论的内容和主题。然后，他们聚焦于将每个单元分成为3至5个重点段落，确定好精确的起止时间点。这些段落是可以在纪录片或展览中使用的一个故事、一段逸事，或者是一段强有力的"原声摘要"（sound-bite）。这样就产生了一个内容独立紧凑的段落（整个采访大约需要一页或半页）及几个内容相关的段落，加之一个紧凑而中立的内容摘要，这些可以让用户在10分钟左右了解这一资料的内容，使其能够以输入关键词方式找到满足其需要和感兴趣的内容。

在工作坊中，我们将这一方法应用到参加培训的老师们带来的采访片段中。事实证明，这一过程颇具挑战性：首先需要写出一个简单而不偏不倚的摘要，然后需要对特别的重点段落进行甄别、评估，使其包含的史实更加明晰，而又不可避免地具有主观性。但老师们发现这个过程非常有用，他们似乎一致认为，这一方法可能直接导致历史学家与公众之间展开更开放的对话。

第三天，我们介绍了"图说历史"软件，这是一款我们刚刚发布的测试版网络应用程序，希望能通过早期用户的反馈和建议得到改进。这次师资培训在这方面收获颇丰，仅在一个下午，老师们提供了我们所见过的最有趣和生动的各种案例，就是将相关的反思、故事和评论融入照片。"图说历史"是众多的新型数字人文工具之一，这种工具帮助我们突破了传统史学方法中的"约定俗成的假设"的局限。我们开始口述历史索引工作时遇到了这样一个问题：因为没有简单的方法直接处理源记录，而需要转录。数字化的数据库工具的出现为交互式公众媒体访问开辟了一个广阔的领域，使情况有所不同。在使用 PixStori 过程中，我们面对一个更普遍而约定俗成的假设，即口述历史的核心是长篇访谈（long-form interview）。

如果情况并非如此呢？由图片提示，将图像和文字连接，成为短篇口述历史或口述短史（short-from interview），是不是可能？这种口述短史是不是可能和长时间的访谈一样严肃和重要，只是呈现方式不同而已呢？如果把口述历史比作文学的

图 2.1　迈克尔·弗里施与第三届中国公众史学高校师资培训班学员讨论"图说历史"软件，浙江大学，2019 年 7 月 11 日
图片来源：浙江大学公众史学研究中心

一个领域，按照约定俗成的假设，唯一可能的文学形式就是小说。那么，诗歌呢？短篇小说呢？警句集和格言呢？从艺术角度看，千百年来，镶嵌画（马赛克）提供了一种强大而令人肃然起敬的创作模式。我们是否能想象一种基于马赛克样态的多媒体口述历史的创作方法而建构的关于个人、家庭、社群的口述历史模式？这将是一种完全不同的模式，却具有艺术和历史的启示。

总之，对数字人文工具和方法潜能的反思是，这些工具不仅支持和扩展了公众与口述历史的现有实践，而且在最深层的意义上扩展了我们对口述历史可能性的想象。在过去几年对这个领域的探索中，令我非常满意和惊喜的是，我证实了那些在几十年前曾吸引我进入口述和公众历史领域的核心理念：确信对话与交流的价值所在，凭借我们个人的和集体的能力，我们成为自己历史的创作者，我们能够在历史的解释与呈现过程中真正"共享权威"，进而改变世界。

　　20世纪80年代，公众史学尚属新兴学科，罗纳德·格里在《谁是公众？谁的历史？公众史学家的目标是什么？》一文中提出了谁是公众、谁的历史与公众史学家的目标等公众史学的核心问题，并批判性地论述了公众史学的"新颖"之处及其所面临的种种问题。

　　近40年后，戴维·迪恩重新思索公众史学的定义与方法，提出公众史学家活跃于历史表征的建构和分析。戴维认为，公众史学有关于公众与过去对话的方式，以及过去又是如何被呈现给公众的；它有关于公众所创造的种种历史，有关于为了将来而在当下保存过去，有关于过去是如何在当代社会中被使用的，以及面向哪些受众。因此，"公众史学不仅关乎公众所接受和消费的历史，也关乎公众所创造的历史"。这是对"情感转向"（affective turn）的回应，而公众史学家也在人文学科中处于"表演转向"（performative turn）的前沿。同时，戴维认为，互联网的互动能力将永远地改变公众与过去对话的方式。个人和群体不仅使他们私人的历史走向公众，而且更可以借此来重新制作和重新塑造与他们不期而遇的公众历史。

　　关于历史制作与传播的变革，陈新教授则从史学理论切入公众史学，提出公众史学是否能够引导历史学的范式变革这一激进的问题。陈新指出，这个范式将不只是研究的范式，而且是"实践"历史学的范式，是制作、传播、接受历史，促成公众形成和更替历史意识的范式；这个范式也不只是与"历史学家"有关，它将证明史家和公众协作的必要性，甚至身份轮替的必要性。

　　三篇文章衍生于不同的文化，语言风格各异，从不同的角度探索公众史学，启发我们在全球语境下深入思索公众史学的内涵。戴维说得好：随着公众历史实践日益国际化，非白人的、非殖民地的、非英语的文化和历史经验将更深刻地重塑公众史学。

谁是公众？谁的历史？
公众史学家的目标是什么？ [*]

罗纳德·格里（Ronald J. Grele）

在标题中运用"所有格"并非偶然，特意使用术语"公众"和"历史"也同样如此。我之所以强调它们是因为如今许多人不究其意便滥用之，这一点让我心有不适。同时我也确信将它们置于所有格中也一定会刺痛那些不假思索而使用它们的人。因此我认为现有的标题不仅利于我们提出一些表层的议题，而且能够深入表层，进入公众史学运动的核心，即历史在文化中的作用，以及历史意识形成和表述的过程。

针对美国历史学家将他们自身定义为职业人士的做法，他们所做的工作，他们进行职业化组织的方式，以及他们的职业化组织所发挥的作用，公众史学及其倡导者已进行了持续且重要的批评。尽管公众史学运动的起源可谓相当卑微（humble）——基于"或许"历史学家能在政策制定中发挥一些作用的想法——然而公众史学的倡导者们已经对当下历史研究（historical work）的模式发起了更广泛的攻击。他们反对一些既有的观念，包括史学训练和历史研究局限于大学的教学，对未来历史学家的培养，或出版仅仅面向其他的学术型历史学家的学术成果。以就业危机为起点，他们指责历史专业忽视了学术领域之外的机会，并通过强调史家仅作为研究者或大学教授的狭隘理解，将历史学家承担的角色意识形态化，进而也忽视了史家在为意识形态服务之外的其他可

[*] Ronald J. Grele, "Whose Public? Whose History? What Is the Goal of a Public Historian?" *The Public Historian*, Vol. 3, No. 1, Winter, 1981, pp. 40-48. © 2012 by the Regents of the University of California and the National Council on Public History. Published by the University of California Press. 该文由周开媛（中山大学人类学系博士研究生）翻译，游丽诗（浙江大学历史系博士研究生）校对。

能性。

上述问题都相当重要，但是由于围绕公众史学的争论未被认真对待，抑或在一个过于狭小的框架中被界定，这些重要的问题没能获得应有的关注。这一情况可归因于两点。首先，作为公众史学的实践者，我们没有清晰地定义我们做的是什么，为什么我们从事公众历史实践，以及为什么它可以替代历史领域其他形式的努力。其次，这些争论发生在一个历史的真空中。为了将这些问题联系起来放进一个框架里，我们必须明确我们所说的"公众"是什么意思，以及作为历史学家的我们如何与那些公众发生并保持关联。一旦我们这样做了，就能逐渐获得公众史学所需的视角，从而评估其基本原理和结果。

或许有必要指出，历史学家始终有特定的公众。历史研究自初始时期便是一项公共行为，尽管不同时期不同的历史学家面对不同的公众。这一点我们应当谨记，因为无论是公众史学的推动者抑或批评者，常常假定第二次世界大战之后，学术型历史学家推广的狭义"公众"概念是新的现实情境下出现的新事物。

从广义上简言之，一些主要的公众群体是历史学家的传统受众。从 19 世纪中期至今，许多美国历史学家试图面向出资机构（granting agencies）和其他人所谓的"广泛的、受过良好教育的公众"，大体来说就是受过教育的中产阶级。这些历史学家的作品通常采用叙事的形式，为阅读和购买书籍的公众呈现一系列广泛多样的历史阐释，或追溯美国文化中的一个重要主题的大型游行，最终指向美利坚作为一个国家必然的成功。经此，美国史"中期"（1820—1890）的伟大史诗便立刻浮现在人们的脑海中，就像电视连续剧《根：一个美国家庭的历史》（*Roots: The Saga of an American Family*）[1] 一样。

随着职业历史学开始在 19 世纪末和 20 世纪初应运而生，历史学家面对的公众范围开始缩小。该趋势愈演愈烈，直至今日危机发生时，占主导地位的专业视野取代了公众视野。为仿效"科学"，职业历史学家们出版了分析复杂、方法论精良的专著，他们的研究和写作开始局限于一个日益缩小的学者群体，这个群体包括其他的学术型历史学家和研究生们。

由于同市场隔绝，这些学者曾经（并且现在依然）依赖学院而非版税为生。从而他们被要求面向另一类公众：本科生。因此，无怪乎 20 世纪围绕职业历史学家的角色引发了持续的争论，焦点集中在如何联系和面对两群迥然不同的公众这一矛盾，以及解决该矛盾的多种途径上：研究员职位的创设、学术机构划分为研究型和教学型、将学生视作未来的学者，以及寻求一种将学术研究与教学合为一体的巧妙方案。

就在历史专业转向用狭隘术语定义自我的同时，在学术界之外，另一群历史学家却出现了，他们与非学院的公众一道开展地方历史运动。他们通常自称地方业余爱好者，并且在职业化的道路上选择了与学术型历史学家截然不同的方向，这场运动的参与者与形形色色的潜在公众交谈并合作，公众的范围从最保守的地方社会精英到学生、谱系学家、历史爱好者，乃至文物保护主义者。这些历史学家既没有大学的荫庇，也没有"学术自由"伦理的约束，他们以一种与学院派同人截然不同的方式去与公众对话。

在公众史学出现之前，地方历史运动是学术界的史学研究最彻底的替代。起初，在私人历史学会的屋檐下，地方历史运动的代表们部分地组织起来保存关于过去的记录，之后他们渐渐将努力扩展到书写和呈现当地历史上，直至20世纪60年代，在联邦的每一个州都已建立起一个由历史工作者组成的庞大网络，这着实令人惊讶。这数以万计的工作者们——既包括职业的、有报酬的，也包括业余的、没有报酬的——他们从未被学术界平等相待过，却成了美国人数最多的纯粹历史意义上的公众。

除此之外，自第二次世界大战以来，或从第一次世界大战时一群知识分子就《凡尔赛条约》相关问题向伍德罗·威尔逊（Woodrow Wilson）总统[2]建言献策算起，一些历史学家已不时地为多个政府部门、私人机构工作或提供咨询服务，因此这一部分史家在与另外一部分，尽管是范围更局限的一部分公众打交道。他们以这些角色在法庭和管理机构中作证，或成为那些证人的顾问。

历史学家面对的另一些传统公众包括中小学生、刊登记者兼历史学家作品的流行杂志的读者，以及历史小说或媒体改编历史作品的读者。

可以肯定的是，这些类别不可能，也从未被严格地加以界定。天赋超群的业余爱好者们往往已对历史研究做出了重要的贡献。一些历史学家也能轻而易举地从一群公众转移到另一群公众中，例如新泽西州的阿兰·内文斯（Allan Nevins）、理查德·麦考密克（Richard McCormick），或加利福尼亚州的约翰·考伊（John Caughey）。另有一些人，像托马斯·C.科克伦（Thomas C. Cochran），早年与学术圈并无瓜葛。除此之外，从专业创立的伊始，该领域的一些巨匠就已面向多样化的公众，他们试图广泛地提升公民意识，让历史得到社会关注。查尔斯·比尔德有时为同事们撰稿。同时他也参与合著了美国历史上最重要的小学课本之一，还与妻子一道撰写了大量既流行又颇具影响力的叙事作品。他还直接与全国市政联盟（National Municipal League）一类的团体合作，推动各种各样的改革。其他一些历史学家也深度参与了一些相关领域的项目，如赫伯特·博尔顿（Herbert Bolton）的图书馆事业，以及 J. 富兰克林·杰姆森（J. Franklin Jameson）在档案管理中所做的那样。

比尔德的名字在这里是重中之重，因为如果他被轻易地认定为一位执着的历史学家，那些 20 世纪 40 年代末和 50 年代针对他和他的作品的攻击便成为更精确地定义职业历史学家（即学术型学者）的关键，该定义在当时统治了学术界；这是一个现今公众史学运动极力反对的定义，然而讽刺的是，该反对并未从比尔德的视角出发。[3]

抵制这种狭隘定义并不是什么新鲜事。早在过去三四十年里其他人已经指出这一关于职业历史学家的新兴定义存在的局限。各州和地方历史运动的领导者至少从 20 世纪 40 年代起就已抱怨他们的待遇掌握在学术型历史学家和他们的机构手中，高中教师和有天赋的业余研究者也持同样的观点。

在此背景下，尤其值得注意的是 20 世纪 60 年代针对由学术界所界定的职业历史学家的攻击。对饱受种族主义、战争、性别歧视、阶层偏见折磨的一代人而言，这一"新"职业主义似乎百无一用。通过清除比尔德、帕林顿（Parrington）、特纳（Turner）身上的职业性，"共识"派能贡献的仅仅是一种抽象的中立，这种中立有时表现为与那些应对那十年的公众不安[4]负责的专业机构的共谋，或者是一种以就业为导向的犬儒主义。但是 60 年代要求教授们公开表达观点并使历史具有相关性的呼吁也不是一时的关切。这也是一场长期争论的一部分，这场争论在今天仍以多种形式继续着，尤其随着年轻的历史学家们开始参与社区项目，给当地历史带来新的关注点，也给地方机构的工作带来新的紧迫性。

如果我们要全方位地理解如今被称作"公众史学"之概念，以上所有背景都必不可少。它不是新生（de novo）的。它正在进入从事非学术工作的史家长期占据的领域。它在一个长期的辩论传统中展开争论。它深嵌于该专业一系列持续演进的趋势之中。然而当前的争论常常是"非历史的"（unhistorical），尤其表现在试图忽略 60 年代，从而误导我们将其视作一全新事物。

那么公众史学究竟有何新颖之处呢？按其当前的态势，有如下几个创新点。

（1）公众史学新在它强调培养研究生为档案管理者、博物馆人、历史保护主义者等职业做准备等，试图将学院指定为州和地方历史运动的传统基地，因此也将其作为该运动的公众。正是这一方面吸引了学院历史学家，然而却引发了各州和地方历史运动的领袖们对公众史学的对立情绪。

公众史学之所以吸引学术界是因为它似乎为一个萎缩中的就业市场提供了工作机会，并再一次承诺历史（与人们）息息相关。而触怒地方历史运动则是由于它在早期并没有意识到此类工作已经开展，相关领域已有人占据。部分敌意来自两种视角和两种专业化传统之间的冲突。尤其在诸如图书馆学、档案和记录管理、历史保护及博物馆管理之类的领域，培训项目和行业最新标准已形成于高校之外，尤其是历史系之外。因此欲进入这些领域尚亟须大量的策略技巧和协商沟通。

公众史学在很大程度上仍然对所谓的社区历史项目一无所知。虽然有几位公众史学家参与过社区历史项目，但他们并没有试图与支持这些项目的各个州或地方机构建立联系，也没有试图将这些更受欢迎的项目纳入公众史学网络。

（2）在许多方面公众史学关于职业精神（professionalism）的定义几乎同学术界的那些一样狭隘。在先前的所有争论，尤其是 60 年代的争论中，人们不仅仅把历史当作一个职业，而且把它当作事业———一种使命感。论争的双方都假定成为一名历史学家是一份特殊的使命感，将使某人获得更深入的个人及社会洞察力，也因此赋予他一项特殊的文化使命。

在那个年代展开的激烈论争中，无论在激进历史派（Radical History Caucus）内部还是大多数历史协会的会议上，无论关于越南战争之适当对策还是公民权利或平等就业等议题，每个人都认为阐释过去仅仅是"工具箱里的一件工具"，而解决毕业生的工作问题只是公众史学的目标之一，还有更多重要的事迫在眉睫。这兴许是愚者的傲慢，但这些观点涉及历史学家如何与社区建立关系，哪些社区应当与之建立联系，以及他们作为历史学家和公民的根本问题。无论在过去还是现在，这些论争对历史学家，尤其是面对非学术类受众，仍然意义非凡。

由于公众史学运动忽视了上述论争，它似乎接受了一种更加狭隘的职业观念，沿着这一路径，一些追随者采纳了由学术界提出的最犬儒主义的职业主义观点。成为一名历史学家似乎意味着拥有一份工作，养家糊口，开辟一个避风港。值得注意的是，公众史学家很少出现民粹主义言论。

平心而论，我们应注意到社会交流更活跃的历史网络在对公众史学的回应上逐渐沦为某种程度上无意识的消极否定论，但在公众史学中常常很难找到地方历史运动巅峰时期的那种使命感——有志于帮助人们书写、创造和理解他们自己的历史。

（3）在某些情况下，尤其是在所谓应用史学项目中，公众史学家们似乎正在把那些一直是历史学家们的小事业——为大公司效力或成为政府顾问或雇员——发展成为历史研究的主要焦点。即使在最糟糕的时候，专业主义更陈旧的观点（vision）都允许历史学家发挥更大的作用。然而在绝大多数情况下，呼吁一种对社会有意义、具有相关性的历史——一种从马萨诸塞州的清教徒延续到斯托顿·林德（Staughton Lynd）的传统——却将公众史学家导向了最为狭窄的就业领域，即为那些统治及支配社会权力工具的人效力。我们所说的公众史学是一回事，而公众史学真正意味着什么是另一回事。

"公众"的定义如今已被狭隘化了，即使在有多方面代表参与的公众史学项目中同样如此。应当更多地把工会或社区工作作为可行的历史工作来讨论。目前所有的努力似乎指向了为公司或政府服务。鉴于现实生活中的经济考量，如此的推动力兴许是自然的。但同样存在争议的是，经由某种（狭隘化的）方式，在众多的公众中，只有一种"公众"成了公众史学中"特定的公众"。

公众史学在当下的发展，以及围绕着历史的职业定义之争是在一种充斥着讽刺的语境中展开的。学术界中的历史研究几乎全线崩溃，与此同时历史在各地公众中却日益流行起来。我们中就职于地方历史机构的同事们无疑成了如此繁荣境况的受益人。如果不是因为这种受欢迎的程度，以及在部分公众的意识中历史工作对日常生活是重要而有意义的，我们也会丢掉饭碗。但是这样的工作总是致力于把自己的研究与帮助人们书写他们自己的历史结合在一起，让他们参与自己的过去，提高他们的历史意识。

如果说"新"社会史教会了我们什么，那就是马克思观点的基本正确性（basic correctness），即在一定范围内，人民群众创造历史。他们的行动在持续变化的历史进程中举足轻重，无论是渐进性还是结构性的。除此之外，我们对公众历史活动的了解与卡尔·贝克尔（Carl Becker）"人人都是自己的历史学家"这一观点有相似性。相对来说，普通人能够寻找并发现他们所创造的，或为他们而创造的关于世界的知识，并且由于历史总是有一个——明确或含蓄的——社会性目标，这些知识形塑了我们看待现在的方式。因此公众史学家的任务，广义来讲，应当是帮助公众书写自己的历史，并且帮助他们理解自身在塑造和解读历史事件中的角色。这意味着帮助他们意识到已有的信息、理解与意识。而更多的时候这意味着一段更复杂的历程，包括面对陈旧的解释，或剥离（附着于历史之上的）意识形态和混淆物，或抵御被媒体大力渲染并炮制的瞬间即逝的历史。

但这与英国《历史工作坊杂志》（*History Workshop Journal*）的观点有所不同，一旦经乐于助人、反社团主义（anti-corporative）的公众史学家之援手建立起正确的历史观，历史便即刻成为社会变革者的军火库中力争变革所用的武器。不过这又确实意味着地方或社区历史项目能推动人们更清楚地认识社会变革和社会行动的可能性，以及他们在变革中的角色。

从名称来看，公众史学意味着对历史学家角色的重新界定。它向我们预示了一个公众能广泛参与自身历史建构的社会。这个名字让人联想到一个新的历史工作者群体，他们诠释着此前被忽视的人群的过去。它似乎回答了前述两个问题——谁的公众？谁的历史？通过民主宣言，公众史学表达了对广大公众做自己的历史学家，提升自身认知的信心。若公众史学运动名副其实，那么在该领域工作的同人将辨认出同样致力于在美国人的生活（American Life）中使历史意识成为现实的盟友。但若是它一意孤行，继续更狭隘地界定自己，那么我们将面临非常实际的问题。

公众历史运动仍处于起步阶段，尚有可能向不同的方向发展和推进。但是，如果公众史学的领军者继续无视它诞生的历史环境、它所能借鉴的传统、它本身的历史，以及那些开拓者已经付出的努力，那么公众史学将无法提供新的动力。而更糟糕的情况是，它将我们的精力转移至极力推销现实之中。

注　释

[1]《根：一个美国家庭的历史》是一部由美国作家亚历克斯·哈利（Alex Haley）撰写的非虚构历史小说，追溯了作者家族七代人从非洲到美国的历史。（译者注）

[2] 伍德罗·威尔逊系美国第 28 任总统。（译者注）

[3] 作者在这里指的是美国历史学家、哥伦比亚大学政治学教授查尔斯·奥斯汀·比尔德，他是19、20 世纪之交"新史学"思潮影响下诞生的"进步主义史学派"的代表人物。其著作《美国宪法的经济观》"用统计材料解释了美国开国元勋制定宪法的动机和他们所代表的经济利益的关系"，从而提出"宪法的制定取决于经济利益"这一后来被称为"经济决定论"的观点。比尔德也因其历史激进主义和自由主义立场，遭到内战后长期在美国思想界占统治地位的保守主义思潮的抨击，后者往往标榜"美国社会的'同一性'和美国历史的'连续性'，粉饰美国的社会矛盾"。与此同时，其进步主义思想还体现在《美国文明的兴起》一书的观点和撰写方式中。他将美国文明视为一个有机体，描绘了美国整个社会生活的历史。相比于保守主义学院派专注于宪政研究和政治材料的拼凑，其视角大大拓宽了。其对民主制、经济二元论和妇女在文化生活中角色的强调也使他站在了进步主义思潮的最前线。

与此同时，比尔德也被视为一个激进的公众史学家，他也思考了"历史学是什么"这个问题。理查德·霍夫斯塔德和其他一些观察家（包括他的朋友和评论家）认为，在比尔德的思想和实践中始终贯穿着一条主线，那就是致力于将历史写作服务于"人类进步"。霍夫斯塔德将这种工具主义的影响定义为"对历史学家在其道德能力中所扮演的角色的困惑"。这种影响导致比尔德在 20 世纪 30 年代致力于与历史的基本认识论问题进行对抗。是什么构成了历史事实，是什么使得一种解释优于另一种解释，又是什么证明了历史知识和历史洞察力的正当性？对比尔德来说，这种理论上的承诺与道德上的承诺是一致的。他关心历史是否真实，如何真实，不是为了真理本身，而是因为他想让历史为世界做些好事。卡尔·贝克尔曾问道："历史的好处是什么？"对他和比尔德来说，最根本的答案是，历史的价值完全来自其公共影响：它与现在的关系，而不是过去。他在 1933 年美国历史协会的主席演讲《作为信仰行为的书面历史》（"Written History as an Act of Faith"）中指出，历史学家必须直面他试图描述的哲学问题，然后才能恰当地履行这一道德和政治角色。"事实上"，在政治上有效和有价值的历史成为可能之前，必须面对认识论问题。"这一立场与其对政治的经济阐释之间存在着相互矛盾。而在许多方面，美国的书面公众史学仍然被困在这一矛盾之中。对历史的批判究竟要落于形式还是其功能"？……对贝克尔和比尔德来说，唤起认识论上的不确定性是一种挑战和破坏他们所认为的占主导地位的正式和专业的史学结构的方式，而今天的公众史学家在辩护姿态中诉诸同样的哲学问题。如果消解了历史学的客观性，强调真实性的建构性和不确定性，那么历史学科自 19世纪以来依靠实证主义的科学性建立起来的权威性也将被消解。参见 Tom Cutterham, "Charles Beard and the Politics of Radical Public History", *American Political Thought*, Vol. 2, No. 2, Fall 2013, pp. 308-316；罗荣渠：《美国历史通论》，北京：商务印书馆，2014 年。（译者注）

[4] 指 20 世纪 60 年代美国的社会动荡及一系列激进的社会运动和改革。（译者注）

什么是公众史学 *

戴维·迪恩（David Dean）

　　公众史学研究的是"过去"被作为历史而创造出来并呈现在公共领域中的方式。虽然我们倾向于交替使用"历史"和"过去"两个词，但谈论此二者并非是在谈论全然相同的事情。过去是已经发生的事情。于我们而言，它不再是完全可理解的；它永远逝去了。此外，历史则是我们在当下对过去所残存下来的那些碎片的理解，而我们对那个特定的过去的理解可以有很多形式。换言之，过去是内容，它既是我们探寻的客体，也是我们探寻的主体；而历史则是我们传达这种内容的过程，我们希望借此过程赋予其意义；同时，对于公众史学而言，更关键的则是与公众分享。

　　公众史学家活跃于历史表征的建构和分析。公众史学有关于公众与过去对话的方式，以及过去又是如何被呈现给公众的；它有关于公众所创造的种种历史，有关于为了将来而在当下保存过去，有关于过去是如何在当代社会中被使用，以及面向哪些受众。

　　在大学中教授的公众史学经常包括实际项目、田野工作和实习，因为它常被看成一种应用性的理解和表征过去的方式，并且较之那种需要历史学家们在主流学术领域工作的学问而言，公众史学常略显卑微，因此，学生们会参与到那些在博物馆、档案馆、历史遗址，或市政、地区和国家的政府的遗产部门工作的历史学家们赖以维持生计的活动中去。这类历史学家也研究过去，但不是通过撰写学术专著或论文，而是通过撰写官方历史或政策报告、策划展览、编

---

* David Dean, "introduction," in David Dean, ed., *A Companion to Public History*, Hoboken, NJ.: WILEY Blackwell, 2018. 该文由徐凌（贵州师范学院历史与档案学院副教授）翻译。

写指南和培训手册、设计网站、归档线上资源，或在确定历史遗产、档案保存和纪念活动中辅助决策。学生们由此学习如何构想、创造和产生出新形式的历史表征。他们也学习如何以一种跨学科的方式与社区伙伴们一起工作，而非单打独斗。这些都是他们在传统的学术性历史学课堂中通常无法获取的经验。虽然如此，人们还是太容易夸大在学术界和在公众历史机构中工作的历史学家们的差别。鉴于所有历史学家——无论是作为个人，还是在不同程度上作为一个团队的一部分——都进行研究、写作和表征过去，因此，如果主要以他们所受雇的单位来定义公众史学，那这种定义是苍白无力的。

一个内涵更丰富的定义则来源于这样一种认识，即主流学术历史学和公众历史学的关键差别在于公众本身，或者说在于受众的重要性。无疑，所有历史学家都会很高兴于他们的工作触及了普罗大众，但对于那些在学术期刊上发表文章、在学术团体的会议上呈交论文，以及撰写专著的历史学家来说，他们的受众更倾向于专家或学生。如果公众忽视了他们的工作，其实也无关紧要，学院历史学家只会转向他们的下一个研究项目。即便一本书抓住了公众的注意力和兴趣，并成了一本畅销书或成了一部故事片的字幕的基础，其作者的研究议程也不是被公众塑造的，而是被他们自己独特的兴趣和学术要求塑造的。

相反，公众在塑造公众史学家的工作上则扮演着重要的角色。对那些在公众史学机构中工作的历史学家而言，他们所研究和表征的过去，不仅由他们自己的兴趣所决定，而且由他们或他们工作的机构觉得对公众有价值的东西所决定。对于需求的预期——无论其来自历史建筑的参观者，还是基于历史的电子游戏的玩家——塑造着公众历史学家所创造的产品。即便是在学术领域工作的公众历史学家也会发现，他们的工作被与他们合作的那些人塑造着。通过选择不同的交流方式以适合不同的特定需求，公众历史学家为受众而写作。一块有60个字的导览牌必须同样适用于完全没有预备知识的和有一些预备知识的参观者。若一个公众历史学家的工作未能吸引受众，这对于其个人、机构或公司的未来计划、预算和资源等都可能产生深刻的影响。故此，无论就公众史学的内容还是表现形式而言，使其区别于大的历史学科中的历史实践的是，公众史学既更大程度地对公众负责，也更大程度地发挥公众的动因之影响。

这一领域的人们倾向于谈论公众，但鉴于公众史学的受众的多样性和复杂性，我认为考虑多元受众会更有帮助。以复数形式而非单数形式考虑公众史学的受众会更有益，为了表明这一点，我们可以参考加拿大渥太华 - 加蒂诺地区的加拿大历史博物馆中于 2017 年新建的加拿大历史展厅的例子。讲述加拿大这样一个大国的历史——从原住民的抵达直到如今，是个可观的挑战。那么，应该呈现怎样的加拿大历史呢？为了回答这一问题，博物馆方面仔细考虑了参观者，并且鉴别出了六个潜在的受众群体：观光客、家庭、博物馆爱好者、历史爱好者、教育群体和旅行团。其中每个参观博物馆的群体都被视为有其特定的原因，以及不同的——有时可能是重叠的——兴趣。

谈论受众的多元性而非单一性，使我们在分析历史表征时，以及在论及公众史学中公众的能动性时，都可以更细致入微。实践中的公众史学，比如在博物馆和历史遗址等地方，是被专业因素、赞助者、顾问委员会、管理要求和有着既定利益的诸多利益相关者控制和调节的，更别提还是被它们界定的。出于这个原因，这些形式的公众史学虽然把大量的注意力放在了它们所创造的历史表征的受众身上，它们仍可以被很公平地称为由上而下的公众史学。然而，还有一种我们或可称之为由下而上的公众史学，个人、家庭或团体在其中为他们自己而构建历史。这可以包括在一场古董展上分享知识的收藏者，或尝试根据一本传世的菜谱复原一道菜品的厨师。这也可以是一个家庭的三代人在翻阅家庭相册时交流故事和分享记忆。人们可能聚在一起来重演一场著名的战斗、组织一个节日，或借助一幅壁画来纪念一个过去的事件或人物。

因此，公众史学不仅关乎公众所接受和消费的历史，也关乎公众所创造的历史。有时，自下而上的公众历史是对被注意到的自上而下的公众历史的不足之处的一种反应。公众史学研究的正规化和增长发生在 20 世纪 70 年代到 21 世纪早期并非偶然，以政治史和宪制史为优先的大的历史学科在这一时期受到了——仅以这数十载中的几个激动人心的转变为例——新的社会史、妇女史、黑人史、LGBTTQ [1] 史、文化史、日常生活史和后现代史等的挑战。许多公众史学家或者参与进了这些新的研究路径，或者受到了它们的影响：博物馆的展览开始为观众讲述新的故事，学术书籍发掘了被隐藏的、被遗忘的、被压制的或被边缘化了的过去。特别是对以社区为焦点的公众史学而言，提供补充的或替代性的历史叙事成了一种特征。这种新锐的历史检验挑战了在传统上被接受了的故事，并在此过程中揭示和断言了新型历史的重要性。其中许多与学术运动相联系，它们被各异地称为激进历史、人民史、女性主义历史和底层历史。

同这些转变中的历史思考相联系的，是以新的方法研究过去。诸如口述历史、微观历史、视觉历史和身体史等方法论和研究路径在新社会史中变得特别重要。口述历史以及讲故事、证言、目击和记忆都成了重要的考虑因素，进而导向了创新的方法和实践。另一个关键的转变发生在关于档案的概念中，它超越了正式的档案，而更多考虑比如非社会精英的人们的信件、论文、日记，又或者日常生活的物件等的价值。确实，档案的观念已扩大至包括诸如起居室这样的空间，以及家庭相册等物品。许多卷入这类新的思考历史的方式的历史学家也许并不认为自己是公众史学家，但是也有许多人确实是这么认为的，他们或者是进行田野工作，或者是同一些个人、网络、组织和学院外的社区一起工作的新锐的历史学家。

如果说"新史学"并非公众史学家的独特成就，将这些历史呈现在公共领域则无疑应归功于他们。在博物馆工作的公众史学家开始策划聚焦于社会史的展览；解说员开始在活态历史的场所更多地讲述被边缘化的人们的故事，以及开始关注并解决日常生活中的不平等的问题；历史遗址的导览牌也开始记述更广阔、更多样化的过去的生活和事件。进而，正是在公众史学领域，新史学的内涵才变得格外显著，并由此导向了不仅包括新的方法论而且包括新的理论洞察力的更微妙的研究路径。公众也在创造他们本人的、个体的、家庭的、团体的、社区的、地区的或国家的历史，承认这一点就导致了在对"过去"的构建和呈现中，扩展到包括历史探索的主体，这一过程被称为"共享权威"（"shared authority"）。鼓励咨询、合作和多样性并不会降低专业历史学训练的价值，相反，它将（历史解释中的）权力、合法性和优先权等问题公开化了，而这正是公众史学实践的独特部分。在这种语境下工作的公众史学家，不但自己生产历史知识，更促进历史知识的（共同）生产。

较之在主流领域中的那些同行，公众历史学家也更关注有争议的历史。历史学家总是争论关于过去的不同诠释，但是当官方叙事、补充叙事和替代性叙事都在公共领域中竞相争取空间和关注度的情况下，利害关系则要远高于历史学界关于历史编纂的纷争。正是公众历史学家被卷入了"历史之战"，在其中，博物馆、教科书、纪念碑和纪念品、历史遗迹，甚至银行票据等等，都变成了受到激烈争论的公众历史空间，并且这种局面还将继续。这使得历史与记忆的关系不仅仅局限于理论和方法的探讨，也带有政治性，这对于当下而言具有深刻的意义。

公众史学家一直站在关于记忆的政治、个人和社会如何记忆、遗产及其保护、纪念仪式等的讨论的最前沿。公众史学家是记忆的中间人。这就毫不奇怪为什么他们在工作中对于文化地理学家、社会科学家和社会理论家的工作格外敏感。例如，皮埃尔·诺拉（Pierre Nora）的"记忆之场"（"Realms of memory"）、本尼迪克特·安德森（Benedict Anderson）的"想象的共同体"（"imagined communities"）、米歇尔·德·塞尔托（Michel de Certeau）的"日常生活实践"（"the practice of everyday life"）、米歇尔·福柯（Michel Foucault）的"治理术"（"governmentality"）和莫里斯·哈布瓦赫（Maurice Halbwachs）的"集体记忆"（"collective memory"），均来自其他学科的洞察，却都成了公众史学的寻常用词。

公众史学家还负有通过表征历史来触发公众的情感反应的任务，这使他们在思考情感历史和知觉历史方面处于引领地位。部分地由于公众史学的实践，聚焦于感情、感觉及其在实践中体现的情感历史，以及关注声音、视觉、嗅觉、味觉和触觉的知觉历史，变得日益处于公众史学的核心地位，甚于在历史学科中的任何其他领域。对活态历史的解读、在博物馆展览或银幕上和舞台上呈现的历史中调动感官和感情、在博物馆中扮演历史人物、在电视中播放历史实况，以及模拟历史的游戏等，都导致了新的洞察。

作为对"情感转向"（affective turn）的回应，公众史学家也在人文学科中处于"表演转向"（performative turn）的前沿。无论我们是考虑日常生活实践，还是如戏剧、音乐、电影和舞蹈等更正式的表演形式，基于"所有人类行为都是作为表征的实体化而产生的"这一观点，表演和表演性（performativity）已经成了思考公众历史的有价值的方式。无论情感历史、感官历史，还是借助表演来体现历史，它们所采用的历史表现形式，比这一领域的诸多体制化的表现形式——如档案馆、博物馆、国家公园、纪念碑等——更久远；它们一直是公众与过去对话的一部分。

　　公众史学的理论和实践的核心是非常人性化的愿望，即讲述关于过去的故事。我们在当下亦复如是，而这当然会影响到我们对于讲什么故事、为什么讲、怎么讲、在哪里讲和如何讲的选择。在我写就此文时，有一点看来是显见的，即互联网的互动能力将永远地改变公众与过去对话的方式。通过点赞、转发和评论，以及在脸书（Facebook）、推特（Twitter）、YouTube、Instagram、Pinterest、Tumblr、Flickr 等平台上发布他们自己（版本）的历史，个人和群体不仅使他们私人的历史走向公众，而且更可以借此来重新掌握和重新塑造与他们不期而遇的公众历史。众筹（crowd funding）和众包（crowdsourcing）是思考公众历史的新的重要方式。同样可能的是，随着公众历史变得越来越国际化和跨国化，非白人的、非殖民地的和非英语的文化和历史经验，将更深刻地重塑这一领域。包容性是始终存在于公众史学领域的重要问题，特别是对于正式的、体制化的公众史学而言。只是到了近期，非传统的历史解释和多样化的声音才开始在公众历史的场域、机构和学术训练中找到空间，而这也正在深刻地改变着公众史学。放眼全球，公众史学的绝大多数研究依然集中在北美与欧洲。随着公众历史实践变得日益文化多元化和语言多元化，并开始拥抱人类经验的充分多样性，公众史学也将随之而改变。

注　释

[1] LGBTTQ 是女同性恋、男同性恋、双性恋、跨性别者、变性者、性别认同模糊者等英文单词的
　　首字母缩写。（译者注）

公众史学能否引导历史学的范式变革？ [*]

陈　新 [**]

摘要：历史，它的生产和传播，浸润在人们的日常生活中。历史学的发展本身存在着历史性，近代历史学科的确立及其在当代的变化，尤其伴随着信息革命和新媒介技术的发展，新的历史知识生产和传播范式或许正在形成中。公众史学的诞生与演进，是否就是这个进程中的一个重要部分，这需要我们对于历史学性质的重新思考。对"历史"观念的理解不同，将带来不同的历史学范式。假如公众史学能够引导历史学的范式变革，这个范式将不只是研究的范式，而且是"实践"历史学的范式，是制作、传播、接受历史，促成公众形成和更替历史意识的范式；这个范式也不只是与"历史学家"有关，它将证明史家和公众协作的必要性，甚至身份轮替的必要性。

关键词：公众史学；史学理论；史学的职业化；范式变革

Abstract

History, its production and its dissemination, permeates people's daily life. The development of historiography is historical per se. With the establishment of modern historiography and its changes in contemporary era, particularly with the birth of information revolution and the development to the new media technology, a new paradigm for the production and dissemination of historical knowledge is taking shape. Whether the birth and development of public history is an important

---

[*] 本文根据作者在第三届中国公众史学高校师资培训班的讲座整理而成。

[**] 陈新：浙江大学历史学系教授。

part of this evolution/development requires our rethinking of the nature of historiography. Different understanding of the idea of history may lead to different historiography paradigms. If public history could lead the paradigm shift, it will not only be a research paradigm, but also be a "practice" paradigm, a paradigm for the production, dissemination and reception of history which will help the public to reshape their historical consciousness. Involving not only Historians, the new paradigm demonstrates a need for historians to collaborate with the public, and even to alternate the roles.

Key words

public history; historiography; professionalization of history; paradigm shift

引言：从理论维度切入公众史学

在 21 世纪前 20 年的中国，公众史学有了不少的进展。回顾 2004 年左右，我在尝试推动公众史学时，尽管我查阅过美国、澳大利亚、英国等国公众史学研究的一些基本信息，但对其发展史的了解仍只属皮毛。我对公众史学的基本兴趣，源自我在从事的史学理论研究中，对一般人的历史意识形成过程产生的兴趣；同时，我也认为需要回到历史学传播实践或社会生活中去反思：过去的历史学是如何适应了它所处的时代，而现在的历史学又应该如何与其时代相伴随？

我们知道，近代史学是 18 世纪末在欧洲才开始诞生的，之前当然还有一个可以称为"历史写作"（historical writing）的阶段，但它算不上近代规范化的职业历史学。

为什么 18 世纪末会产生近代史学？我们现在把"历史学"视为一个概念，它跟历史意识的产生有关系。为什么我们要这么看重我们的过去？为什么我们要用专业的方式去处理历史的内容？在这个过程里面，我们会想到，每个人，他 / 她可能多多少少都会有一些历史意识。但对于职业的历史学家来讲，他在历史学的领域里面熏陶和训练，获得了丰富的历史意识。可是一般的公众，他的历史意识是怎么形成的？尤其 20 世纪以来，近代公众教育体系中，有专门的历史教育，接受这些教育的人们是怎么形成历史意识的？经历了这个历史意识教育的过程后，受教育者的一生中，其历史意识的变迁是什么样的？为此，我特别想了解近代历史意识的教育过程及其在社会中的进展。

在这方面，我关注到德国史学理论家耶尔恩·吕森（Jörn Rüsen）的研究，他对历史意识和历史教育都很有见地、认知深刻，同时也是当代德国史学理论与历史教育的学术领袖，而历史教育实则属于我们称为公众史学的重要领域；我们也看到，海登·怀特（Hayden White）在加州大学圣克鲁兹分校主持了一个涉及"意识史"的跨学科项目。怀特本身是 20 世纪最具影响的西方史学理论研究者之一，他向来注重意识在社会层面的传播。

为什么这些重要学者会如此关注意识的层面？或许我们有这样一种看法，即历史学与其他学科的一个大的区别就是，史家处理历史遵循了某种专业性的方法。我们可否认为，经过高等职业历史教育的人，其历史意识得以发展，从概率上而言，可能要大过其他专业的人士。此外，我们每个人多多少少也具备一些历史意识，这些又是如何从孩提时代开始被培养或塑造出来的？我们很想了解这个过程，但它离不开一个纯粹的史学理论问题，即一个人的历史意识是如何从无到有的？这就是我们所说的历史认识过程，它是需要我们去探究的一个奥秘。

如果说史学理论的目标是建立起我们对过去的一种反思能力的话，那么这种反思能力在青少年那里从 0 到 1 的过程是如何发生的？这个"问题导向"中的问题，正是我本人开始涉足现在被称为公众史学的领域的那个"问题"。

事实上，对历史意识形成这方面的研究，德国历史教育界有深厚的研究史和丰硕的成果。对 19 世纪以来的德国而言，历史教育是它的民族统一与塑造"德国人"的重要因素。它带来过德国统一之利，也产生过纳粹之弊。在第二次世界大战之后，德国的历史教育仍然有着成套的系统性方法，发挥着对德国国民精神的重大影响。例如由科柏基金会支持的课外历史教育项目"青少年历史创制总统奖"，德国史家与中学历史教师主导的欧盟历史教育项目"青少年与历史"等等。最近 10 年，国内的德国史家孟钟捷、范丁梁等也对此深有研究。可以确定，德国对于公众历史教育的系统性和职业化发展，离不开德国深厚的史学理论研究传统。从这一点来说，我开展公众史学研究，更大程度上受到了德国模式的影响，它与我们现在了解的美国公众史学发展模式不同，后者最早由史学的社会职业需求问题引发。当然，如今我们或可看出德、美等国公众史学殊途同归的迹象，即旨在形成一种服务社会和公众创制的历史知识生产与消费模式，这是一个全新的时代，包括中国在内的公众史学也或多或少以此为目标。

历史之用：历史学的底层技术与架构

以下我将从自己的史学理论研究角度出发，讨论一些对于历史学与公众史学之间关系的不成熟的想法，供读者参考与批评。

在从事史学理论研究时，我不太区分历史和历史学这两个概念。因为这两个中文词共同拥有"history"这个英文概念，本身就是指一种叙事的结果。后现代主义史家将"历史"与"过去"区分开，不认为"过去"自身的存在是可以在理论上做出论证的，因为不存在那种流俗意义上的客观存在着的过去。除非你把这种所谓的客观存在着的过去作为一种假设，即作为历史学学科建构的一种前提假设，它才有其意义。如果历史和历史学本身是一个概念，它是人们主观介入的那种历史，是一次写作、一种知识的生产、一种操作的话，那么它有什么用？史家们始终在思考历史有什么用？在古希腊的时候，希罗多德为什么要写历史？他的意图是什么？不论是在西方史学还是中国史学里面，我们通过史学史研究去分析，每一位历史作家为什么要书写历史。从这种意图来分析，我们实际上可以归纳出几个比较中性的认识。

第一个认识有关历史本身。历史是一种权力／权利，它涉及权力和权利，它是一种解释权。对于我们习惯上说的统治者，或者说历史话语的掌控者来说，他通过操纵历史话语进行宣传、宣导，将自己树立为权威，这个过程进一步加强了他的权力。可是，一般人作为读者，或者作为书写野史的史家，他书写历史获得的是什么呢？如果这谈不上权力，那么他也可能实践了一种书写或解释的权利。对于公众而言，在权利和权力之间是有隔阂的。这一点或许可以借助福柯关于权力的论证来说明，在此并不展开。但不可回避的是，这个问题，这样一种判断，实际上是要把西方当代思想家的一些研究卷入进来作为理论支撑。

我们能够体会到，历史可以作为一种话语，具有彰显解释的力量，公众常常通过这种权利去争取这个权力，或制衡那个权力；这取决于不同的受众、不同的参与者当下所处的不同地位。

第二种认识有关历史的定位能力。吕森在讨论历史的功用时，用了定位（orientation）这个概念。在很多时候，定位的概念可以用"position"这个词。好比说商业社会里面谈定位，如商品的定位。学者们也常用"mapping"来表示定位，就像在地图上那样定位，用地图来隐喻知识图谱或者观念图谱。历史的价值很重要的一点便是它的定位能力。它定位什么呢？它是定位某人、某事、某朝、某代在"某一条"历史长河中的位置吗？还是定位我们自己在现实中的位置？我们且不论它定位的是什么，现在我们都知道好多这种定位的例证。好比说历史分期，我们通过历史分期对自己关注的主题进行定位。你若要进行历史分期的话，就需要设置一个比较长时段的宏观架构。我们现在也都知道，这个架构并不是在所谓的过去里一直就有的，而是我们发明的，我们创造的。例如我们以一种有关中国历史的分期为例。我们按照夏商周一路划过来，它是按照朝代而分的，是按照家、国、天下的系统去做的历史分期，这种分期之外，后来我们借用马克思主义思想，也做出了奴隶社会、封建社会和资本主义社会这样的分期。这是最基本的一种定位，我们把一个时代定位在某个大系统中的某个子系统的位置上。

我们通过学习历史，可以把自己定位在某一位置上。当我们说"面对即将来临的人工智能（AI）时代"时，就已经把自己定位在了一个时代的开端处。我们可能将自己和未来某个人工智能装置相博弈，如果你认为终将出现一种超越于人的智慧的人工智能，你就容易把自己定位在人类逐渐处于智能劣势的故事中，这也就形成了一种定位。

历史具有的定位能力是我们普遍具有的，不论在哪一中外史学之中，它都是中性的，需要善加使用。历史叙述者是要将自己定位成历史权力的拥有者，还是使用解释的权利去争取权力的角色，这都会通过书写历史的方式来展现，不存在缺少定位的历史。

第三种认识在于，历史乃是一种证明。历史作为证明的功能也是中性的。

有史家通过历史来证明法兰克地区本属神圣罗马帝国，19世纪时，它的未来就应该是属于正在形成中的德意志帝国。就好比说《德意志史料集成》里面，把包含了法兰克地区内容的《圣加尔年代纪》纳入其中，用德意志概念来涵盖它。历史学家可能倾向证明专制具有合理性，也可能证明专制必将导致极权，会带来反人类的后果。可见，"证明"这种能力，本身是中性的。过去，我们更多地倾向于说历史的价值在于资治、垂训，通过获取经验而得到启发。这很难说有错，但是，定位和证明这两点，是历史学的技术能力，其重要之处，是它发展出了自己的一套技术方法。这些方法能够支撑起史家最后要证明什么这个目的。而这所证之事，可能恰恰呈现出史家的一些主观性和特别意图，它们可以是趋善的，也可以是趋恶的。

因而，就历史学的定位和证明这种技术层面而言，它不涉及伦理，不关乎善恶，可它一旦被使用，就不可能回避伦理问题，既可服务于善，也可服务于恶。有鉴于此，我们就不能只是说学习历史可以汲取经验、教训，相反，我们还要特别防备一些历史证明给我们带来的危害。历史学的这种两面性，通过对证明技术的阐明，历史的伦理问题就能够被阐释出来。

历史可以提供合情合理的证明。这里所说的"情"和"理"，假如我们把其中的"情"理解成一种感性的或者情绪化的东西，那么，相对而言，我们会把"理"视为什么？是要将"理"视为一种合乎逻辑的东西吗？可是，情与理，或情感的和理性的，与逻辑的因素之间并不是冲突的，因为人不是一个分裂的人，我们每个人都有情与理的不同层面，就像修昔底德在自己的《伯罗奔尼撒战争史》一书中说的，自己编撰的这些演讲，是他认为当事人在当时的场合下会说出来的合乎情理的话。这是他以自己的想象，自己对社会伦理、对雅典人的理解来设计的演说词。这里面的合乎情理，正是修昔底德希望在他的读者心目中建立起一种合法性的基石，因为只有合乎了情理，公众才会接受。

通常，我们阅读某位史家的作品时，当我们认为他的某种历史解释有道理，而这种道理可能正是史家的认知逻辑的体现，那么史家的阐释方式可能更适合作为接受者的你的品位，或者说他的阐释逻辑跟你自身的接近或一致。对于那些不接受其解释的读者，就可能认为作者的阐释逻辑有问题。如果认为作者的感情趋向有问题，例如，读者认为作者是保守主义者，而自己偏向激进主义，他就很可能无法接受作者的"合理"解释。就像我们在史学史中讨论辉格派和托利派之间的各自的史学观念，其中就存在一种自由主义和保守主义的冲突。所以说，这种所谓的合乎情理，情与理是主观性的一个制造，主观性是慢慢地在历史中养成的，这就自然会涉及我们所说的合乎情理与合法性之间的关系。

历史学的文本，一旦成为流行文本，它至少在那些积极接受它的读者心目中形成了一种合法性。这个合法性当然不是说法律上严格的合法性，而是指读者愿意接受它，容易想当然地认为其中的道理具有普遍的适用性或价值。

然而，经过史学理论训练的史家却不会简单地接受现有观念。例如，关于什么样的东西可以成为证据，证明有什么样的方式，这些都会是史家需要讨论的问题。这些史学理论中的问题，在实践公众史学的过程中，公众史学家会越来越强烈地感觉到，它们将与公众史学和公众历史传播密切相关：对史学理论中各类问题的认识，将支撑起一套历史学的专业技术。

我们在讨论公众史学的时候，希望形成一种共享话语的状态。但是，达成共享话语的前提是什么？要能够共享话语，就意味着参与历史解释的每个人，即不论是史家还是公众中的每个人，都具有解释历史的权利，然后，公众也将有机会在历史话语的竞技场中，训练、获取更专业化的历史学技术来提高自己的解释力。

如今，历史学专家们有没有能力教给公众这样一套历史学的阐释技术？一位信息技术工程师或者程序员，他设计出的电脑芯片或应用软件，是作为使用者的公众能熟悉使用的产品，但公众很有可能并不需要知道它的设计原理。这种专业性与实用性之间的关系，在公众史学中是不是也同样存在？很显然，如果这样的设计要满足某位公众个体的特定需要，它就很难做到。对于公众史学而言，如果它存在一个开源的应用平台，而公众又懂些设计和编程技术，那么他们就可以自己来创制产品。例如，接受过编修家谱训练的农民，可能也会自编像模像样的家谱；接受过撰写家史训练的普通人，也能写出一部广受亲友欢迎的家史。这就像现在一些青少年都在学编程课程，同样的，公众史学无非是希望我们面对的公众也具有编码历史的能力。这种能力便是早期公众史学家想传导出去的。对于我们过去数十年的高等历史学教育而言，教师们多半都指望自己历史系的学生有能力成为职业的历史学家，并且按照这样的一个目的去教学，他们并不面向公众，尤其不曾想过要达成让公众掌握历史阐释技术这一最终目的，这就使得史家们习惯使用的编年、考证、编纂、分期、叙事、定位、证明等方法，不易被常人掌握。

我们同时也知道，高校历史系本科的学生，只有极少数人进入学术领域或者职业历史学领域。他们在接受了历史专业教育之后，稍稍具备了一些历史学基本技能，而这种技能，也许就使得他有能力成为未来社会公众史学的传播者。为此，我们可以在这个意义上，定位公众史学师资培训的作用和意义。我们同样是通过预期未来的历史学往何处去，在这样的视野下来定位：为什么我们要开展公众史学的师资培训并推动这个学科的发展？这种基于预期的意向，最后仍然要指向"我们为什么希望公众具有更丰厚的历史意识"这个问题，那才是它的终级意义所在。

历史行动与公众史学意识

过去 50 年在西方历史学界，过去 20 年在中国历史学界，史家们更多地讨论历史叙事（historical narrative）。除去把历史叙事看成一种当代历史表现策略的发展之外，我们更应该将历史叙事视为一种叙事者介入生活的方式。生活是我们人生最核心的要素。作为史家，我们不应把自己的职业与自己的生活分离开，甚至要防止做这样一种意义上的分离。

我们需要理解我们自身以及我们面对的每一位公众，生活恰恰处在我和他理解历史、获得历史意识这一认知过程中的中心位置。每一个人作为历史的受众或传播者，阅读、聆听、写作、编辑、传播历史的过程，乃是其生活的组成部分。这样的话，我们就可以更多地理解公众在与历史发生交互时的一些理想主义情绪，或者一种世俗化倾向，这也包括他可能追求的功利目的。我们说，历史叙事是一种介入生活的方式。例如，口述历史对于某位普通受访者或采访者而言，他在接受采访或对他人进行采访时，受访和采访这两种具有差异性的行为，我们要尝试理解，这个行为对其生活有什么意义？我们只有在某个意义体系中定位它，理解这个行为过程中不同角色的不同价值，我们才能为这一历史学行为获取合法性与合情合理的阐释。

一位老人在接受口述采访时，采访者很可能就对他进行了一种心理治疗，满足并释放了老人的表达欲。这或就是老人参与口述历史行为的根本意义，它一定建立起了与其现实生活的关联。此时此刻，我们在公众史学师资培训的现场，大家共同参与到这个课程中。诸位也可在现场反思一下，我们拥有不同的身份，但为什么会都出现在这里？是你生活中的什么因素驱动你来到现场？你是希望在学科方面得到发展？你可否将自己的学术实践与自我价值的实现这些方面，做一种生存论意义上的阐释？我们总是有一个动机的，这个动机对于我们多数人而言，它是理性的，是反思与选择的结果。

在当下的情形中，我们如果把公众史学或者公众历史传播视为一种历史行动（action）的话，我们每一位都介入到了这个历史行动之中。这个行动的意义在哪里？我们要通过什么方式和策略介入？毫无疑问，它是通过讲故事的方式来实施的。

历史离不开讲故事的方式。人们热衷于情节，并且通过情节化历史事实，从源起、发展、高潮与终结的故事结构中，获得对于历史的理解。虽然史学理论研究看起来好像是一种"纯理论"研究，可是也必须使用叙事策略。例如一堂史学理论课以阐述学术史为开端，继而有言说的起承转合，论题在其中有中心与边缘，而要就某个论点获得强有力的论证，还需要注意去引导读者的认知逻辑，使论述的结构性力量展示出来，达成令受众信服的观念转变。说得更底层一些，它需要讲故事的能力，需要有节奏感，需要具有各种在文学表达过程中共通的形式特征。

后现代主义史学理论中关于历史和义学之间关系的讨论，被归结到历史叙事这个主题下，有它的道理。作为职业的历史学，我们原来并不把这种文学性和历史性之间关系的问题，纳入史学理论讨论的主题，然而，自20世纪70年代后现代史学理论兴起之后，这一类涉及文本形式方面的史学理论研究，恰恰可能是我们未来面对公众、进行公众史学的研究和传播时，需要掌握的一些基本技巧。我们逐渐会认识到自己需要这样的能力，即将历史叙事视为历史学的底层技术，它也就理所当然地可以作为公众史学的底层技术。正是在这一点上，当代的史学理论研究及其成果，可以并需要和构建公众史学的实践融合起来。

当代史家们几乎都接受过系统的高等历史教育，例如中国通史和世界通史系列课程。我们做自己的研究，不论是中国近现代史，还是世界古代史等等，都可称为职业化历史研究。在其中，我们了解到所谓的专业性知识，实际上在很大程度上和公众分离了。我们建立了自己的职业化小圈子，创作的历史作品多数不顾及公众的阅读体验。在我们提到阅读体验的时候，我们常常自我解脱，认为自己写某篇历史文章设定的读者对象，是经过专业历史学训练的那些人，他们本身就在职业历史学家这个圈子里，或者是倾向于成为职业历史学家的学生们，它的受众就是这些。自然而然，这就分离出来了历史学的圈内和圈外。

现在，公众史学有更多要考虑的。一方面，我们把史学理论作为公众史学的底层技术加以运用；另一方面，历史作品要面向公众，至少有一些不再是简单地面向历史学的圈内人。事实上，只有面向公众，我们才能够真正把历史学应用的整个空间打开来，才能够真正去实践历史学应有的价值。

前面谈到，海内外的公众史学为了适应各自不同的历史情境，有各自不同的发展路线，实际上，大家会逐渐感觉到殊途同归。在历史的公众传播这样一种系统技术建立以后，面向公众的历史服务成了公众史学家的基本目标。我们或可对美国、德国自20世纪初迄今的社会结构与技术变迁加以描述，由此解释其公众史学的发展路线。然而，我们更要关注现在，即一个由互联网推动的迅速全球化时代，不同的社会都产生了许多新问题。它给中国带来的问题，有可能并不是美国、德国原先遇到过的。例如，我们现在和欧美国家共同面对的一个问题：移动信息端与社交媒体的信息生产和组织化传播，该如何与公众史学相结合？这个问题并没有哪个区域的公众史学家能够给出现成的答案，甚至都无法提供更多的经验。所以，在这个层面上，公众史学研究，如果有很好的理论基础，与当代信息社会的一些技术、传播方案相结合，并做出大胆的实验性努力，中国的公众史学家完全有可能走到国际公众史学研究与实践的前沿。

中国公众史学学科的建立，在未来的几年中，不应也不会只是对海外的模仿。它一方面奠基了理论上的前瞻性，另一方面结合当前技术与接受场景形成了实践的多样性。中国的公众史学家有机会走出一条创新的道路，主动地参与到社会文化的建构中来。

在过去一些年的公众史学实践中，政府部门、社会机构、公众团体或个人对于历史内容或历史服务的需求有明显的增长。公众史学家以主动的方式去承接并完成他们的历史类项目的同时，也在传播专业的历史学技术，和他们共同探寻未来的方向。这些有益的尝试进一步令我们认识到：如果人们认为，过去公众史学的发展更多的是解决历史学专业学生的就业问题的话，那么现在在普林斯顿大学、浙江大学这些学生并不存在太多就业压力的高校开启公众史学教学与研究，其课程或项目设置并不指向解除就业压力，而是在进行当代历史学如何满足社会文化需求实施的实验性探索。我们需要在新的时代环境和技术条件下了解历史知识生产、传播与存在的社会化模式与个体模式，过去的经验无法回答我们现在的问题，除非我们自己在当下的经验海洋中去历险。

信息时代来临以后，人们对于历史内容的需求变化，很大程度上反映在历史表现方式的变化之中。在这种变化的过程里，假如说公众史学的 1.0 版本在美国的 70 年代体现为满足就业问题，它涉及的问题首先还是史家与公众的分离，即历史学家是写作历史、制作历史的主体，而公众只是阅读者，是被动的受众，这是作家和读者的关系，那么，公众参与制作历史的逐渐展开，制作者和受众的交错、融合在过去 50 年来变得越来越深刻，公众史学便向着我后面要谈到的那个 2.0 版本不断加速演变。

公众史学 2.0 版的基本特征

我们在此论及的公众史学 2.0 版，首先是在新媒体传播坏境下，对公众史学可以借助的一些技术手段而达成更好传播效率的一种预设，其基本特征将会是未来较长时间段里公众史学发展的方向。它可能涉及如下几个具体的方面。

其一，公众史学家除了要向公众传达专业化的历史知识、帮助公众掌握一些专业化的历史学研究技术之外，我们还要邀请公众参与到历史知识的生产和传播过程中来。

公众史学家的终极目标是要不断弥合史家和公众之间的差距。在这种意义上，我们要做的是历史学的掘墓人，即令公众掌握了历史学的技术与认知之后，完全承担起历史学的职责。公众不只是阅读职业历史学家提供的历史作品，还能够与之交流并自己创作出新的历史作品。然而，这是不是意味着历史学家就真的不需要存在了？

公众创制历史的兴起与历史学家的衰亡，这只是一种理想化的状态。现实的情况是，我们总是需要有一批历史技术的传播者。因为即便公众中的某个人掌握了这套历史学技术，其有限的生命必定要带着这套技术离开这个世界，新一代人要习得这套技术，就需要各种形式的公众史学家的存在。或许未来对于公众历史技术的培训可以通过人工智能来完成。以人工智能充当教师的职能替代如今的公众史学家，这也只是一种对于未来的假想，并不是我们现在要解决的问题，为此，让我们先面对当下，形成并扩展公众史学家与热衷于历史的公众之间的联盟。

其二，在公众史学的 2.0 版中，当每个人都具有写作和发表的能力时，一切都变化了，历史知识生产的技术与传播正在成为公众史学的核心问题。

如今，知识生产和传播的手段、效率都改变了。历史产品需要具备一种互动形态。例如，当我们在微信的朋友圈中阅读到某些公众号的历史作品时，我们需要分析，微信在前几年的知识传播形态是什么样的？现在的形态又有什么变化？它为什么要加上"在看"这个标识。你点击之后，你可以看到自己的哪些朋友和你有共同的阅读兴趣，这也是新型的互动形态。有"在看"之前，我们在朋友圈中又是怎么达成推荐呢？在分析这样一个新媒体传播创新的过程中，我们就逐渐理解微信为什么要加"在看"这个标识。实际上，它与微信"看一看"形成了朋友圈中更广泛的友情推荐阅读功能。这与当前以"今日头条"为代表的通过阅读兴趣与流量构成的人工智能推荐不同，微信没有主动设置人工智能推荐（广告除外），而是让读者主动参与到信息传播的过程中来，以这样一种方式提升公众的参与感。由此，我们看到了传播手段和效率的一个实例，这种模式同样适用于对公众史学的传播。但是，对公众史学家而言，在做此类传播前，我们需要更多了解传媒、分析传媒。甚至我们会发现，对于历史知识的传播，传播技术和知识被认可的价值本身之间将产生一种正相关，传播技术越先进、有效，历史知识的触达就越广泛，历史文本的价值才更有可能被吸纳、评判或接受。

历史学家常常被问，也自问：历史有什么用？对于历史用处之有无的回答，往往假定了其中的"内在"或"本身"价值之有无。事实上，只有在进入知识被传播和被接受这个过程之后，我们才能对此进行回答。传播作为在传统历史认识中那种可以被看成的"外在的形式"，没有它，一切历史之用都是枉然。

对于具有"内在"价值的历史内容来说，不只传播方式是个形式问题，历史内容产品本身的制作过程中，也存在形式问题，即如何借用一些形式化的策略来达成效果。

在当前的现实生活中，我们已经很容易感受到，社会文化生活建构中，公众参与的特征正在显著加强。比如说，上海率先实施垃圾精细分类，上海之外的地区迟早都会要面对这种举措。垃圾分类变成了一个社会公众广泛参与的行为，除了环保意识的发展外，行政部门也需要这种政绩展示。普通公众是分类过程中真正的参与者，他们通过各种调侃文字，在互联网上制造了"垃圾分类嘉年华"，一定程度上将它转化成了一种信息娱乐活动。上海的各种参与者、网络空间的各类读者等等，人人都有自己的需求（如一些公众号转发具有喜剧效果的文本，或许只是追求更多的阅读量和流量），表现出了极大的兴趣。事先，我们可能谁也不会想到，垃圾分类变成了一个娱乐事件，而且在几周之内就完成了一次广泛而普及性较强的面向全国公众的垃圾分类教育。这个过程是怎么发生的？这些被传播的文本，其表现形式与阅读兴趣、公众环保意识是如何结合的？主管垃圾分类的政府官员、分类执行各级人员、文本制作者、传播审查人、普通公众或读者等等，我们要分析这些不同的人群为什么会出现在这样一个知识生产和传播的过程中，并且把"垃圾分类"或"垃圾分类嘉年华"作为他们此时或彼时生活中的一部分来理解它的意义。

公众史学以促成公众积极地、正面地参与社会文化建构为目标，它更需要润物细无声式的持久性。就像托克维尔在《旧制度与大革命》中昭示的智慧，法国大革命里面的那些被突显的要素，之前就已存在，革命要解决的问题，之后也并没有立即就解决，真正的改变往往要通过长时间的意识培养和塑造才能发生，它总是一个长时段的过程。公众史学也是如此，公众史学希望促成的社会进步，也需要一个漫长的过程。在这个过程中，公众史学家自身也需要把握当下社会在精神与知识层面的一些基本的、普遍性需求。

其三，在公众史学 2.0 版中，公众史学家对于与公众共享话语权的重视，首先要体现在破除历史传播过程中自我的权威心态。

在公众史学的 1.0 版本中，历史学家面对公众进行一种历史知识的分享，这个过程中设定了一种基本心理，即史家实际上具有权威地位。公众在这样一个历史知识的生产和传播的结构框架中，处在被动接受的位置。由此可见，史家和公众并不是平等的。公众史学家认为自己优先获取了历史知识带来的权力，公众只是有权利获得知识，接受史家的影响。在很长一个阶段，公众史学家都认为满足公众的权利要求是公众史学要达成的一个目标。如今，公众史学家在心态上，要先行强化自我的那种分享且平等的意识，同时进一步强化一种服务于公众的意识，这种服务旨在与公众共同面向一个更理想的社会目标而行动。

共享、共利、共生、共同发展，公众史学家与公众的关系由此而可进入一个新的阶段。在过往，不论是与社会公众还是与政府机构的一些合作过程中，公众史学家通过其专业行为，能够起到培育合作者历史意识的作用。在这个过程里，公众史学家若是能够显示出一种既具有严格专业规范，又具有服务意识的姿态，便能够更有效地取得合作各方的信任。这些交往与信用的积累，终有一天会加速公众历史的社会化进程，进而改变历史学脱离生活的公众面貌。

每一个新的领域，只要它本身具有真正的社会需求，都会有某个时刻迎来它爆发式发展的临界点。对于当前中国的公众史学而言，如今可能仍然处于一种蓄势状态。

公众历史的制作人

公众史学的存在与发展，使得公众历史的制作人群体发生了巨大的变化。

我们原来倾向认为，历史的制作人便是史家。首先他 / 她需要成为一位讲述者。最早有史诗吟唱人，然后有散文历史作者，之后再有我们所说的考据家、职业历史学家。当我们谈公众史学时，即我们的历史写作要面向公众的时候，作为历史制作者的史家，其历史作品必定需要具备公众导向，史家借此而成为公众史学家。

　　然而，更重要的是，公众中的一部分人，将从历史之用的受众转变为使动者，他／她是写作／创作者。未来公众史学家的一个重要功能，是要创建出这样的一个圈子。这个圈子更多的成员是公众，大家共同进行公众历史作品的制作与传播。尽管传统的史家曾是这个圈子创建的引导者，但由此之后，他也不过是其中的一名平等的参与者而已。如今，一名城市规划师书写一座新城的规划史、一名警察书写警察系统的发展史、一名区域文化的爱好者撰写地方风俗的演化细节等等，这些历史的制作者已经无愧于公众史学家的称号；并且，他们对各自行业与区域的切身体会，往往触及职业历史学出身者不能达到的深度。因此，当未来更多的行业、领域、地域中，那些对其历史都产生了历史意识的作者，介入到历史知识作品的生产和传播中，甚至他们借助于新媒体技术，如移动视频平台来阐述历史，那么，历史知识在全社会层面的总体流通模式，就有可能发生巨大的变化。假定我们设置一个全民的历史知识制作与接受总量，职业历史学家的作品在其中占据的比例，必将是呈现下滑趋势。

　　举个例子。我在抖音上，比较喜欢看那类工业流程和技术生产过程的短视频。我曾经一直不明白，一座在建高楼的塔吊，是怎么搭在了高高的楼层上。当我能够找到一个短视频揭示这整个过程时，迷惑解开了，某种工程学知识得到了传播。在这个时刻，作为知识传播方式的研究者，我们需要思考这个知识传播的整个过程是如何达成的。这个视频的拍摄者定然知道有一些人想了解这个塔吊搭建过程，它在工程技术领域中的简单性对于外在于这个领域的公众而言却呈现为复杂性。当视频作者把这个流程拍下来的时候，流程本身就意味着时间性。作者假定了观众定是要按塔吊搭建的时间顺序来观看；于是，他按"短视频"的时间限制，来体现具体的塔吊搭建节奏。在他拍摄、剪辑、上传、互动的过程中，他作为某个工业流程的传播者，其自身已经敏感地意识到，社会公众层面对于这一方面有着知识需求，并且未得到满足。这应该是他实践这一拍摄行为的动机之一。对于我这个观众而言，显然，他成功了。

　　我们在制作公众历史产品的时候，比如介入企业史书写。某些企业的发展，有许多人感兴趣。就如奥巴马参与了福耀玻璃的企业史书写；书店里有更多的马云与阿里巴巴公司的创业和发展史；人们也会很乐意去读乔布斯的传记；

我们也可能遇到德国历史学家科卡写过的西门子公司的历史。这些各式各样的历史作品，即便有些是职业史家提供的，也往往有很好的公众面向，激发公众阅读兴趣。对于公众感兴趣的这种社会话题，将它纳入历史表现，或者说历史化，在某种意义上能够把这种公众层面一时呈现的热门话题推向深入。

或者，当下从职业史家圈子中走出来的公众史学家，可以引导这些主题获得更多的历史化阐释；或者，当下正在不断涌现出来的公众历史制作者，即新一代公众史学家，会引领那些主题的历史化阐释进程。他们就是我们所说的，由受众而成了使动者，同时制造出历史作品并进行新媒体传播。我认为，后一种类型，在当前新媒体环境下，已经呈现出一种不可逆的趋势。

因为信息制作技术的简单化、传播与反馈的即时性，这些都越来越多地刺激人们通过生产与流通信息来获得认同与自我实现。这其中带来的成就感，即便被他人认为是虚幻的，对于生产者和传播者来说，在某个心理满足的时刻，它都是现实的，是他生活中的一个方面，也是他认为自己生活中有意义的一个方面。

我们举一个更为极端的例子。一些有关健康的谣言，经常获得一些老人的转发。为什么会如此？除了虚假信息本身的伪装之外，传播者在转发过程中的心态也非常重要。技术缔造的传播便利性，令人们有一种渠道控制感，他可以轻轻一点，便实现传播需要。

渠道与技术本身没有对错。当前的公众历史传播事实上也正在将这样一种社交媒体技术作为一种渠道来达到目的。甚至，在公众历史内容的创制过程中，公众史学家还能通过更新的信息技术来完成。我们自己未来有可能会成为一个程序员，这或许如勒华拉杜里在40年前所说的：历史学家必须是一个程序员才有资格成为历史学家。因为我们现在知道，编程本身也在走向公众化。或许未来会有更多的公众具备这种能力，创制出自己的历史类游戏，通过人工智能制作出历史视频之类。在那个时候，历史知识生产与传播的格局就会彻底改变。为此，公众史学家需要特别关注当前科技的发展方向，不断思考它们将如何与历史知识的生产和传播相结合，从而达成更有效的历史传播与历史意识的塑造。

我们每个人都已经深切地感受到，从20世纪八九十年代到21世纪初，在我们身边，传播技术的迅捷发展与广泛应用，以及由它带来的社会变迁、意识变迁是以加速度的方式进行的。在技术上，未来两三年的变化强度或许就相当于过去 10 年产生变化的强度。这就意味着，我们每个人作为历史知识的受众在面对各类快速变化时，自我心理的感知能力和接受能力将受到一定的冲击，或者，我们将被训练成不得不接受快节奏生活的人。生产与接受历史内容的方式产生的加速变化，会带来人们在接受历史内容的广度和深度上的变化。

当然，在公众历史领域内，我们会否和其他学科领域一样，经历这种快速变化，其前提是公众史学是否能够得到积极推广、走向深入，是否有更多的人自觉利用新传媒技术生产和传播历史内容。

史学模式的根本转变

我们或可从传媒的角度、从历史知识生产与传播渠道在历史中不断变化的角度，再次审视历史学。我们会发现，古往今来的那些历史写作，例如，在中国，是以官方历史写作为主导；在西方，是以知识精英的历史写作为主导。古希腊的希罗多德是没落家族走出来的一位行商，修昔底德是雅典政治家，李维是罗马政治家，奥古斯丁是一位主教，拜占庭的历史作者不少是律师；到了 18 世纪，有伏尔泰这些社会文化名流进行历史写作；中外历史写作者构成了我们现在所说的精英史学圈。自 18 世纪以后，职业历史学的发展仍然隶属于精英史学的范畴之内。

在此，我们看到了精英史学的行为模式：历史家是历史知识的生产者，公众是接受者。这样的一种行为模式，如今要转向为融合互动与参与模式，即历史知识的生产者不再只是职业历史学家，每一个人都有其权利，也有更强的能力来生产和传播历史知识。原本史家和公众的分离关系，将变成相互之间的融合互动关系，变成每个人都有参与感的互惠模式。

就如到 18 世纪时，"历史"变成了"历史学"，具有了职业化的特征；如今我们现有的"历史学"变成"历史"的过程，"学"字的消失，正是职业化消逝的过程。

在公众史学／公众历史发展的过程中，历史认知模式也将从一种线性模式转化成一种循环模式。原本的历史知识受众，通过反馈和互动，转变成某种意义上的作者或内容提供者。反馈和互动的过程，将对原来史家提供的历史知识进行新的结构。另一方面，由于史家自身放弃了那种掌握历史话语的权威意识，而成为历史传播过程中的平等一员，他们和公众融为一体，互动与交融将更容易帮助我们理解历史知识生产和传播的无限循环过程。从此，人们能够更加清晰地意识到，历史知识的生产、传播、理解不再有终结点，不再有绝对的真理和绝对的真实，只有在时间中的真理与真实。历史作品的真理性和真实性，与传播它、接受它的时间与情境相关，也关乎作者与读者对于自身具有的认知水平的变化与情境的变化的自觉。其结果是，我们对于历史知识的不满足状态将永远地存在。

可以说，公众史学有能力将历史带入认知循环的无限空间，而且它不是简单地往复。我们在这样一个认知循环的过程中，感受到我们此时此刻存在的价值。就以此时此刻为例，我们将这种从史学理论中获得的历史认识，应用到描述公众史学的未来之中去，它也正是史家之为公众、公众之为史家这种新型关系的开端，是我们为一个无止境过程设定的起点，而这种设定的价值所在，奠基于我们对于过去的解释与对于未来的期待。

不论是当前的历史学，还是可以期待的公众史学，历史存在的模式，正从一种实在的模式，即认为历史是一种过去的客观存在的存在模式，转向一种创造模式，即认为历史知识，以及任何我们所接触的历史，都是经过制造而传播的。既然历史都是被制造和传播的，那就需要我们再结合自己的处境，不断地去重新发明它、重新制造它。

对历史学而言，我们正在重新理解、建构和阐释历史的模式，定位现在的模式，并寻求导向未来的模式。可是，未来之于我们，不过是我们现在对于未来的某种期望，这种期望可以在我们对过去的叙事中找到它的依据，然后又在现实的决策中去实施或实现它。无疑，未来对于现在是一种虚构，但这种虚构却很可能充当了阐释过去的前提，进而由对过去的阐释为现实的决策奠定"坚实"的根基。人们总是在现在这个点上，去实践对于未来的假想，对那种虚构进行检验、调节或重构。

历史、现在、未来在思想者的时间与存在中交融于一体，在史学领域内，这恰恰体现出一种历史作品创制的非线性时间观，而且，公众史学的发展，也最能体现这种非线性模式的基本特征，因为史家与公众身份的交错，推升了它在意义生成中的复杂性。他们的身份互换在时间上的便捷性，他们在历史叙事实践中，即时获取意义、确定立场，这些都为公众史学的发展打开了实验与实践的广阔空间。

公众史学能否引导历史学的范式变革？

历史写作由近代之前的非职业范式转变成近代以来的职业化范式，如今，通向未来，并且可能正在进行的，是一种由职业化转变为新的非职业化范式。这种范式变革，还不能得到一个结果，所以我们只能以一种探究可能性的方式来提出这个问题。公众史学会引导出一种历史学的范式变革吗？

在托马斯·库恩的名著《科学革命的结构》里，范式"变革"是以"革命"一词来标示的。但是，这种范式变革最终在库恩看来，往往以颇为悲观的方式来完成，例如，它甚至会通过旧的范式持有者在一种生物学上的消失来达成。为什么会这样？为什么新旧范式的更迭，总是体现出如此普遍的代际特征？思想与技术结合的逻辑演进与具有生理学和心理学代际特征的人，二者之间确立起了一种什么样的关系，以至容易形成代际对立？我们既要像库恩那样，把历史学的演变放到整个社会生活的演变中去，以一种社会学的方式去思考它；又要像福柯在《规训与惩罚》中分析权力话语那样，分析一代一代史家成为权威的方式，分析他们占据权威位置时，在整个社会中，其学科结构与话语权力的分布是什么样的。这种分布，未来通过公众历史的方式，通过现有信息社会不断推进的扁平化，它有没有可能被打破，我们要在这个问题上迈进一步，即我们也要反思库恩。因为在库恩提出范式变革的时代，它并不像我们现在这样一个信息扁平化的时代。

如果说在库恩的时代，像库恩所说的，只有旧的范式持有者的消逝，才能够完成范式变革，那么，现在这个"规律"可能已经不再适用了。这不是指历史学旧范式中的核心问题，可能被新兴范式如公众史学抛弃、回避或遗忘，或是被纳入到一个新兴范式的分析对象中，变成一个边缘化的问题。相反，近代职业化历史学范式中的结构性要素，如史料、研究者、认知与研究过程、叙事，仍然可能作为历史的核心，但对于研究者与表现者，对于叙事策略与传播形式的强调，毫无疑问，将充分扩展历史学的社会职能，令它从服务政治精英转变成融于公众生活。公众史学作为一种新的范式，将在融合与变革近现代史学范式的基础上兴盛起来。

国内史学界近来也越来越多地面对来自"外行"的挑战，不少史家在学术研究中敷衍了事，拜金拜名，以及学术体制的僵化。这些在信息渠道通畅的环境中，只会被世人视为粗鄙与没落，这也是当代知识界普通面临的危机。

作为史学界中的一员，我们当然不希望自己面对这样的危机。我们甚至希望加深在公众史学领域中的职业化。只不过，这种职业化旨在遵循服务于公众的精神，以及我们视自己和公众为平等的参与者精神，由此来理解我们自己现在进行的所有关乎历史的活动和行为。

虽然通过这种方式，公众史学家把自己变成为另一种层次的职业化角色，因为，毕竟我们想充当这个领域的传播者，但是，我们一开始进入这个传播的领域时，就把自己视为一个平等的参与者，也只有在这个意义上，我们才有可能去期待一种历史学的范式转变，一种变革。

在整个创制历史的行为过程中，不管是公众作为主体，还是原来的史家作为主体，现在都融为公众这一概念了。只不过在当前的语境下，我们这些公众，面对的是历史知识的生产和传播。在这种视角下，我们可以看看这个过程中的使动者和受动者，他们分别都具有哪些行为。

历史（学）行为，如回忆、劝说、记录、撰写、编撰、采集、录制、播放、展示，甚至表演，这种是使动者的作为。至于受动者，我们原来并不认为他是历史学中的参与者，他只是作为受众（audience）出现，只是看、听和读。上述的使动者和受动者，以及他们的行为，在公众史学领域之中将是相融相通的。换句话说，这些行为是使动者和受动者都能够同时实施的。由此而论，会不会出现新的行为？例如已经存在的历史表演，既然这个动作里面涉及的都是历史内容，是在表现历史，公众史学家也就可以去开拓，提升现有商业化历史表演中不容易为受众实现的浸入式体验。公众参与博物馆志愿者活动或者主题活动，公众进行历史摄影、摄像及其在社交媒体的发布等等，各种历史内容的创制，既可以自娱自乐，也可以转化成文化产品，体现并让历史作者与读者感受历史的底蕴，体验历史时间与历史意义之间的错综变化。

公众史学是 20 世纪的欧美国家历史学学科发展的产物，可对于当代中国，它并不是舶来品。它是 21 世纪的时代变迁中，人们对于历史知识存在、生产与传播提出的要求，它为历史学范式的时空转换提供了契机，甚至可能提供了驱动性力量。至于这是不是浩浩荡荡的潮流，唯有在未来那个时刻回顾时，人们可以用建构必然性的方式，来确定地描述它；而此时的公众史学或历史学，正向着未来敞开为可能世界。如此而言，我在这里所论的，无非是就历史（学）的未来而表达的一种个人期望。

公众史学与环境

绿色公众史学：
环境史与公众史学在我国的发展

摘要：公众史学在我国如何发展？这是一个需要史学工作者认真思考、积极实践的问题；以环境史学术加以促进，不失为这一发展的一种途径，这是基于环境史与公众史学的某种共生关系以及当前我们的现实需要而论的。对于以环境史学术促进公众史学发展的领域和对象，不妨称之为"绿色公众史学"。绿色公众史学是一项以人与自然互动关系变化为主线，对各个时期人类关注环境、呵护自然、参加环保的思想观念、政策法规和行为实践加以研究与传播的史学工作，其宗旨在于为培养生态文明建设所需的人才提供必要的、可行的服务。绿色公众史学融合了环境史的思维习惯以及公众史学的要务，在生态文明新时代是不可或缺的一种史学实践，它涉及如何理解生态文明建设需要什么样的人的问题。生态文明建设需要具备生态世界观、环境伦理观和绿色行动观的"绿色公民"；致力于培养绿色公民是绿色公众史学发展的目标。这至少可以在环境史故事撰述、环境教育人才培养以及院外合作等方面加以推进、落实，由此可使公众史学在内涵和外延上均得到发展。而一门内涵和外延如此发展的公众史学，必将在现实关怀上使古老的历史学获得新生，促使全体民众学会以生态世界观思考过去、现在和未来。

关键词：公众史学；环境史；绿色公众史学；生态文明；绿色公民；环境教育

Abstract

How does public history develop in China? This is a problem that requires

---

* 梅雪芹：清华大学历史系教授，清华大学人文学院绿色世界公众史学研究中心主任。

historians to think seriously and practice actively. Promoting it with environmental historiography is a way of this development, which is based on the symbiotic relationship between environmental history and public history as well as the current needs of our reality. It may be called "green public history" as to the field and object of promoting the development of public history with environmental history. Green public history is a historical work which studies and disseminates the ideas, policies, regulations, and practices of human beings concerning environment, protecting nature and participating in environmental protection in different periods while focuses on the change of the interaction between human being and nature. Its purpose is to provide necessary and feasible talents for the construction of ecological civilization. Green public history combines the thinking habits of environmental history and the main tasks of public history. It is an indispensable historical practice in the new era of ecological civilization. It involves how to understand what kind of people are needed for the construction of ecological civilization. The construction of ecological civilization needs "green citizen" with ecological perspective, environmental ethics, and green initiative, and it is the goal of the development of green public history to devote to cultivating green citizen. This can at least be promoted and implemented in three aspects of environmental history story writing, environmental education personnel training and extracurricular cooperation, so that public history can be developed both in connotation and extension. And a public history with both connotation and extension will surely bring new life to the old historiography with realistic concern, and urges all the people to learn to think about the past, the present and the future from an ecological perspective.

Key Words

Public History; Environmental History; Green Public History; Ecological Civilization; Green Citizen; Environmental Education

公众史学（Public History）作为一个专门领域或一个新的史学分支，一般认为是在 1975 年春由美国加州大学圣巴巴拉分校（University of California,

Santa Barbara, UCSB）历史教师罗伯特·凯利（Robert Kelley）及其同事韦斯利·约翰逊（G. Wesley Johnson）最早提出，并为其自 1976 年秋开启的史学研究生培养计划命名的产物。[1] 当时他们所谓的 Public History 用最简单的话来说"指的是学界之外部门雇用历史学家并使用史学方法"；而学界之外的部门包括政府、私有企业、媒体、历史学会和博物馆，甚至个人实践领域。[2] 这样的公众史学在美国快速发展，不仅出现了全国性的史学委员会——全国公众史学委员会（National Council on Public History, NCPH），而且发行了专业期刊《公众史学家》（*The Public Historian*）。至 2008 年，公众史学在美国被界定为"一场运动，一种方法论或一种途径或方式，推动历史合作和研究；公众史学家的任务是将自己特殊的见解以浅显易懂的方式传递给公众"[3]。

尽管从实践也即史学服务的角度而言，公众史学并非崭新的发明，无论在美国还是其他国家和地区，学界之外的很多部门和领域早就存在这样的史学活动，但是在更具学理、更加有效的意义上，上述出自美国的 Public History 还是有其特别的创见和建设作用的，这突出地表现为它促使史学家更自觉地思考如何基于公众利益（public benefit）与公众一道重新探究和利用"过去"（past）。这样的 Public History 在 20 世纪 80 年代初即被介绍到我国；据称，1982 年北京大学历史系罗荣渠教授发表的《当前美国历史学的状况和动向》"应该是国内学界最早介绍公众史学的文章之一"[4]。如今在我国史学界，公众史学从引进之初不受重视、很长一段时间内备受冷落到出现所谓的"公众史学热"，虽然走过了 40 余年的历程，但仍被认为"处于起步阶段"。[5] 在这种情况下，公众史学在我国如何发展？这是一个需要史学工作者认真思考、积极实践的问题。窃以为，以环境史学术加以促进，不失为公众史学在我国发展的一种途径。这是基于环境史与公众史学的某种共生关系以及当前我们的现实需要而论的。

环境史，简言之即人及其社会与自然世界的关系史，对这一关系史的正式研究并明确冠之"环境史"概念，也始于 20 世纪六七十年代的美国史学界，在某种程度上是其积极因应现实环境问题的结果。[6] 按照环境史的一位开创者、美国著名历史学家唐纳德·沃斯特（Donald Worster，1941—）的解释，"环境史理念最早出现于 20 世纪 70 年代，正值关于全球困境的各种会议召开和几个国家的民众环保运动汇聚力量之时。换句话说，它是在一个世界范围内的文化反省与改革时代开创起来的……"[7]。于是，环境史应运而生，与生俱来便有着强烈的现实关怀，即关注现实的环境问题，这被看成是"环境史的一个有价值的贡献"[8]。

从环境史本身的发展来说，其研究者从关注现实环境问题不断走近自然环境，深刻地领悟到自然在历史中的存在及其力量，同时深入、具体地探讨人类社会与自然世界协同演化的历史实际，从中认识彼此关联的不确定性和脆弱性并忧虑更大范围的健康问题，[9] 在探索人类与自然纠结不已的复杂的生命网络方面做出了为现时代所需的新贡献。环境史不仅关怀某时某地人与自然相互作用的历程和结果，而且关怀长时段大范围内人与自然的互动和影响，数不胜数的环境史研究成果充分彰显了它的这一学术品格，《尘暴——20 世纪 30 年代美国南部大平原》《毒岛——日本工业病史》《莱茵河——一部生态传记 (1815—2000)》《太阳底下的新鲜事——20 世纪人与环境的全球互动》等便是其中的佳作。[10] 这些环境史佳作所体现的现实关怀，不同于通常所言的对现实社会问题的关注。因为"自然入史"，使得环境史不只是像社会史和新文化史那样，要努力打破"白人男性精英主义历史书写壁垒"，且"不是为某个阶层代言，也不是为某种文明颂圣"[11]，而是要试图超越"英雄史观"和"人类唯一"的理念，鼎力重塑生态整体和有机联系的世界观，深入揭示当今世界存在的环境问题乃至所谓的生态危机的历史根源。这是历史学的社会功能在人类不懈追求经济发展与环境保护平衡或双赢之现时代的新反映，也是环境史与公众史学的共生关系的根基。

公众史学与环境史这两种史学现象几乎同一时期在同一个地方出现，被作为"公众史学和环境史学一直存有某种共生关系"的缘起。[12] 这种共生关系的存在，当然不仅仅是因为时间和空间，更因为二者的共同关切，尤其是对环境问题的关注，以及双方学者积极服务于社会与自然的务实秉性。殊不知，最早使用环境史概念并开展环境史教学和研究，且同样是美国加州大学圣巴巴拉分校历史教师的罗德里克·纳什 (Roderick Frazier Nash)，不仅坚定地主张环境教育，而且积极参与社区公民环境教育活动；他还是美国国家公园管理局 (U. S. National Park Service) 顾问委员会的成员。而提出"公众史学"概念的罗伯特·凯利则是一名兼职水务诉讼顾问，他不断利用其社会服务经验将公众史学理论付诸实践。因此，从积极服务于社会与自然方面说，环境史与公众史学天然具有内通性，这也是史学家在强调可持续发展的现代如何思考并履行公民责任的一个新的参照。

正因为对环境问题的共同关切，无论在美国还是在国际社会，环境史学者和公众史学者在科学研究、人才培养和社会服务方面的相互沟通、促进并寻求合作已成为常态，不仅"公众环境史学"（Public Environmental History）成为公众史学研究的热点之一，[13] 而且环境史学界也积极倡导、借助并推进公众史学研究。美国环境史学者、休斯敦大学教授马丁·梅乐西（Martin V. Melosi）曾担任"全国公众史学委员会"主席（1992—1993 年）[14]；他在该校发起成立"公众史学研究中心"（Center for Public History），为促进环境史与公众史学共同发展以更好地服务于社会发挥了很大作用。[15] 在 2019 年 4 月于俄亥俄州州府哥伦布市（Columbus, Ohio）召开的美国环境史年会上，美国环境史学会现任主席、不列颠哥伦比亚大学历史地理学教授格雷姆·韦恩（Graeme Wynn）专门组织了一场旨在打通环境史与公众史学的集会（Presidential Session），题为"重新激发环境史：用公众史学之力重新构想、重新激励我们的领域"（Re-radicalizing Environmental History: Using the Power of Public History to Reimagine and Reenergize Our Field），邀请多名学者一同讨论如何借助公众史学的"共享权威、合作与参与式民主"等指导性价值观念，重新发展环境史，以更好地应对当代危机的挑战。[16] 而在 2019 年 7 月底于巴西圣卡塔琳娜州首府弗洛里亚诺波利斯市的圣卡塔琳娜联邦大学召开的第三届世界环境史大会（World Congress of Environmental History）上，两位主旨发言专家的发言均涉及针对环境与社会问题的公共知识传播和社会服务实践。[17]

上述环境史与公众史学的共生关系启发着我们思考如何在我国推进公众史学的发展问题。自 20 世纪八九十年代以来，环境史和公众史学几乎同时传入我国，但二者长期以来基本上处于分途发展的状态。不过，令人欣喜的是，在当前我国出现所谓"公众史学热"的形势下，有中国史学者专门论及"公共环境史学"，认为"公共环境史学是公共史学的重要组成部分"[18]。同时，在我国世界史学界也出现了呼唤公众史学发展的强劲势头。2019 年年初，在中国

社会科学院中国历史研究院成立大会上，北京大学钱乘旦教授在谈及我国世界
史学科发展及其社会职责时特别说道："加强对国人的世界史教育已经是不可
回避的话题。我认为世界史同人应当自觉承担这个任务，转变学术观念，不仅
要推动高水平的学术研究，也要撰写大众喜闻乐见的世界史书籍，发展大众史
学，将学术成果大众化。"[19]这样的主张不啻是浇灌我国公众史学成长的及时
雨。我们世界史学者不仅要这么说，而且要这么做；而以世界环境史的高水平
研究成果来促进公众史学在我国的发展必定大有可为。对于这一发展的领域和
对象，这里谨称为"绿色公众史学"。

"绿色公众史学"，要言之，即是一项以人与自然互动关系变化为主线，对
各个时期人类关注环境、呵护自然、参加环保的思想观念、政策法规和行为实
践加以研究与传播的史学工作；其基本宗旨在于为培养生态文明建设所需要的
人才提供必要的、可行的服务。在最根本的意义上，"绿色公众史学"融合了
环境史的思维习惯以及公众史学的要务。就前者而言，指的是在历史思考、研
究和撰述时始终不忘过去人类社会和自然世界的有机联系，借此有助于现实社
会的人们切实理解自然如何在我们身边存在，如何与我们的工作、生活及休闲
娱乐息息相关；就后者而言，指的是着眼于社会需要及公众福祉而开展的历史
活动。因此，"绿色公众史学"在生态文明新时代是不可或缺的一种史学实践，
这涉及如何理解生态文明建设，需要什么样的人的问题。

明确地说，生态文明建设需要一种新人，一种具备生态世界观（ecological
perspective or worldview）的人。所谓生态世界观，原本指的是"环境史学者
在从事历史研究时，以生态学的方法观察和分析整个世界以及人与自然之关
系的总的看法和观点，它是利奥波德（Aldo Leopold）的'土地伦理'主张和
生态意识在历史研究领域的运用，其特征表现为整体性、多样性和有机联系
性"[20]。在这种生态世界观的视域下，"世界"不只是一个地理空间，还是一
个土地共同体或生态共同体；存在于这个世界之中的，不仅有人类，而且有动
物、植物以及微生物，即丰富多样的生物群落。进而言之，这个"世界"不只
是"我们的"和"你们的"，也是"它们的"；没有"我们"和"你们"，它们
照样生息繁衍，而没有了它们，"我们"和"你们"只能坐以待毙。这不是抽
象的道理，而是不争的事实；这种事实已经为许许多多的环境史研究成果所揭

示。从这一事实中，可以深刻地体悟自然的巨大力量以及人类和自然须臾不可分离的关系。对于人类来说，这样的生态世界观并非与生俱来，而是需要后天持续不断地培养的。只有具备了这样的生态世界观，才有可能秉持环境伦理观（environmental ethics）——人类为协调人与自然的关系，经长期实践建立起来的一种约束自身行为的新秩序，并在现实生活中自觉践行绿色行动观（green initiative）。而对于具备这样的世界观、伦理观和行动观的新人，不妨称之为"绿色公民"（Green Citizen）。[21] 致力于培养绿色公民，是绿色公众史学发展的目标。在这方面，我们已开展了系统的培养工作。譬如自称为"垃圾博士"、在公民环保领域影响很大的毛达，以及马来西亚环保达人李达华；前者是我早年指导的博士，后者是深受我的环境史著述影响并积极付诸实践的国际友人；他们的成长经历和经验值得总结并复制推广。这项工作的开展，也是针对当前我国生态文明建设存在的现实问题以及实际需要而定的。

　　尽管在 20 世纪 70 年代末"生态文明"概念即已出现，[22] 但真正引发广泛的讨论与关注，还是在 2007 年这一概念首次写入我们党的代表大会的报告，其建设作为我国的国策被正式提出之后。由此，生态文明成为我国现代化建设的战略目标，在我国各方面建设中变得日益重要。十八大确立了生态文明建设在社会主义建设"五位一体"总体布局中的核心地位，中共中央、国务院印发了《生态文明体制改革总体方案》，"十三五"发展规划纲要（2016—2020）中亦规定了实施生态文明建设的综合性方案。总的来说，建设生态文明是生产力和生产关系、经济基础和上层建筑、物质文明和精神文明辩证统一的过程。若要真正将生态文明建设置于突出地位，融入经济、政治、文化和社会建设各方面和全过程，则面临着来自许多领域的问题与挑战，包括生产、消费、城镇化建设、天然生态系统、文化教育和法制管理等领域的工作。但无论哪一领域、哪一方面工作的开展，都离不开人，都有赖于人的活动。

　　然而，环顾现状，却见问题丛生。虽然党和政府先后出台一系列重大决策部署，推动生态文明建设取得了重大进展，但是官民不信、有法不依、知行脱节、三废偷排、环评造假等恶劣现象屡见不鲜。这类问题的产生可能有多种多样的原因，但无论如何，人的不当意识和态度以及由此支配的不良行为则是其根源，因为人是实现各项功能的主体，也是制约各项功能的主体。三观不正，何以建设生态文明？有鉴于此，作为长期致力环境史研究的学者，有责任将相关学术成果转化为生态文明建设所需的智慧，并从历史和理论高度思考如何建设生态文明的大问题，由此才能为生态文明如何走良性建设之路献计献策。我们认为，我国的生态文明建设需要"一场针对环境的行为革命"（a revolution in conduct towards an environment）。

"一场针对环境的行为革命"之说出自上文提及的美国加州大学圣巴巴拉分校的历史教师，也即环境史的开创者之一罗德里克·纳什。1969 年 1 月，纳什因应圣巴巴拉海峡石油泄漏事件（Santa Barbara Oil Spill）起草了《圣巴巴拉环境权利宣言》（*The Santa Barbara Declaration of Environmental Rights*），并于 1970 年对美国全体人民公开发布。该宣言控诉了人类经年累月疏忽和损害环境的行为，揭示了这种行为造成的环境问题，认识到要解决这类问题关键在于人心而非机械，因此主张"一场针对环境的行为革命"，呼吁社会和政府贯彻生态意识，用生态伦理调节人与自然的关系。[23] 纳什的主张和呼吁，在一定程度上是人类与自然相互作用关系发展、变化的结果，而从当代美国历史和世界历史来看，这样的主张和呼吁产生了良好的效果。1970 年 4 月 22 日美国的地球日运动和 1972 年 6 月联合国人类环境会议的召开以及《人类环境宣言》的发表，均可视为这一效果的直接或间接反映。

在我国，由于政府的大力倡导和严峻的环境问题的驱使，"一场针对环境的行为革命"眼下也正如火如荼地展开，突出地表现为《公民生态环境行为规范（试行）》的发布与推行。这是在 2018 年"6·5 世界环境日"由生态环境部、中央文明办、教育部、共青团中央、全国妇联等五部门联合发布的，内容包括关注生态环境、节约能源资源、践行绿色消费、选择低碳出行、分类投放垃圾、减少污染产生、呵护自然生态、参加环保实践、参与监督举报、共建美丽中国等十个方面。[24] 如何培养和推广这些方面的行为规范？其中一个关键问题是，如何让全体人民发自内心地实现从意识到行为的变革，以养成符合生态文明建设要求的行为习惯？在这方面，绿色公众史学可以发挥积极的作用。

由于公众史学"实质上是一种强调受众的问题、关注点、需求的历史实践"[25]，以此观之，绿色公众史学可以结合培养生态文明建设所需的绿色公众的实际需要，以助推《公民生态环境行为规范》为内容和方向，着力研究历史时期和现实社会中人类关注环境、呵护自然、参加环保的思想观念、政策法规和行为实践，并通过多种渠道大力传播，这也是环境史学术成果适时发挥社会作用的体现。具体来说，至少可以从以下三大方面推进。

第一，多加撰述适于公众阅读的环境史故事。公众史学的关键在于公众，公众不是抽象的概念，而是活生生的人。他们不愿被说教，而喜欢倾听人与自然互动的感人故事。我们需要挖掘这方面的真实素材，加大力气进行研究，并学会生动活泼地叙事。在这方面，历史学家具有天然的优势。环境史学家一定要努力讲好环境史故事，不仅要传迹，而且要传神。这即是要在故事讲述中渗透环境史思维习惯，以帮助人们深入理解自然环境的重要性、环境问题的复杂性以及生态环境行为规范塑造的必要性。

第二，大力培养致力于环境史知识和观念传播的环境教育人才。这包括高级人才的专门培养和相关课程的开发，以及校外各类环境教育（environmental education）活动的开展等。长此以往，就会涌现出一大批关心环境、态度明确、动机纯正并拥有环境知识和解决环境问题之技能的人。通过他们深入大街小巷和田间地头的社会实践，有望开拓绿色公众史学事业，并从公民端切实推进生态文明建设。

第三，努力搭建环境史学界与政府部门、企事业单位、媒体、NGO组织、私人机构等方面合作研究与传播的平台。绿色公众史学的发展有赖于各界公众的广泛参与和积极实践。我们需要加强关注学界之外各方对于环境问题及其引发的社会纠纷的关切，与公众共同推进社会热点话题成为政府议题，以便在有关环境问题治理决策层面上让绿色公民发挥适当的作用。

上述几方面工作的持续开展，将会从内涵和外延上全面推进公众史学在我国的发展。从内涵发展来看，上述工作的开展反过来会促发我们思考有关公众及其利益的一系列问题。包括：（1）谁是公众，哪些公众？（2）什么利益，谁的利益？（3）如何保障公众利益？仅仅关注公众自身的需要就够了吗？（4）公众可以发挥什么作用？如何发挥作用？在哪里发挥作用？应注意什么？（5）在应对和治理环境问题上如何共享权威？科学知识和民间智慧又该如何融合？等等。对这些问题的思考和解答，有助于拓展和深化公众史学的内容，使之更具代表性和包容性。从外延发展来说，上述工作的开展将会使环境史的思维习惯和认知方法延展到学界之外更多的部门和单位，使绿色公众史学的合作、参与的主体极大地丰富起来，由此将会有更多的方面和力量一同重新探究和利用那悄然逝去的"过去"。而一门内涵和外延如此发展的公众史学，必将在现实关怀上使古老的历史学获得新生，促使公众学会以生态世界观思考过去、现在和未来。[26]

注　释

[1] Robert Kelley, "Public History: Its Origin, Nature, and Prospects," *The Public Historian*, vol. 1, no. 1, 1978, p. 19, p. 24.

[2] Robert Kelley, "Public History: Its Origin, Nature, and Prospects," p. 16.

[3] 转引自李娜：《公众史学研究入门》，北京：北京大学出版社，2019 年，第 11 页。

[4] 王希：《序》，载李娜：《公众史学研究入门》，第 2 页注 1；罗荣渠：《当前美国历史学的状况与动向》，《世界历史》，1982 年，第 5 期，第 69—76 页，第 84 页。

[5] 关于公众史学在美国的诞生及其在我国的发展历程和现状，参见王希：《序》，载李娜：《公众史学研究入门》，第 1—2 页。

[6] 关于环境史在美国兴起、发展的历程，参见高国荣：《美国环境史学研究》，北京：中国社会科学出版社，2014 年。

[7] Donald Worster, "Appendix: Doing Environmental History," in Donald Worster ed., *The Ends of the Earth, Perspective on Modern Environmental History*, Cambridge: Cambridge University Press, 1988, p. 290.

[8] [美]J. 唐纳德·休斯：《什么是环境史》，梅雪芹译，北京：北京大学出版社，2008 年，第 1—2 页。

[9] 不久前，也即 2019 年 5 月 30 日到 6 月 1 日，中国人民大学生态史研究中心举办的题为"历史、人文视野下的自然与健康"国际学术研讨会明确地体现了这一主旨。见"'历史、人文视野下的自然与健康'国际学术研讨会在中国人民大学举办"：http://www.iqh.net.cn/Info.asp?column_id=13079，2019 年 7 月 6 日。

[10] [美]唐纳德·沃斯特：《尘暴——20 世纪 30 年代美国南部大平原》，侯文蕙译，北京：生活·读书·新知三联书店，2003 年；[美]布雷特·雷·沃克：《毒岛：日本工业病史》，徐军译，北京：中国环境科学出版社，2012 年；[美]马克·乔克：《莱茵河——一部生态传记（1815—2000）》，于君译，北京：中国环境科学出版社，2011 年；[美]约翰·R. 麦克尼尔：《太阳底下的新鲜事——20 世纪人与环境的全球互动》，李芬芳译，北京：中信出版集团，2017 年。

[11] 这些说法引自侯深：《公民责任、档案研究与环境史学者的肚子——2018 年 OAH 年会散记》，见中国美国史研究会官方公众号"美国史研究"。

[12] 李娜：《公众史学研究入门》，第 32 页。

[13] 同上。

[14] https://ncph.org/about/our-history/

[15] http://www.uh.edu/class/history/faculty-and-staff/melosi_m/index.php#Martin%20Melosi; http://www.uh.edu/class/ctr-public-history/cph-faculty/#，2019 年 9 月 7 日。这方面，马丁·梅乐西的代表性著述有：Martin V. Melosi, "Public History and the Environment," *The Public Historian*, vol. 15, no. 4 (Autumn, 1993), pp. 10-20; Martin V. Melosi, and Philip Scarpino eds, *Public History and the Environment*, Malabar, Florida: Krieger Publishing Company, 2004.

[16] https://convention2.allacademic.com/one/aseh/aseh19/index.php?cmd=Online+Program+View+Selected+Descriptor+Submissions&selected_topic_id=33120&program_focus=browse_by_topic_submissions&PHPSESSID=l50d7vkh0lhq2q7npoh10kej84，2019 年 9 月 5 日。

[17] "Keynote speakers," https://www.3wceh2019.floripa.br/conteudo/view?ID_CONTEUDO=387，2019 年 9 月 7 日。

[18] 焦润明：《论公共环境史学》，《河南师范大学学报（哲学社会科学版）》，2018 年，第 2 期，第 92 页。

[19] 钱乘旦：《新时代中国世界史学科建设问题》，《历史研究》，2019 年，第 1 期，第 11 页。

[20] 参见拙文：《"一沙一世界"——环境史与生态世界观刍议》，《光明日报》2017 年 1 月 9 日第 14 版。利奥波德，全名奥尔多·利奥波德（1887—1948），美国生物学家、生态学家，在环境伦理学方面享有国际声望，这方面的代表作有《沙乡的沉思》，在其中提出了"土地伦理"。见 [美] 奥尔多·利奥波德著：《沙乡的沉思》，侯文蕙译，北京：新世界出版社，2010 年。

[21] 见拙文：《共建共享生态家园——绿色世界公众史学畅想》，《鄱阳湖学刊》，2019 年，第 2 期，第 7 页。

[22] 学界一般认为，德国法兰克福大学学者伊林·费切尔（Iring Fetscher）最早于 1978 年公开提出"生态文明"概念，见 Iring Fetscher, "Conditions for the Survival of Humanity: On the Dialectics of Progress," *Universitas*, vol. 20, no. 3, 1978, pp. 170-171.

[23] 参见拙文：《环境史与生态文明建设——从历史学者纳什的环保行动说起》，《绿叶》，2010 年，第 11 期。

[24] http://www.gov.cn/xinwen/2018-06/06/content_5296501.htm.

[25] 转引自李娜：《公众史学研究入门》，第 11—12 页。

[26] 参见唐纳德·沃斯特著，侯深译：《我们为何需要绿色历史？》，《鄱阳湖学刊》，2019 年，第 2 期。

公众史学和环境史学：
在时间长河中解读地域的创造性

菲利普·V. 斯卡皮诺（Philip V. Scarpino）*

摘要： 2011 年 6 月 24 日，联合国教科文组织世界遗产委员会将中国杭州西湖文化景观列入了日益增长的世界遗产名录，西湖被列为世界文化遗产，凸显了其作为一个起源可以追溯到 1000 多年前的人文景观的重要性。西湖是一处宏伟规划、精心雕琢、细心管理的中国文化的物质象征。更重要的是，在中国和世界各地，西湖并不是一个"局外人"：相反，它代表了人们不同程度上地通过对其文化中所蕴含的态度和价值观采取行动来重塑环境。历史上，中国和地球上几乎每一个地方的环境都是随着时间的推移而创造出来的。这是一个关于人们想要做什么，以及他们的行为所带来的意想不到的后果的故事。公众史学家不仅解释人与地域之间随时间变化的相互作用，而且还围绕各种与公众生活环境相关的一系列历史主题，参与公众的互动和讨论。

关键词： 人新世；环境史；物质文化；公众史学；西湖文化景观

Abstract

On June 24, 2011, the United Nations Educational, Scientific, and Cultural Organization's (UNESCO) World Heritage Committee added the West Lake Cultural Landscape, Hangzhou, China, to its growing list of World Heritage Sites.

West Lake's designation as a World Heritage Site in the cultural category,

---

* 菲利普·V. 斯卡皮诺：美国印第安纳大学/普渡大学教授。该文由张瑞胜（清华大学历史系世界史专业博士后）翻译，梅雪芹（清华大学历史系教授）校对。

highlights its significance as a humanized landscape with origins that can be traced back more than 1,000 years. West Lake is a magnificently planned and crafted and carefully managed material symbol of Chinese culture. More importantly, in China and around the world West Lake is not an outlier; instead, it is representative of the degree to which people have reshaped their environment by acting on the attitudes and values embedded in their cultures. Historically, the environment of China and nearly every other place on earth is the story of the creation of place over time. It is a story of what people meant to do, as well as the unintended and unanticipated consequences of their actions.

Public historians not only interpret the interplay between people and place over time, but also participate in reciprocal engagement with the public on a range of historical topics related to the various environments in which they live.

Key words

Anthropocene; Environmental History; Material Culture; Public History; West Lake Cultural Landscape

2011 年 6 月 24 日，联合国教科文组织世界遗产委员会将中国杭州西湖文化景观等 25 处世界遗产列入了包含 936 处官方指定世界遗产的《世界遗产名录》。在 25 个新的世界遗产中，有 3 个被列为"自然遗产"，1 个列为"自然与文化混合遗产"，21 个被列为"文化遗产"，其中包括西湖。[1] 西湖是一个美丽而宁静的世外桃源，毗邻繁忙的大都市杭州。以湖为中心，荷花填满浅滩，增添色彩和质感，西湖与杭州形成了一种相对宁静的对比。"曲院风荷"是被官方命名的诗情画意的西湖十景之一。西湖风景区三面环山，包括北高峰、飞来峰、南高峰，钱塘江则穿流过西湖南部引向东海。宽阔的小径、堤道、花园和植被、宝塔和寺庙构成了一幅诱人的美丽风景，吸引了大批来自中国和世界各地的游客。[2]

乍一看，西湖的大部分看起来是"自然的"，但它被列为世界文化遗产，凸显了它作为一个人文景观的重要性，它的起源可以追溯到 1000 多年前。西湖远非"自然"，而是一个精心规划、精心制作、精心管理的中国文化的实体象征。根据联合国教科文组织的相关记录：

> 湖的主要人工元素，两个堤道和三个岛屿，是 9 世纪到 12 世纪之间
> 的反复疏浚创造的。自南宋（13 世纪）以来，十处被诗意地命名为风景名
> 胜区的地方被认定为体现了理想化的古典景观，体现了人与自然的完美融
> 合。[3]

从 20 世纪 50 年代的大规模疏浚开始，西湖的改造和重塑一直在持续进
行。在随后的几十年里，水质恶化主要是淤积所致。对此，杭州作为浙江省的
省会，在 21 世纪初采取了进一步的疏浚措施，清除了数百万立方米的淤泥。[4]
2003 年，杭州开始建设一个大型水利工程，以分流河水，补充其主要旅游胜
地——西湖。[5]

西湖是人类物质文化的一个例子，正如考古学家詹姆斯·迪兹（James
Deetz）所定义的那样：“人类有意识地根据自身文化而有计划改造自然环境的
那一部分。”[6] 迪兹的定义提供了一种理解和诠释西湖等人文景观的方式。更
重要的是，它提供了一个视角，通过它来观察人类对全球环境的改造，但需要
注意的是，迪兹的定义忽略了人类行为在环境改造过程中所产生的无意识后果
或非预期后果及其发挥的重要作用（无意识后果是指人们无意发生的事情，非
预期后果是指人们没有预料到或没有预见到的影响）。迪兹对物质文化的定义
也为环境史的学术领域与公共参与和公共历史相关的解释之间搭建了一座智慧
的桥梁。

本文将把检视并反思物质文化（Material Culture）、环境史（Environmental
History）、公众史学（ Public History）之间的关系，作为理解和解释人类与环
境之间的历史相互作用的框架。一方面，西湖是文化驱动下环境改造的符号性
表征。根据联合国教科文组织世界遗产中心的描述，“西湖园林设计在过去的
几个世纪里影响了中国其他地区以及日本和韩国，作为一个非凡的文化传统改
善景观的见证，创造了一系列反映人类与自然之间理想融合的景观”[7]。另一
方面，西湖对环境的极端改造以及对文化景观的创造，在自然史和人类历史的
关系中比最初看起来更主流。2019 年，中国几乎每一平方米土地都符合詹姆

斯·迪兹所定义的物质文化——上海、北京、重庆、杭州，以及所有其他中国人居住的城镇和村庄；用于生产水稻、玉米、小麦、大豆、土豆和许多其他作物的每公顷农业用地；牧场和林地；长江和长江流域以及全国各地的河流与小溪；等等。更普遍地说，地球表面很少有地方没有被人类改造过，要么是人类行为的直接后果，要么是人类活动的无意识后果或非预期后果。

对环境运动的出现做一个简短的介绍可以为环境史的发展提供背景。在1945 年第二次世界大战结束后的大约 30 年里，生态学的广泛传播对北美和西欧越来越多的人理解他们与环境的关系产生了重大影响。1949 年，奥尔多·利奥波德（Aldo Leopold）逝世后出版了《沙乡年鉴》。利奥波德是一位曾在耶鲁大学学习过的林学家，同时也是一位自然资源保护主义者、荒野倡导者、教授、生态科学发展的重要贡献者，以及 20 世纪最重要的环境思想家之一。利奥波德还认识到人类史和自然史之间的相互作用是理解现代环境的一个重要变量。他在《沙乡年鉴》中写道：

> 事实上，从生态学对历史的解释来看，人类只是生物群落中的一员。迄今为止，许多历史事件仅以人类的进取心来解释，实际上是人与土地之间的生物互动。这片土地的特性决定了事实，就像生活在土地上的人的特性一样。[8]

利奥波德在书中呼吁将伦理扩展到人与自然的关系上，他认为"当一件事倾向于保持生物群落的完整性、稳定性和美感时，它就是正确的，否则就是错误的"[9]。作为其全球影响力的证明，《沙乡年鉴》已被翻译成 14 种语言出版，其中包括 3 种中文版本。虽然其中两种中译本已经绝版，但最近出版于 2010 年中文定名为《沙乡的沉思》的版本仍在销售，该书由侯文蕙翻译并由利奥波德学者苏珊·福莱德（Susan Flader）作序，可通过奥尔多·利奥波德基金会（Aldo Leopold Foundation）获得。[10]

海洋生物学家蕾切尔·卡森（Rachel Carson）于 1962 年出版了一本非常受欢迎并极具影响力的著作《寂静的春天》。《寂静的春天》普及了一种生态系统理论，为现代环境运动提供了知识和哲学基础。卡森指出了生态学的一个基本"规则",正如 20 世纪 60 年代初人们对科学的理解一样——对自然"宣战"的人最终也会对自己宣战。卡森在该书中写道:"只有在以本世纪为代表的那个时代,一个物种——人类——获得了改变这个世界本质的巨大力量。在过去的四分之一世纪里,这种力量不仅增长到了令人不安的程度,而且在性质上也发生了变化。"作为在 15 个国家出版的国际畅销书,《寂静的春天》被译成几种西方语言,并于 1979 年翻译成中文;它还影响了北美和西欧国家的农药政策。[11]另外,出生于法国,曾获普利策奖的美国微生物学家勒内·杜博斯(Rene Dubos)在 1980 年出版了《向地球求爱:人类利用自然的新视角》一书,书中有一章是关于"地球的人性化"的。[12]

环境史作为一个现代的历史领域出现在 20 世纪 60 年代末和 70 年代的美国和西欧,由一群了解人与人以及人与世界之间的关系,并深受 20 世纪 60 年代中期到 70 年代末环保运动强烈影响的历史学家开创并发展起来。以生态学为解释模型的环境史学家的开创性著作包括苏珊·福莱德(Susan L. Flader)的《像山那样思考》(*Thinking Like a Mountain: Aldo Leopold and the Evolution of an Ecological Attitude Toward Deer, Wolves, and Forests*, University of Missouri Press, 1974)、威廉·克罗农(William Cronon)的《土地的变迁:新英格兰的印第安人、殖民者和生态》(*Changes in the Land: Indians, Colonists, and the Ecology of New England*, Hill and Wang, 1983);要了解"生态时代"与环境史相关的学术体系,最好的切入点是唐纳德·沃斯特(Donald Worster)的《自然的经济体系:生态思想史》[*Nature's Economy: A History of Ecological Ideas* (Second Edition), Cambridge University Press, 1994]。[13]越来越多的环境史著作涉及亚洲和中国,包括刘翠溶和詹姆斯·约翰·贝蒂(James John Beattie)的《东亚环境、现代化与发展:环境史的视野》(*Environment, Modernization and Development in East Asia: Perspectives from Environmental History*, Palgrave Macmillan Press, UK, 2016)、约翰·麦克尼尔(J. R. McNeill)和彼得·恩格尔(Peter Engelke)的《大加速:1945 年以来人新世的环境史》(*The Great Acceleration: An Environmental History of the Anthropocene since 1945*, The Belknap Press of Harvard University, 2016)、菲利普·鲍尔(Philip Ball)的《水王国:中国秘史》(*The Water Kingdom: A Secret History of China* , University of Chicago Press,

2017）。

虽然生态学在 20 世纪 70 年代和 80 年代为许多环境史学家提供了解释历史的专业知识，但生态科学本身已经从生态系统理论中脱离出来了，而生态系统理论曾给这一领域的先驱者带来了巨大的启发。目前，许多环境史学家关注的是人们和他们所处环境之间的相互作用，这种相互作用是由他们的文化中所蕴含的态度和价值观所驱动的。他们认识到，驱动人类与环境相互作用的态度和价值观是随着时间的推移而演变的，并且随着文化的各异而不同。人们通过对根植于他们文化中的价值观和态度采取行动来想象和改造他们的环境。于是，关键的历史问题变成了：什么样的价值观和态度影响了人们改造环境的方式？这些态度和价值观是如何随着人们的行为所带来的意料之外的后果而改变的？

在北美从 17 世纪早期开始到 20 世纪中期的殖民地化过程中，一系列的可确认的价值观和态度强烈地影响了欧美人与自然互动的方式：（1）上帝创造了优于自然其余部分的人类；（2）上帝将自然赐给人类使用，因此，自然的存在是为了满足人类的需要。这两种态度的根源可以在犹太教和基督教的传统中找到，例如，在旧约《圣经》创世纪第一章 26 节中，"神说，我们要照着我们的形象，照着我们的样式造人；让他管理海里的鱼、空中的鸟、地上的牲畜以及整个地球"。北美经验中其他重要的态度和价值观包括：（3）土地（以及更普遍的自然）可以作为私有财产拥有，而所有权证明则正在改进中；（4）自然是市场上具有抽象货币价值的商品的集合，所有权、商品和市场的"三位一体"有力地重塑了这片土地的"面貌"；（5）大自然是无限的，也就是说，它拥有无限的丰富性，包括资源和吸收废物的能力；（6）必须以进步和文明的名义征服和控制自然；最后（7）大自然可以分为"好"和"坏"。我们的目标是将好的最大化，控制或消除坏的。例如，鹿和家畜是"好"的，因为它们满足人类的需要，而狼等食肉动物与人竞争鹿和家畜，是"坏"的，需要被消灭。托马斯·邓拉普（Thomas Dunlap）的佳作《拯救美国的野生动物：生态学和美国人的思维，1850—1990》（*Saving America's Wildlife: Ecology and the American Mind, 1850—1990*）讲述了美国人与野生动物之间的历史互动。[14]

在北美和西欧，生态驱动的环境运动直接挑战了传统的态度和价值观，这些态度和价值观对人与自然的关系产生了巨大的影响。蕾切尔·卡森在她的经典著作《寂静的春天》的开篇引用了美国著名作家 E. B. 怀特（E. B. White）的话，"我对人类感到悲观，因为人类太有独创性了。我们对待自然的方法是把它打败，使之屈服。如果我们能适应这个星球，用欣赏的眼光来看待它，而不是用怀疑和独裁的眼光来看待它，我们就有更大的生存机会"[15]。在《寂静的春天》的最后一段，她以如下警示性的注解开始："对自然的'控制'是一个傲慢的短语，诞生于生物学和哲学的穴居时代，当时人们认为自然的存在是为了人类的便利。"

　　把环境历史看作是人们通过自己文化的镜头与周围环境相互作用的故事，这为深入而深刻地研究中国人与环境之间的相互作用打开了一扇门。以中国为例，要理解和解释人与环境之间的历史关系，首先要问这样一个问题：在历史上，中国文化中的哪些态度和价值观影响了中国人与环境之间的互动？接下来的问题可能是：这些态度和价值观是如何随着时间的推移而改变的，特别是在对人类行为所带来的无意识的或是非预期的后果做出反应的时候？

　　一方面，杭州西湖文化景观是世界范围内众多重要文化景观的一部分，其中也包括 2011 年 6 月 28 日被联合国教科文组织列入《世界遗产名录》"文化"类的其他 20 处文化遗产。2011 年 6 月，联合国教科文组织新增了哥伦比亚咖啡文化景观；法国喀斯和塞文的地中海农牧文化景观；日本平泉町代表佛教净土的寺庙、花园和考古遗址；叙利亚北部的古老村庄；越南胡朝时期的城堡。[16] 另一方面，西湖文化景观是中国历史文化的产物，它将西湖与中国以外的其他文化景观区分开来。要理解西湖文化景观的重要性，就必须了解它是如何融入世界范围内的重要景观设计，以及它是如何独特地表达中国文化的。

　　而对人们过去与环境相互作用的分析和解释应该关注如下这一系列问题：

　　（1）人们认为自然是什么？

　　（2）他们是如何理解他们与自然的关系的？

　　（3）他们对自然的定义和对自然关系的理解是怎样的？

　　（4）他们行动的结果是什么？

　　（5）他们的行为所产生的无意识的或是非预期的后果如何改变了他们对自然的定义以及他们对自然关系的理解的？ [17]

　　以上述问题为解释指南，关注自然史与文化史的历史互动，可以为构建公众与环境关系的历史解释指明方向。这些问题也可以指导公众史学家向中国或世界其他地方的广大读者解释人类与环境的关系。

　　除了生态学在环境史的出现和发展中所起的重要作用外，在 21 世纪初，另一个获得诺贝尔奖的大气科学家的观点在塑造人们对人与环境关系的理解方面发挥了迅速而潜在的深远作用。2000 年，保罗·克鲁岑（Paul J. Crutzen）创造了"Anthropocene"（人新世，一译人类世）一词，将其定义为一个新的地质时代（将取代全新世），在这个时代，人类活动已成为全球环境变化的主要驱动力。虽然人新世还没有被正式指定为一个新的地质时代，但作为解释人类与环境关系的智力框架，这一思想已产生了重要而又日益深远的影响。[18] 弗雷德·皮尔斯在《因为速度与暴力：为什么科学家害怕气候变化的临界点》（*With Speed and Violence: Why Scientists Fear Tipping Points in Climate Change*）（2007年）一书中写道，保罗·克鲁岑告诉他：

　　　　我在一个会议上，有人谈到了全新世，这是自上一个冰河时代结束以来相对稳定的长期气候……我突然觉得这是错误的。世界变化太大了。所以我说：不，我们在人新世，我只是一时兴起编造了这个词。每个人都很震惊。但它似乎已经搁置了。[19]

　　克鲁岑的科学声誉和他的诺贝尔奖赋予了他相当大的权威和可信度，因而他宣布人新世为一个新的地质时代。"人新世"一词的使用，始于研究人类对包括气候变化在内的全球大气系统影响的科学家，这一点也不奇怪。毕竟，人新世指的是人类活动的结果影响全球环境条件并最终产生地层记录的新环境。[20]

　　"人新世"很快（尽管是非正式的）进入了科学写作以及面向更广泛读者群的文学作品——这两种情况都强调了人类活动在塑造全球环境中的主导作用。透过人新世的镜头，自然与人类历史之间的界限变得模糊了；要了解当今的环境，需要像关注自然过程的进化轨迹一样，关注人类随时间推移的行为。[21] 人新世的观点强调人的能动性，为解释人类与其环境之间的关系提供了一个有用的范例。关于人新世什么时候开始的争论还在继续，也就是说，全新世和人新世之间的分界线在哪里？[22] 虽然历史学家应该意识到这场争论及其最终的结论，但它并没有削弱"人新世"这个术语的分析效用。

需要注意的是，人新世对历史学家来说是非常有用的参考框架，因为它关注了人类在塑造全球环境中的作用。在不削弱地质力量或天气的重要性的情况下，人新世对人类活动的关注将重点放在解释人类统治地球期间的环境变化上。"人新世"概念为历史学和史学家提供了一个重要的位置，他们解释了人类过去塑造和重塑地球环境的行为。阿尔弗雷德·克罗斯比（Alfred Crosby）的开创性工作记录了移动和混成的世界各地动物和植物物种 [例如《生态帝国主义：欧洲的生物扩张，900—1900》（*Ecological Imperialism: The Biological Expansion of Europe, 900—1900*）]，结合最新的人新世科学展现了一个实用的框架，来进一步分析人类和周围环境之间的交互。[23] 可见，亚洲和中国的历史学家确实有一个重要的机会来利用现有的学术成果，但要通过他们自己的文化和民族经验来进行研究。

由于人新世强调人的能动作用，因此它可能是一种有价值的解释范式，但它在科学上的起源往往把人的能动作用描绘成一个单一的、无差别的变量。在科学文献中，人类的行为方式在世界范围内几乎是一样的，当然，除了一些重要的变化，如技术、可用能源、人口规模和污染。许多科学文献中缺少的是这样一种认识，即人们是根据其文化中的价值观和态度行事的，而文化不是一成不变的。相反，文化因群体和民族而异，并随着时间而演变。这一遗漏忽视了历史中大量的复杂性、微妙性和解释力，它为历史学家以一种重要的方式为我们所知的人类行为打开了一扇门，而正是这些人类行为促成了人新世。

那么，这一切如何适用于公众史学领域呢？美国公众史学委员会（National Council on Public History）对公众史学的定义如下："公众史学描述了历史在世界上运用的多种多样的方式。从这个意义上说，是运用历史解决现实世界的问题。当我教授和实践公众史学时，我把公众史学定义为'深入公众并且公众参与的历史'。"[24] 如果我们一开始就认为公众史学"适用于现实世界的问题"，那么环境是一个影响地球上每个人的现实问题。我们现在所处的环境既是自然力量的结果，也是过去人类活动的产物。而在分析和解释人类和环境之间的相互作用方面，环境史学家做得很好。公众史学的本质就是将史学用于实践，邀请公众史学家不仅将该领域向更广泛的观众传播，同时在一系列与各种环境相关的历史主题中参与和公众互惠的活动。迪兹对于物质文化的定义"人类根据取之于文化的计划改变了我们的物理环境"提醒我们，我们周围大部分的环境都是人为现象，是人类和他们周围环境相互作用的历史产物，这就为公众提供了一个重要的上下文背景来解读环境史。人新世的概念清楚地表明，人类活动是如何深刻地推动了全球环境变化的。而公众史学可以让公众参与到环境史话题的讨论中来。

西湖文化景观是一个美学上令人愉悦的、历史上意义重要的例子，通过中国文化的视角来重塑自然。它在全球意义重大的文化景观中赢得了一个十分重要并且当之无愧的位置。然而，如果我们暂时绕开西湖的美丽和重要，尝试用詹姆斯的物质文化定义来欣赏西湖，西湖则融入了更大的在中国和世界各地发生的人类与环境互动的故事。我们所有人都生活在一个地球上，而这个地球是由人们根据其文化中存在的价值观和态度所进行的直接活动以及这些行动所产生的无意识的或是非预期的后果所深刻塑造的。1949 年，奥尔多·利奥波德为

图 7.1　菲利普 V. 斯卡皮诺与第三届中国公众史学高校师资培训学员探讨公众史学与环境史研究，浙江大学，2019 年 7 月 7 日
图片来源：浙江大学公众史学研究中心

环境史的未来奠定了基础，他指出："迄今为止，许多历史事件仅以人类的进取心来解释，实际上是人与土地之间的生物互动。这片土地的特性决定了事实，就像生活在土地上的人的特性一样。"无论在美国还是在中国，利奥波德关于人类和自然环境之间历史联系的洞见，都为地域诞生与演进的历史解读提供了重要的起点和坚实的基础。

注　释

[1] UNESCO, World Heritage Committee, "Twenty-five New Properties Inscribed on UNESCO's World Heritage List Which Now Numbers 936, " June 28, 2011. http://whc.unesco.org/en/news/776/. 到 2019 年，世界遗产总数已增至 1121 处，其中 869 处文化遗产，213 处自然遗产，39 处混合遗产，参见 UNESCO, World Heritage Centre, "World Heritage List, " http://whc.unesco.org/en/list/。

[2] 对西湖的描述主要基于作者 2019 年 7 月 10 日的实地考察，并参考了联合国教科文组织发布的 2011 年相关地图。"West Lake Cultural Landscape of Hangzhou," https://whc.unesco.org/en/list/1334/multiple=1&unique_number=1765.

[3] https://whc.unesco.org/en/list/1334/.

[4] http://german.china.org.cn/english/travel/63061.htm. 另请参阅 "Dredging Slated for Hangzhou's West Lake," http://german.china.org.cn/english/2001/Jul/16616.htm。

[5] http://german.china.org.cn/english/travel/57978.htm.

[6] Deetz cited in Thomas J. Schlereth, "History Museums and Material Culture," in Warren Leon and Roy Rosenzweig, editors, *History Museums in the United States: A Critical Assessment,* University of Illinois Press, 1989, p. 294.

[7] "West Lake Cultural Landscape of Hangzhou," UNESCO, World Heritage Centre, World Heritage List, http://whc.unesco.org/en/list/1334.

[8] Aldo Leopold, *A Sand County Almanac and Sketches Here and There,* Oxford University Press, 1949, Special Commemorative, paperback edition, 1989, p. 205.

[9] Leopold, *A Sand County Almanac,* pp. 224-225.

[10] 有关翻译版本的信息，请参阅 https://www.aldoleopold.org/about/aldo-leopold/sand-county-almanac/. https://www.aldoleopold.org/store/a-sand-county-almanac-chinese-translation/. 除英语和汉语外，其他语言包括捷克语、芬兰语、法语、德语、意大利语、日语、韩语、拉脱维亚语、波兰语、葡萄牙语、俄语、西班牙语和土耳其语。

[11] Rachel Carson, *Silent Spring,* Houghton Mifflin Company, 1962, pp. 5-6. 关于西方语言版本的信息来自 http://www.environmentandsociety.org/exhibitions/silent-spring/silent-spring-international-best-seller. 该网站的作者、得克萨斯理工大学历史学副教授马克·斯托尔（Mark Stoll）博士与蕾切尔·卡森环境与社会中心合作开发了该网站。《寂静的春天》被翻译成的语言包括：1962 年德语；1963 年法语、瑞典语、丹麦语、荷兰语、芬兰语和意大利语；1964 年西班牙语、葡萄牙语和日语；以及 1965 年冰岛语，1966 年挪威语，1972 年斯洛文尼亚语，1979 年汉语，1982 年泰语，1995 年韩语和 2004 年土耳其语。斯托尔还指出，删节版本也出现在欧洲几家主流学术期刊上。

[12] Rene Dubos, *The Wooing of Earth: New Perspectives on Man's Use of Nature,* New York: Charles

Scribner's Sons, 1980.

[13] 其他早期以生态学为解释模型的环境史，参见 Alfred W. Crosby, *Ecological Imperialism: The Biological Expansion of Europe, 900—1900,* Cambridge: Cambridge University Press, 1986; Thomas R. Dunlap, *Saving America's Wildlife: Ecology and the American Mind, 1850—1990,* Princeton, NJ: Princeton University Press, 1988。

[14] Thomas R. Dunlap, *Saving America's Wildlife: Ecology and the American Mind, 1850—1990,* Princeton University Press, 1988.

[15] https://www.biography.com/writer/eb-white.

[16] UNESCO, World Heritage Committee, "Twenty-five New Properties Inscribed on UNESCO's World Heritage List Which Now Numbers 936," June 28, 2011. http://whc.unesco.org/en/news/776/.

[17] Questions discussed in Philip V. Scarpino, "The Creation of Place Over Time: Interpreting Environmental Themes in Exhibit Format," in Martin Melosi and Philip Scarpino, *Public History and the Environment,* Krieger Publishing Company, 2004, pp. 139-153.

[18] Paul J. Crutzen, and Eugene F. Stoermer, "The Anthropocene," *Global Change Newsletter* 41, 2000, pp.17–18; Crutzen, "Geology of Mankind," *Nature,* January 3, 200, p.23. 有关将人新世指定为一个独特的地质时代的文献，请参阅 Jan Zalasiewicz, et al, "Are We Now Living in the Anthropocene?" *GSA Today,* February 2008, pp. 4-7。http://www.geosociety.org/gsatoday/archive/18/2/pdf/i1052-5173-18-2-4.pdf; Colin N. Waters, et al, "The Anthropocene is Functionally and Stratigraphically Distinct from the Holocene," *Science*, vol.351, January 8, 2016, p. 2622; Helmuth Trischler, "The Anthropocene: A Challenge for the History of Science, Technology, and the Environment," August 2016, https://link.springer.com/article/10.1007/s00048-016-0146-3.

[19] Fred Pearce, *With Speed and Violence: Why Scientists Fear Tipping Points in Climate Change* (Boston, MA: Beacon Press, 2007), p. 44, http://www.gci.org.uk/Documents/wsav.pdf.

[20] Philip V. Scarpino, "Anthropocene World/Anthropocene Waters: A Historical Examination of Ideas and Agency," in Jason M. Kelly, Philip Scarpino, et al, eds, *Rivers of the Anthropocene,* University of California Press, 2018, pp.101-115.

[21] Scarpino, "Anthropocene World/Anthropocene Waters."

[22] Simon L. Lewis and Mark A. Maslin, "Defining the Anthropocene," *Nature,* vol. 519, March 12, 2015, p. 175.

[23] Alfred Crosby, *Ecological Imperialism: The Biological Expansion of Europe, 900—1900,* Cambridge University Press, 1986/2004.

[24] https://ncph.org/what-is-public-history/about-the-field/.

西湖疏浚的保护与记录：
公众史学之重要实践

潘沧桑 *

摘要： "西湖文化景观"是利用古潟湖创造优雅景观、显著改善人居环境的杰出范例，西湖的自然进化、功能演变及强烈的社会属性，充分体现了人类与环境共生共荣的关系，从某种意义上说，西湖的发展史就是一部疏浚保护的历史。西湖疏浚背后是沼泽化与反沼泽化、公共性与排他性的抗争。西湖疏浚的历史记录，同时也是人、湖、城自唐迄今一千多年的重大事件记录。新中国成立以来的三次重大西湖疏浚工程，无不反映了不同历史阶段下的科技手段、保护理念的发展与进步。开展西湖疏浚史研究，整体疏理三次疏浚资料形成史料汇编为口述研究打下良好基础。对新中国成立初期的第一次疏浚采用口述史方式进行记录与研究，是西湖疏浚记录与研究方式的新的尝试，是公众史学的重要实践。

关键词： 西湖；文化景观；疏浚；保护；口述历史；公众史学

Abstract

"West Lake Cultural Landscape" is a classic example of using the ancient lagoon to create an elegant landscape and significantly improve the human living environment. The natural evolution, functional evolution and strong social attributes of West Lake fully reflect the symbiotic and co-prosperity relationship between human beings and the environment. In a sense, the history of West Lake is a history

---

* 潘沧桑：杭州西湖博物馆馆长。

of dredging and conservation. Behind the dredging of the West Lake is the struggle between swamp and anti-swamp, publicness and exclusiveness. The historical records of West Lake dredging are also those of major events about people, lake and city for more than one thousand years since the Tang dynasty. The three major dredging projects of West Lake since the founding of the People's Republic of China demonstrate the evolution in technology and the idea of conservation. The research on the history of West Lake dredging and the collection of historical materials of the three dredging projects, provides a solid foundation for oral history. The oral history project constitutes a new effort to document and preserve the history of West Lake, which is also an important public history practice.

Key words

West Lake; cultural landscape; dredging; conservation; oral history; public history

西湖的概貌

杭州西湖位于中华人民共和国浙江省杭州市，太平洋西岸、长江三角洲南翼。地理坐标为：北纬 30°14′00″，东经 120°07′00″。杭州西湖是中国最负盛名、影响力最大的湖泊之一，也是中国的湖泊类世界文化遗产。

西湖位于杭州城市西面，湖泊东岸紧邻城市中心，南西北三面则层峦叠嶂，形成三面环山、中涵碧水、一面临城的独特地理形势。西湖景区总面积 59.04 平方公里，水域面积 6.5 平方公里，平均水深 1.97 米。西湖水域由孤山、白堤、苏堤等分割成五个相互连通的大小湖面。按面积大小依次为外湖、西里湖、北里湖、小南湖和岳湖，杨公堤以西还恢复了金沙港、茅家埠、乌龟潭、浴鹄湾四块水面。湖中有孤山、小瀛洲、湖心亭、阮公墩四岛。西湖地质地貌多样、森林覆盖率高、动植物种类丰富、人文古迹遍布。西湖景区体量巨大、文化内涵深厚，有各类公园景点 100 余处，文物古迹和博物馆 70 余处。常住人口 5.4 万人，流动人口 1.8 万余人。由杭州西湖风景名胜区管理委员会统一管理。[1]

西湖曾有很多古称，如武林水、钱唐湖、上湖等，西湖之称始于唐代[2]，并一直沿用至今。中国历史上曾有许多以西湖为名或以杭州西湖景观为蓝本的湖泊，但无出其右者。自古云"天下西湖三十六，就中最好是杭州"。时至今日，中国历史上曾经以西湖为名的湖泊绝大部分已湮废，只有杭州西湖不仅完好地保存了其自然和历史原貌，呈现了遗产价值的真实性和完整性，而且一直保持着其游览功能与旺盛的活力，这不得不说是人与自然良性互动的一个奇迹。

2011 年 6 月 24 日，在第 35 届世界遗产大会上，杭州西湖文化景观遗产正式列入《世界遗产名录》，成为中国第 41 处遗产，同时也是唯一的一处湖泊类世界文化遗产，填补了世界遗产类型的空白。符合文化遗产第 2、3、6 条标准。

疏浚的历史

西湖自唐代（7 世纪）开始得到了地方官方组织的疏浚治理，此后各个朝

图 8.1　《西湖图》，清道光十年汪氏振绮堂仿宋版，宋潜说友撰《咸淳临安志》一百零三卷

图片来源：杭州西湖博物馆馆藏

代都得到了很好的维护。其中有的虽非直接疏浚，但也与西湖水体治理有关。

唐时，湖东成陆不久，杭州地下水仍受江潮影响，咸苦不堪饮用，唐德宗年间宰相李泌任杭州刺史，他开凿六井，引西湖淡水入城供居民饮用，打造了西湖与城市最早的引水系统。六井中至今还留存有"相国井"。唐长庆中白居易为刺史，始筑堤捍湖，以时蓄泄，州东北濒河之田有千余顷，皆资以灌溉，无复凶年。农村的富饶，又促进了都会的繁荣。自此以后，开湖浚河，历代皆奉为成法。[3] 白居易任杭州刺史期间，主持修筑加高了湖堤、设置水闸拦蓄上湖（今西湖）之水，并疏通李泌六井，此后历代朝廷均把治理西湖、浚治水口、疏通井道、修复水井作为治理西湖和城市的重要政事。至唐末五代吴越国时期，国君钱镠则力排方士填湖修筑宫殿以行千年国运的进谏，并设撩湖兵专司浚湖。

北宋时大文豪苏轼两度仕杭，元祐四年（1089）第二次来杭出任知州，翌年即向朝廷上呈《杭州乞度牒开西湖状》，从历史、政治、利益、筹资、时机等角度论述疏浚西湖的重要性与可行性，组织人力对西湖进行大规模的疏浚，并用西湖泥堆筑成一条沟通南北的长堤——苏堤。从此以后，西湖一分为二，西曰里湖，东曰外湖。苏堤的修筑解决了西湖南北的交通问题，并促成"苏堤春晓"景致的形成。1138 年，南宋定都临安（杭州），朝廷上下十分重视对西湖的治理和利用，政局稍一稳定就组织了疏浚。前期每相隔十多年都要对西湖湖面进行较大规模的疏浚，清理西湖水口以防淤塞，并制定相应的法律禁止侵占湖面。

元代除至元年间曾一度疏浚作放生池外，统治者对西湖基本采取放任不治政策，因此元代至明初西湖经历了一段淤塞期。据《西湖游览志》记载，明初的西湖，"苏堤以西，高者为田，低者为荡，阡陌纵横，鳞次作刘，曾不容刀"[4]。明正德三年（1508），知府杨孟瑛力排众议，奏请疏浚西湖，恢复苏堤六桥旧观，并以湖泥在苏堤以西筑长堤，后人称之"杨公堤"。明万历十七午（1589），著名宦官孙隆斥巨资整修西湖景点寺观，修筑"十锦塘"。清代，康乾两位皇帝多次南巡，客观上促进了湖山胜迹的整治，而皇家钦定御题"西湖十景"则再次为西湖带来盛名。清雍正及嘉庆年间两位浙江巡抚——李卫及阮元，先后对西湖进行了全面的疏浚整治，前者增修西湖十八景，后者将挖出之淤泥堆筑于湖心亭之西，人称"阮公墩"，直接促成了持续近 1000 年西湖景观设计"两堤三岛"景观格局的最后成型。清同治三年（1864），清政府还创立疏浚西湖的专门机构——西湖浚湖局。

清末民初（19 世纪末—20 世纪初），西湖经历了近代化过程，1912—1922年，杭州的城墙逐渐被拆除，形成了城湖合璧格局。1928 年苏堤、白堤进行了改造，并重点修复十景御碑亭。民国后期西湖的状况不容乐观，湖体淤塞严重，湖水深度仅 55 厘米，水底遍生水草，游船过处，泛起阵阵湖泥。环湖则多洼塘低地，莽草丛生，夏秋蚊蝇孳聚，历史上曾多次出现过的荒芜现象，又一度出现在人们面前。

1949 年以后，西湖设立专门的保护管理机构和水体监测专业机构，制定相应的文物保护规章制度，出台《西湖水域保护条例》等专项法规。自 1952 年至 1999 年，政府先后组织了三次大规模西湖疏浚工程。1985 年开始，实施了西湖引配水工程。2001 年开始至今，持续全面实施西湖综合保护工程，实施水生态修复工程。

中华人民共和国成立后实施的三次疏浚工程分别为 1952—1962 年的第一次疏浚，1976—1982 年的第二次疏浚，以及 1999—2003 年的第三次疏浚。这三次疏浚工程对于改善西湖湖泥淤塞、水草丛生的水域状况，增加蓄水量、改善区域小气候至关重要，西湖整体环境因此得以改善。尤其是第一次疏浚工程可谓是中华人民共和国百废待兴时期的一大壮举，人

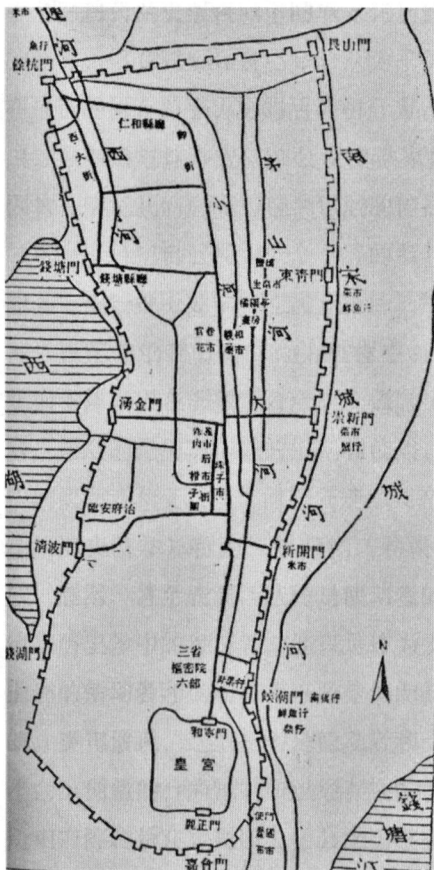

图 8.2 南宋临安（杭州）主要行市图
图片来源：《杭州城池暨西湖历史图说》

民政府先后投资人民币 454 万元，挖掘、清除淤泥 720.88 万立方米，西湖平均水深增加到 180 厘米，全湖的蓄水量也从疏浚前的 300 多万立方米，增加到疏浚后的 1018.8 万立方米。这些泥土如果堆起来，可以筑成 30 多条苏堤。同时，第一次疏浚也是西湖历史上首次实施机械化疏浚。"在当时的历史条件下确是一件惊人之举。"[5] 鉴于中华人民共和国成立后的第一次疏浚的重大意义和历史地位，2015 年杭州西湖博物馆（西湖学研究院）与浙江大学公众史学研究中心合作开展了口述历史项目。

疏浚的逻辑

在西湖的千年历史进程中，疏浚和治理绝对是主旋律。据历史资料统计，唐代至清代主要工程有 23 项。时间间隔 100 年以上的有 3 次，最长的一次是 168 年；20 年以下的有 7 次，最短的一次是 8 年。这样不间断的持续性的有组织的行为背后有其深刻的逻辑。

（1）沼泽化与反沼泽化的斗争

西湖的发展史是人类不断与自然进行抗争的历史。西湖与江海阻绝后，易沼泽化的天性日益暴露。周围山区多条溪流把淡水和泥沙带入，一方面使西湖不断淡化成淡水湖，另一方面泥沙不断淤积使西湖沼泽化，并形成广泛的泥炭层。西湖之所以能完好地走到今天，是它的沼泽化过程受到人为遏制的结果。为了对抗西湖的自然沼泽化，人类不得不采取了长达千年的持续不断的人工反沼泽化活动。如果没有这一长达千年的持续人为干预，西湖恐怕早已和其他同期同类型的湖泊一样完成了它的自然生命周期，湮没在历史长河之中。

（2）公共性与排他性的抗争

西湖的发展史也是人类不断自我抗争的历史。开皇十一年，隋朝大将杨素在柳浦（今凤凰山东麓）建州城，奠定了杭州城市"左江右湖"的基本格局。唐德宗年间李泌任杭州刺史开凿的六井，解决了湖东居民的饮水问题，城市人口开始聚集在湖东，自此形成杭州独特的"三面云山、中涵碧水、一面临城"的城湖格局并延续至今。西湖作为城市的主要水源地，承担了城市的公共水源、城市河道给水、周边农田灌溉及公众游憩的功能。西湖对杭州城市聚落的形成定型具有决定性的作用。中唐以降，西湖经李泌、白居易等的治理发掘，声名远播，也带动杭州城市的发展与地位的提升。北宋时，宋仁宗对杭州有"地有湖山美，东南第一州"的赞誉，即是把西湖之美与杭州"东南第一州"的地位相提并论。北宋苏轼曾说"保西湖即以保杭州"，也说明了西湖与杭州关系的密切。但是随着城市聚落和人口的发展，人类活动也深刻影响着西湖的生命周期。尤其是人们在享受西湖带来的公共便利的同时，部分人群利用各种便利，私自占用湖区的排他行为历朝历代屡禁不绝。这些行为加剧了西湖的沼泽化，历史上的西湖数度濒于湮塞。而西湖有组织的疏浚与保护，也恰始于公元 8 世纪到 9 世纪的中唐时期。从中唐时期开始，历代的西湖疏浚工程，都不仅仅是一项清淤工程，而是包括了清理田荡、收缴葑田、治理水口、疏通水道，乃至出台法令强化管理的系列工程。西湖的淤塞—疏浚—再淤塞—再疏浚的循环，不仅有效扼制了西湖的自然沼泽化，更有效扼制了人为的破坏。

（3）民生与政声的紧密关联

西湖的治理，自古以来都是当政者的有组织行为。自唐代以来，凡是有作为的当政者都意识到了西湖对杭州城市的重要性，认识到了治理西湖不是锦上添花，而是事关一方水利民生的根本大计，也事关主政者的政声。五代吴越国国君钱镠打算扩建王城时，有术士向钱镠献策说："王如广牙城，改旧为新，有国止及百年；若填筑西湖以为公府，当十倍于此。"[6] 钱镠回答说："百姓借湖水以灌田，无水即无民，岂有千年尚无真主乎？有国百年，吾愿足矣。"[7] 这说明，钱镠十分清楚西湖与政声、国运的关系。公元 1138 年，南宋朝廷刚一定都杭州，就开始实施西湖治理。公元 1139 年，临安知府张澄即奏请招置厢军兵士二百人，委钱塘县尉兼领其事，专一浚湖，如有霸占种田，重置于法。随后每隔十多年都要对西湖开展一次较大规模的治理。杭州历史上诸多的主政者也都谙熟西湖对杭州城市发展的独特重要性，少有掉以轻心者。因此，千百年来，通过持续的底泥疏浚、湖岸整修、湖面保洁等一系列保护与治理，西湖在漫长的历史时期中，尽管屡遭天灾人祸，仍然得以维持良好的自然环境风貌。

疏浚的作用

（1）保持自然生态

2000 年前，西湖从浅海湾演变而成潟湖。伴随江湖的分离、水道的阻隔，自东汉至隋唐时期，西湖逐渐演化成一个内陆淡水湖泊。至唐宋，城市聚落不断在湖的东侧扩张，人口急剧增长，人类生产生活需求日益旺盛，西湖自然生态的自我修复能力递减。而通过历代的不懈疏浚治理，周期性地对其自然生态系统进行或全面或局部的修复，西湖从其成湖之日起直至今日仍然一湖碧水，同时保持了自然山水生态与风貌。

（2）完成景观营建

西湖疏浚最独特之处是它伴随着持续千年的景观营造。它不仅保持延续了西湖的自然生态特征，还使其景观面貌不断得到美化和提升。西湖是中国传统山水美学的代表，是利用古潟湖创造优雅景观的杰出范例。人们在西湖的自然沼泽化与人工反沼泽化的持续互动过程中，以有机演变的方式将古潟湖改造成了风光秀丽的湖泊。西湖湖区著名的"两堤三岛"，无一不是疏浚的直接产物。一千多年来，中国历代精英秉持中国哲学与美学传统，创造性地把疏浚工程与景观设计相结合，营造出了独一无二的"中国山水景观设计"作品。同时在这一过程中，西湖逐渐转变成一个具有自然和人文双重特性的湖泊，并真实完整地保存至今。

（3）改善人地关系

西湖是一处与人类社会特大经济文化政治中心城市紧密相接，对保障和建造适宜的人居环境有着重要和独特意义作用的大型文化湖泊。纵观历史，杭州的人类活动和城市发展始终围绕着西湖进行，城和湖相辅相依。考古资料表明，距今 4000—5000 年前，就有人类在西湖周边生活栖居。淡化后的西湖，在早期主要承担了城市的重大民生功能。西湖的水源直接影响到杭州的城乡用水，为百姓提供了与生活休戚相关的农田灌溉、城市日用、运河补给、蓄洪防旱等用水。通过历代的不断治理，西湖成为杭州居民长期稳定的生产、生活用水来源，以一湖碧水养育、维系了一座城市的生存与发展。

古代西湖治理的记录

西湖疏浚的历史记录，同时也是人、湖、城自唐迄今一千多年的重大事件记录。自古以来与西湖有关的文字记载浩如烟海，涉及西湖疏浚的记录也有很多。

（1）各类史书记载

一是史书记载。如《宋史》《明史》均在《河渠志》条目中记载有朝廷准地方官奏请治理西湖的内容。二是各类人物传记。如《新唐书·李泌传》《新唐书·白居易传》《吴越备史·大元帅吴越国王》《宋史·王济传》《宋史·郑戬传》《宋史·张杓传》《明史·孙原贞传》等，以及清张鉴等撰《阮元年谱》，清李元度撰《国朝先正事略·阮文达公事略》，清末民初赵尔巽等撰《清史稿·阮元传》等，均有与人物生平和事迹相关的记载。三是各类《会要》《实录》等政书类或实录类的史学著作。如《宋会要辑稿》《明实录·明宪宗实录》《明实录·明武宗实录》《建炎以来系年要录》，以及后人撰写的文献，如清吴任臣所撰《十国春秋·吴越六·忠懿王世家下》等均有关于西湖治理的记录。

（2）各类志书记载

一是各类地方志考及地理类书籍。如宋周淙《乾道临安志》、宋潜说友《咸淳临安志》、宋施谔《淳祐临安志》、宋祝穆《方舆胜览》、南宋周密《武林旧事》、《浙江通志》、《杭州府志》、《浙江方志考》等都有对西湖治理的记载。

二是西湖的专志。西湖自古以来吸引无数文人墨客流连，而为其修专志自明以降历代不绝，可谓一个湖泊类景观的独特文化现象。如明田汝成《西湖游览志》、清雍正《西湖志》、清梁诗正等辑《西湖志纂》、清翟灏等辑《湖山便览》、民国胡祥翰《西湖新志》和《西湖新志补遗》等等。

（3）各类文献

如唐白居易《钱塘湖石记》、宋苏轼《乞度牒开杭州西湖状》和《申三省起请开湖六条状》[8]、宋王安石《沈内翰墓志铭》[9]、明杨孟瑛《浚复西湖录·呈复西湖录》[10] 等。

当代西湖疏浚的记录

（1）疏浚的记录现状

1949 年以来，西湖经历了三次大规模的疏浚，反映了不同历史阶段下的科技手段、保护理念的发展与进步。尤其是中华人民共和国成立之初的第一次疏浚工程，拉开了社会主义建设时期西湖治理保护的序幕，是杭州城市史和西湖治理史上的浓墨重彩的一笔。对这三次西湖的当代疏浚，时有记录散落在各类关于西湖治理的书籍文献及各类相关的资料中，如《盈盈碧波——杭州西湖水域的综合保护与整治》《西湖岁月——新中国中华人民共和国建立以来西湖风景区治理保护工作纪事》《西湖文献集成·中华人民共和国成立 50 年西湖文献专辑》《建国后西湖水域治理的研究》等。

（2）疏浚的史料研究

2015 年开始，杭州西湖学研究院委托课题组在对有关记录进行整体的梳理研究的基础上，开展全面的调查，对相关档案材料、报刊材料、回忆录以及相关学术论文进行全面梳理，形成《中华人民共和国成立后三次疏浚史料汇编》。

一是档案材料部分。全面搜集杭州市档案馆收藏的西湖疏浚相关档案，内容涵盖西湖疏浚工程的整体计划及其前后的变动修改情况，包括工程资金的预

图 8.3　1954 年春链斗式挖泥船"西湖一号"　图片来源：杭州西湖博物馆藏老照片

算与投入、人员的配备与调动、设备材料的购买与利用、堆土区的确定与土地利用，以及工程事故等疏浚工程各个方面的情况，其中85%的档案为首次纳入史料系统汇编范围。二是报刊部分，包括《浙江日报》《杭州日报》《当代日报》《人民日报》《钱江晚报》《都市快报》《经济观察报》等报纸中1949—2014年有关西湖疏浚的新闻消息和报道。这些报道还展现出学者、工人、市民对西湖疏浚的印象和态度，并且记录了不同时代西湖的变化。报道中的图片更是了解不同时代西湖状况以及西湖疏浚工程情况的珍贵材料。三是回忆录。主要有《建国初期西湖疏浚工程纪实》《杭州解放后十七年间的园林建设》《余森文回忆录》等。四是学术论文。涵盖了现已在相关杂志刊物中发表的有关西湖疏浚的论文，包括生物、环境、工程技术、景观等方面的专业论文。

（3）疏浚的口述历史

通过对中华人民共和国成立以来的西湖疏浚记录的研究，可以发现，虽然对三次疏浚的记录内容不少，但总体来说记录简单，很多资料并非为三次疏浚的专门记录，也非一手资料，使用材料多采取片段式摘录，缺失细节。特别是第一次疏浚已相对年代久远，直接参与此次疏浚的重要人物或相继离世或年事已高，进行抢救性的口述历史显得十分必要。

在史料汇编完成后，就对第一次疏浚开展了口述历史项目。收录8位受访者关于第一次西湖疏浚工程的口述访谈逐字稿及录影材料，共160000余字、15小时，及两篇相关人物论著。由于前期工作准备充分，中华人民共和国成立后第一次疏浚的口述记录进展顺利。首先整体梳理了三次疏浚资料形成的史料，比较完整地展现出中华人民共和国成立之后三次疏浚工程的整体面貌。同时通过对文书资料的整理，查找出丰富的口述史访谈对象的线索，并经过多方联系，最后确立了8位不同程度参与第一次疏浚工作的访谈人员。对工程细节具体情况的补充与完善，同时通过与访谈对象的前期沟通交流，为设计口述访谈问题打好基础；在忠实记录的基础上，进行逐字文稿的整理，为后期深入系统的研究工作打下了基础。

口述历史通过对当事人的访谈，用视频或音频记录当事人的回忆，收集和研究有关事件的历史信息，是一种有别于传统记录方式的历史研究方法。口述历史与传统记录的不同意义在于，一是可以寻找出书面记录缺失的部分。口述历史通过当事人的回忆，可以补充很多历史的细节。比如对疏浚工程细节具体情况的补充与完善，这些信息大部分都不在书面文献里。比如在对疏浚西湖处负责人韦旭东的访谈中，当事人详细谈到最初组织人工挑泥失败后，及时引进了机械化设备。当时的挖泥船采用蒸汽动力，烧的是特批的质量比较好的白煤，吸泥船燃料是汽油，拖船需 500 瓦电力，而最后接驳的小驳船则是采用人力。这些没有被记录在文本中的细节充分说明了在当时物资十分紧缺的条件下，国家及各级政府对西湖疏浚的支持与保障，为这段历史的书写提供了翔实的资料。二是口述历史通过访谈获取有效的历史信息。作为事件的亲历者，回忆往往会触动受访者内心，也可能会触发信息的爆发，访谈者必须与受访者建立良好的关系和良性情感互动。因此，与传统的历史记录相比，口述历史更具有沟通与理解的特性。第一次疏浚的口述记录在确立访谈计划与访谈人员之后，比较注重与访谈对象的前期沟通交流，记录过程中也注重情感的交流，从受访者的个人经历、家庭情况等细微之处入手，与受访者建立良好的互动。三是口述历史可以收集到与传统书面记录不同视角的信息。由于受访者一般是直接的参与者或见证者，往往对历史事件的发展有更准确的认识，给历史书写提供了难得的视角。比如，第一次疏浚的见证人盛国进就讲到第一次疏浚的组织机构"疏浚西湖工程处"，与其后成立的"西湖疏浚工程处"即现在的"西湖水域管理处"是两个组织机构，但在一些组织机构沿革的官方记录中却往往把两者混淆。

结语

对中华人民共和国成立初期的第一次疏浚采用口述史方式进行记录与研究，是西湖疏浚记录与研究方式的新尝试。西湖疏浚的历史不仅事关城市文明和时代更迭，更代表着一部部鲜活的生命史，因此，西湖疏浚历史的记录、解读、呈现与保护是公众历史的重要实践。口述历史作为公众史学的重要分支，不仅有助于专业的研究者以深度的方式与历史发生联系，而且以亲历者的平视角度审视历史，改变惯常的俯瞰式历史记录与书写方式。口述历史既是记录每个亲历者个人历史的过程，也是公众参与历史书写的过程。

注　释

[1] 数据来源：西湖风景名胜区管委会总规划（内部文件）。

[2] 唐代白居易的《西湖晚归回望孤山寺赠诸客》和《杭州回眆》。

[3] 谭其骧：《长水集》卷上《杭州都市发展之经过》，北京：人民出版社，1987年，第417页。

[4] 田汝成辑撰：《西湖游览志》，上海：上海古籍出版社，1998年，第4页。

[5] 杭州市园林文物管理局：《西湖风景园林》，上海：上海科学技术出版社，1990年，第4页。

[6] 吴任臣：《十国春秋》卷八二《吴越六·忠懿王世家下》，北京：中华书局，2017年。

[7] 钱文选：《钱氏家乘》卷七《传记·武肃王传》，上海：上海书店出版社，1996年。

[8] 苏轼：《苏轼文集·第3册》卷三〇《申三省起请开湖六条状》，北京：中华书局，1986年，第866—872页。

[9] 王安石：《王文公文集·下》卷第九十四，上海：上海人民出版社，1974年，第976—977页。

[10] 王国平主编：《西湖文献集成·第3册》，杭州：杭州出版社，2004年。

实践聚焦：图像、历史与记忆

家藏照片与公共记忆

冯克力 *

摘要：《老照片》出版以来，一直鼓励平民、个体结合家藏老照片讲述个人、家庭乃至家族的人生遭际，参与历史叙事。来自家藏的几张照片、一段往事，虽然呈现与述说的只是某个生命、某个家庭和家族的经历，看似微不足道，却每每于不经意间折射了民族与时代的历史，公共记忆也在无形中被形塑。因此这些结合家藏照片的讲述，绝不仅仅是平民百姓的家长里短，其对公共记忆的见证、丰富与校正，实在不容小觑。

关键词：图像证史；家藏照片；公共记忆

Abstract

Since the publication of the periodical *Old Photos*, the public have been encouraged to tell the stories of the individuals, households and families behind the old family photos and participate in historical narratives. Although several photos from family albums and past events only present the seemingly insignificant experience of certain individual, household or family, they often inadvertently reflect the history of a nation and of an era. Public memory also takes shape in this process. Therefore, these narratives of the old family photos not only serve as life stories of the ordinary people, but also play a significant role in witnessing, enriching and correcting public memory.

---

* 冯克力：《老照片》丛书（山东画报出版社）主编。

Keywords

image as historical evidence; family photo; public memory

引　言

本文试图以《老照片》丛书所刊载过的与家藏照片有关的图文为研究对象，探讨家藏照片对公共记忆的影响及形塑。

在进入探讨之前，有必要先厘清"家藏照片"与"公共记忆"这两个概念在本文中的含义。本文所说的"家藏照片"，是指家藏照片中与家庭、家族成员的人生经历有关的照片，像各种单人照、合影照以及参与社会活动的留影等，与家庭、家族成员无关的照片，虽属家藏，亦不在本文探讨之列。再就是所谓"公共记忆"，本文所说的公共记忆，是指为社会所公认的历史记忆。[1]需要指出的是，在中国，公共记忆虽与官方正史有所重叠，但并不等同于官方正史。大家知道，由于受意识形态或政治、外交等因素的影响，官方正史在史实认证方面往往滞后或背离于公共记忆。比如关于朝鲜战争的起因，在南北双方谁先主动挑起战事的问题上，当真相大白、社会的公共记忆已然形成之后，在我们的各种历史教科书里依然长期表述为美国及当年南朝鲜的李承晚当局悍然发动了朝鲜战争。而在官方正史中类似这样滞后或背离公共记忆的现象，并非鲜见，兹不一一列举。

问世于1996年底的《老照片》，由山东画报出版社出版，是一种陆续推出的丛书。专门刊发20年前拍摄的照片，并辅以相关的解读文字，以"观照百多年来人类的生存与发展"[2]为己任。起先为每季度出版一辑，很快改为每两个月推出一辑，迄今已坚持了23年，共出版了126辑。《老照片》面世以来，逐渐形成了一个民间叙事的平台，来自家藏的照片在《老照片》里的比重已越来越大，现在大致占60%。

《老照片》的这一局面并非我们的初衷，乃是在出版过程中自然达成的。最初的两辑《老照片》，全都是编辑部通过主动组稿完成的，而且其中结合家藏照片的讲述只是凤毛麟角。第二辑出版之后，渐渐有了自然来稿。最早的一篇投稿来自内蒙古包头市，一位年届八旬的白永达先生寄来一幅家中珍藏了

70 多年的老照片，是 1920 年前后白洋淀一所女子小学师生的合影。[3]（图 9.1）

照片上有提供者的大姐与二姐，他的两位姐姐从这所教会办的小学毕业后，分别考进了教会办的中学，又考进了大学，大姐学的是教育专业，二姐学的医学专

图 9.1　1920 年前后，河北白洋淀一所女子小学的师生合影
图片来源：选自第三辑《老照片》，白永达提供

业，她们通过读书接受教育，彻底改变了自己的人生。这张家藏照片，也成了民国初年教育普及、妇女解放以及教会修为的时代见证。照片原在提供者的大姐处，大姐去世后家人整理遗物时发现了它，遂为提供者所收藏。

抗日战争全面爆发时，白先生就读于南京金陵大学农学系，后随校西迁成都，一度应征担任美军译员，抗战胜利后复员南京完成了学业，属于在民国年间接受过系统教育的一代人，1949 年以后相继从事过银行业和师范教育，还担任过包头市民革的副主委。投稿时，白先生随附了一封信，信中说道："……中国历史资料文物的湮灭，到'文革'时可谓登峰造极，以致有些中国历史资料，外国人保存的比我们还多或全，言之伤心……我存的这张老照片，正虑其日后存灭，恰好交贵社出版。"[4]白先生的"虑其日后存火"，差不多道出了大多数提供者将家藏老照片寄来发表的普遍心理，同时也表露了试图以家藏老照片参与历史叙事的某种自觉。

有感于白永达先生的"自觉"，我在这一辑的"书末感言"里，以《"敝帚"理应自珍》做了呼应：

中国有句古话，叫"敝帚自珍"，人们连"敝帚"都自珍，更别说"家藏"了。因此，白老先生的心意特别让我们感动。

其实呢，即使"散帙"，也是完全有理由自珍的。一张照片、一段往事，虽然述说的只是一个人或一个家庭的经历，看似微不足道，但同时却在不经意间折射出了一个民族，乃至一个国家的历史，没有"民"何来"族"，没有"家"又何来"国"？说到底，民族和国家不过是无数个人、无数家庭的集合罢了。

……   ……

对白先生的"呼应"，也是《老照片》关注私人叙事的某种昭示，结果是吸引来了更多的家藏照片稿件，一方呈现家藏照片与民间记忆的平台已然成形，并伴随着《老照片》的出版在不断拓展。

其时，正在首都师范大学担任客座教授的美国历史学者爱德华·克雷布（Edward S. Krebs）先生也开始关注《老照片》的出版，他一辑不落地买到了已经出版的所有《老照片》——他正在为不久将在德国海德堡大学召开的中国现代史学术会准备一篇论文。他在这篇以《老照片》为主要研究对象的论文《新近中国的旧事物：关于私人历史记忆的出版物》（"Old in the Newest New China: Photographic History, Private Memories and Individual Views of History"）中写道："对普通人来说，形成自己对历史的独特理解是人们过去所欠缺的。《老照片》所做的，对中国的政治和国家的将来有深刻的暗示。"他认为《老照片》"在刺激个人以历史本身的逻辑、以他们自己的语言看待历史"。"《老照片》重视普通人，重视他们在历史中的位置，和以自己的方式解释历史的权利，是一项谦虚的计划。"[5]

《老照片》里这些结合家藏照片的讲述，并非仅仅是平民百姓的柴米油盐、家长里短，诚如克雷布先生所说，其"对中国的政治和国家的将来有深刻的暗示"。其对公共记忆的见证、丰富乃至补正，也都有着不容低估的作用，不容小觑。

见证公共记忆

家藏照片对公共记忆的见证、丰富与补正，三者紧密相连、不可分割。在见证的同时，有对公共记忆的丰富，也多少蕴含了对既有公共记忆的某些补正，只是在具体的照片中，尤其在不同的观看视角下，三者所呈现的程度不同，各有侧重而已。这里将见证、丰富、补正分开来谈，很大程度上是为了论述的方便，并无意割裂它们。

在上述三者中，见证无疑是基础，而丰富与补正的功能也都建立在见证的基础之上。人们通常所说的"以图证史"，直白而形象地道出了图像在历史叙事中的功能。这一表述因有弱化图像历史价值之嫌，也遭到了一些质疑，彼得·伯克（Peter Burke）就曾批评说："即使有些历史学家使用了图像，在一般情况下也仅仅将它们视为插图，不加说明地复制于书中。历史学家如果在行文中讨论了图像，这类证据往往也是用来说明作者通过其他方式已经做出的结论，而不是为了得出新的答案或提出新的问题。"[6]伯克所批评的，是将"以图证史"止于"证据"，忽视了图像的无限丰富性，忽视了图像自身就是历史的特性。但在自觉的"以图证史"的实践中，对图像的观看与诠释，从来都是见仁见智，没有止境的。对家藏照片的观看与解读，也是一样。

有位潘津生先生，在《老照片》里记述了一张家藏老照片在一个世纪里的遭际。[7]

1900年春，祖孙三代，整整十七口人，少长咸集，在古色古香的安庆祖屋里拍摄了一张全家福（图9.2）。此后的一百多年里，战乱频仍，一家人颠沛流离，居无定所，但这张照片却完好无损地保存下来。其间，提供者的伯祖父、父亲和叔父，相继于1925年、1964年和1982年，在照片装裱衬板的空白处留下了密密麻麻的题识，感叹岁月流逝、家人聚散，赋予了这张家庭合影丰富的社会人文信息。1964年，提供者的父亲在题识中这样写道：

> 数十年极人事之变迁，存余行箧囊也，蜀也芜也宁也苏也沪也，转徙奔走万余里，骨肉分滞于异乡，此身而外此图独存。时一展观，悲欢横积。盖是图也，非金珠玉帛也，藏之筐胠箧者不取也，遗诸途好货者不顾也，或有目而注之者曰：此鬼魄也，避而走。嗟夫！天下唯与人无争之物，为可长保，为可长私也……

图 9.2　1900 年，安庆一祖孙三代的合影
图片来源：选自第八十五辑《老照片》，潘津生提供

　　孰料，这则庆幸"此图独存""为可长私"的题识写下才两年，"文革"就爆发了。在"破四旧"风暴中，为保存、藏匿这张照片，提供者的父亲费尽了心思。最后，将照片固定在了所居日式房子的一扇纸质拉门内，又在外侧贴上同样的纸张，从外观上看不出一点破绽。接下来发生的事情，真是惊心动魄：

　　　1966 年 9 月 16 日晚，五名南下北京红卫兵闯入我家，据他们说，他们在北京某"黑帮"家中见到了我父亲送给那位"黑帮"的书法作品，于是便循着这条线索来上海查抄。查抄共进行了五个小时，他们将我家几代人辛苦收藏的古董珍玩、古籍字画等一扫而光，装满一部三轮卡车后拉走。惟一值得庆幸的是，这张《合家欢喜图》，得以存留下来了！

　　又过了 30 多年，提供者将这张照片捐赠给了安徽省博物馆，同时写了一篇介绍这张照片辗转幸存的文章，连同照片一起投稿于《老照片》。大时代的不测风云，从辛亥革命、军阀纷争、北伐战争、抗日战争、三年内战到新中国成立后的历次政治运动，一个家族沉浮期间的种种遭遇与悲欢，都凝聚在了一张照片和那密密麻麻的题识里，令人唏嘘！

这样的家藏照片记忆，连同这张照片自身的传奇遭遇，既是个人的也是时代的，既是家族的也是国家的。既是公共记忆的见证，分明也蕴含了超越见证的元素，端看后人怎么去读它了。

有些照片因其自身所蕴含的丰富信息，无须借助更多的文字解读，便可将人们带入某个特定的时代，即使是寻常的家藏照也不乏这样的功能。

图 9.3　1952 年 8 月，太原百货公司二部营业员的合影
图片来源：选自第十辑《老照片》，金联波提供

这张照片（图 9.3），是 1952 年 8 月太原百货公司二部营业员的合影。[8]打眼看去，最吸引人们眼球的是，照片上无论男女，除了前排的一位男士和后排的一位女士之外，都穿着清一色的花布衣裳。在那个年代，女人穿花布也就罢了，大老爷们穿花格衣服是很为中国人所忌讳的，在早年的革命影片里，只有"阿飞"、特务才这样打扮。然而，当中国实行"一边倒"，完全投入苏联老大哥的怀抱之后，倾力消费苏联的舶来品，自然也变成了压倒一切的"政治"

任务。这张原本为"临别留念"而拍摄的合影照片，多年之后，其拍摄的初衷，却被照片上满眼的花衣服喧宾夺主，反而成了特定时代中苏"蜜月"公共记忆的某种形象而直观的佐证。

这张 1963 年陕西省合阳县几位农村青年的合影（图 9.4），也有不假文字即可直面时代、唤醒公共记忆的效果。[9]

图 9.4　1963 年，陕西合阳农村青年的合影
图片来源：选自第四辑《老照片》，史耀增提供

投稿者史耀增，即为照片中那位唯一的男青年。他 1962 年因家中缺乏劳动力，从合阳中学退学回乡务农。1963 年 3 月毛泽东发出"向雷锋同志学习"的号召不久，公社即抽调他参加了"学习雷锋宣传队"，照片中另外四位女青年也是临时从各村抽调来的，而且碰巧她们都曾是投稿者过去小学或初中的同学，见面有说不完的话。他们编写、排演节目，马不停蹄地在各村巡回演出，度过了一段愉快的时光，结下了深厚的友谊。半个月的宣传演出活动很快过去了，分手前，他们很有些恋恋不舍，便结伴走了 15 里路，到另外一个有照相馆的镇上拍下了这张合影。且不说照片里男女青年的发饰、穿戴，他们的神情、姿态也无不在昭示着那个特定的时代，而投稿者随附的回忆，更为我们留住了当年回乡务农男女知青的风貌与生态。时隔 30 多年后，投稿者在文章的结尾一往情深地写道："那一段美好的日子我永远不会忘记，因为那是我走出学校门后的第一次社会活动。"[10] 这样一张家藏的合影照片，对于后人认识集体化时代的农村，几乎具有标本性的价值。

丰富公共记忆

彼得·伯克在谈到摄影进入历史叙事时说："正如拉菲尔·塞缪尔（Raphael

Samuel）所承认的，正是 20 世纪 60 年代中叶，他与同时代的一些人才逐渐认识到摄影照片作为 19 世纪社会史证据所具有的价值，帮助他们建构了'自下而上的历史学'[11]，把研究重点开始放在日常生活和普通民众的经历上。"[12] 显然，在拉菲尔·塞缪尔看来，摄影照片是建构"自下而上的历史学"的天然史料。而来自家藏的照片与"日常生活和普通民众的经历"更有着千丝万缕的联系。《老照片》出版以来所刊载的海量家藏照片和随附的相关记忆，及其所承载的个体生命体温与独特人生经历，的确是在"自下而上"地不断丰富着大时代的公共记忆。

这张照片（图 9.5），是我从友人处得到的，照片上的新郎和新娘分别是他的父亲王宗贤和母亲孙玉琴。同时得到的，还有他父亲 1968 年填写的一份履历和交代"补充材料"。后来，我结合对他的访谈，整理并刊发在《老照片》里，发表时用的是笔名。[13]

这张婚仪合影拍摄于民国三十五年，即 1946 年 4 月 22 日。照片上除了新郎新娘，还有双方的亲友：前排右一、右二是友人父亲军中的袍泽；前排左一、左二分别是两位军中袍泽的夫人；左边的伴童，是友人的姨妈，今已 75 岁，是照片上唯一确知仍健在的人；后排左一是友人的爷爷；后排左二是友人的一位本家爷爷，当时也在济南谋生；后排右一、右二分别是友人的大舅和二舅；后排右三，是本村的一位青年，其父的好友，名叫王延祖，时供职于国民党军统机构，1949 年后去了台湾。

照片明显看出被折叠过，想其原因，不外是为方便携带或便于藏匿吧。照片上的那几道醒目的折痕，似乎在无言地诉

图 9.5　1946 年，王宗贤先生与孙玉琴女士结婚留影
图片来源：选自第一百辑《老照片》，王延忠提供

图 9.6　王宗贤写于 1968 年的交代 "补充材料"
图片来源：选自第一百辑《老照片》，王延忠提供

说着主人几十年间的播迁与遭遇，引人揣想。

交代 "材料"（图 9.6）装在一个久未开启的信封里。友人说，这叠材料是老人去世后，从他的褥子下面发现的，这样原封未动地又放了十几年。我小心翼翼地接过来，从信封里抽出。因年代过久，加之受过潮，页面已变脆，掀揭之下，纸屑纷落。想来，这是主人精心保存的一份底稿。底稿为何还要 "精心保存"？现在的人们对此恐怕很难理解。那个年代，阶级斗争的弦天天绷着，运动一来就要交代自己的历史，尤其被列入 "地富反坏右" 之另册的人，更是提心吊胆。为防止记忆有误，前后 "交代" 对不上，平添麻烦，故多留底稿以备忘。而友人的父亲，正在这 "另册" 之中。因其在国民党军队中曾官拜上尉，刚好符合 "历史反革命" 的资格。

友人之父王宗贤，生于 1921 年，山东章丘枣园镇季官村人。自幼聪慧好学，在家乡读完小学后，1935 年由在济南经营杂货铺的父亲介绍，到济南仁德堂药铺当学徒。抗战全面爆发后，1938 年春，17 岁的王宗贤报名投考第五战区抗敌青年军团，被录取。从其履历看，最初几年，他都是随李宗仁的第五战区转战迁徙，在不同名号的军校里受训。抗战胜利以后，担任过鲁北师管区第二科上尉科员等职务，驻地在济南。结婚这年，王宗贤 25 岁。经过抗日烽火的洗礼，已从一个店铺的小伙计成长为有着 8 年军龄的国民党军官，青春大好，前程可期。然而，就在上面这张照片拍后两年多，王宗贤上尉所在的济南，便成了国共内战中第一座被解放军攻陷的省会城市。在交代 "补充材料" 里，王宗贤先生记述了济南城沦陷后仓皇出逃及后来的经历。逃难过程中，首先要想办法解决生计问题：

　　我混在难民群中，徒步南下。在泰安坐上解放区的火车，到邹县下车，走到临城国民党控制区内，乘火车到徐州（我出走的动机①是受国民党的欺骗宣传所恐赫［吓］；②是我想找到老上司或同伙，介绍我个工作，抱有升官发财的幻想）。因徐州当时市面很混乱，一时找不上头绪。我看到小市场上一些跑单帮的挣钱很容易，我也就跑开了单帮。初次是买鸡或猪肉，到南京去卖。后来南京粮食紧张，我就贩米，打听到那（哪）次火车是开往南京去的，夜里找人把货运上车。后来徐州紧张，我就从南京跑上海。南京解放，我就从上海跑到衡阳，赁了一间房子（在衡阳下茅坪街），开了一个小铺，卖小杂货。因为挣不够开支，我又开始跑单帮，从衡阳买鸡蛋鸭蛋到广州去卖……

　　另外，从王宗贤的这份"交代"里可知，即便在新政权建立之后，像他这样的国民党基层军官，起初仍有些许生存空间。从衡阳回原籍以后，他分到了土地、农具，因不擅农事，还离家去济南参加了会计补习班，多方寻求谋生的出路，"曾参加过治黄河的修堤工程，扒城墙，挖大明湖，拉地排车，当壮工等……"，并一度被招工进了国营制药厂。在战争硝烟渐渐散去之后，他这位国民党的上尉军官，似乎正悄无声息地自主择业，实现着由兵而民的蜕变。后来由于他自己的过失（与人打架，失手用裁纸刀刺伤了对方），又被药厂开除。这事看似偶然，实则也存在某种必然。最终又回到老家的王宗贤，一边接受监督一边务农，直到改革开放以后境遇才有所好转。从这张拍摄于1987年初儿孙满堂的全家福（图9.7），可见王宗贤一家人后来的生存状况。

　　友人说，其实在这份"交代"中，他的父亲隐瞒了一个很重要的情节。当他父亲晚年辗转获知照片上那位去了台湾的同乡王延祖去世的消息时，说他当年到广州贩货时，他们夫妇也是有条件去台湾的，临登船了，想到家中尚有双亲在堂，又动摇了，长官力劝不要留下，他们到底没听……

　　关于国共纷争之种种，在公共记忆里已不乏陈述，但从王宗贤留下的照片和资料里，我们仍然深切体会到了，公共记忆坦然接受包括家藏照片在内的民间记忆的形塑是何等的必要。

图 9.7　1987 年，王宗贤一家的合影
图片来源：选自第一百辑《老照片》，王延忠提供

很少有人没有翻看自家影集的经历。随着老照片一张张翻过，从其所定格的信息里，哪怕是一个眼神，一个笑靥，一种坐姿，抑或是一个饰物，一种发型，一件衣服……都能唤起无尽的回忆，许多尘封多年已经有些淡忘的陈年往事，每每透过照片中的一个个细节，活灵活现，纷至沓来。不妨说家藏老照片是最好的记忆催化剂，而《老照片》的出版，正好为这些记忆提供了一个出口、一方交流的平台和存储的库房。

谈起《老照片》对民间记忆的催生，朱新地说："我猜想，可能许多人也和我一样，并非专业从事文字工作的，……完全是因为《老照片》的启迪，唤醒了心灵深处的某些记忆，让那些个本来一闪而过的念头，变成了一种叙述的冲动，于是一张张尘封多年的照片被翻箱倒柜地找出，一段段被排斥在正史之外的往事开始被史学界以外的普通人用文字写下，从宏大历史事件的细节，到平民草根的悲欢离合，一道道被岁月淹没的风景就这样被重现出来了。"[14]

《老照片》曾刊出过李象新回忆父亲与母亲的稿件，照片只是其父母的一张合影（图 9.8），那种司空见惯的老年夫妻的合照。[15]

但看了他结合这张照片的讲述，我们却不能不对照片上的老人肃然起敬。这敬意来自他父亲李禹九对合作化和人民公社的执拗态度。李禹九自互助组起就拒绝加入，短短几年里，合作化的规模急剧升温，先是初级社，又是高级社，直到全县就剩了他一个"单干户"，乡干部找他去谈话，以近乎威胁的口气对他说"单干就是搞资本主义，就是阶级敌人"，李禹九仍我行我素，不为所动。面对轰轰烈烈的社会运动，一个普普通通的农民竟顶着铺天盖地的压

力，如此执着于自己的抉择。究竟是什么
力量在支撑着他呢？当儿子因父亲单干而
不能入团，回家劝说父亲的时候，李禹九
并没有讲出什么惊人的大道理，只是淡淡
地说："他们瞎折腾，不会好。"而个体终
究是脆弱的，尤其在一个漠视个体存在的
社会里，个体抉择的价值更是可以忽略不
计。李禹九到底无法摆脱社会的裹挟，在
人民公社化的时候，被强行入了社。不幸
的是，此后没多久，李禹九完全出自一个
农民朴素生活经验的预言成真了……

图9.8　李象新父母的合影
图片来源：选自第六十八辑《老照片》，李象新提供

　　假如没有这张照片，没有《老照片》
的存在，提供者或许就不会有把其父的这
段经历写下来的契机。如此一来，在那举
国狂热的年代里，一位农民的清醒和他不随波逐流的伟岸身影，恐怕将在历史
的长河中消失得无影无踪。而那一时期的公共记忆，便不会因这位老人近乎传
奇的存在而丰赡，而多姿多彩。

补正公共记忆

　　经过历次政治运动的洗礼，不少家藏照片或被抄没，或因恐惧而自行销
毁，但家藏仍是一个取之不竭的历史影像宝库，并常常有意外的发现。

　　出版《老照片》以前，山东画报出版社曾经编辑出版过一部大型历史画册
《图片中国百年史：1894—1994》。这是一部编年体的图志类图书，而"三年困
难时期"的相关照片就是找不到，几乎跑遍了国内各大通讯社、报社和图书馆、
博物馆，还是不见踪影。后来只好找了张土地因干旱而龟裂的图片和一封周总
理致函曾希圣（时任安徽省委书记）询问安徽有无饿死人的手札，勉为替代。

　　前几年，我在烟台新华书店参加当地举办的一个读者见面会。一位从莱阳
专程赶来的读者于泽涛先生，在活动期间，出示了他带来的一张照片（图9.9），

图 9.9　1960 年 11 月，烟台市毓璜顶街道办事处安排国营商店工作人员给困难户发送救济品
图片来源：选自第 104 辑《老照片》，于泽涛提供

并当众讲述了照片背后的故事。此照连同他讲述的故事，后来一并刊发于《老照片》第 104 辑。照片拍摄于 1960 年的烟台。在照片背面，有他父亲自右至左竖写的几行铅笔字："一九六〇年十一月，全家被灾挨饿，因肝瘦至二度病重，受商店照顾，摄影纪念；同时刘佩玉（注：于泽涛的母亲）患水肿。"

炕上两人迎面盘腿而坐，左边是他时年 52 岁的父亲，身着黑色对襟袄，面对镜头，露出一丝微笑，右边为他 53 岁的母亲，双眼皮因肿胀而下垂，表情淡然；炕下是当年街道办事处派来的商店一女售货员，她左手擎着一杆秤，右手正拿起苹果准备称重。右为近似半圆柱形的铁皮桶，里面露出几条冻鱼的尾部，像是偏口鱼和辫子鱼等，桶外有鸡蛋；左是柳条篮子，里边有蛹、葡萄等。他当时家住在烟台市毓璜顶区大海阳春临巷，系城市居民。全家四口人即父母、16 岁的于泽涛和 13 岁的妹妹，生活主要靠父亲为印刷厂写毛笔字来维持，很是拮据。与其他市民一样，他和父母的口粮每人每月 27 斤（大人标准），妹妹每月 18 斤（少儿标准），另外，每人每月还要节约 2 斤粮食支援重灾区。实际上，全家每月只能领到 91 斤口粮，平均每人每天不足 8 两，实在不够吃。无奈，他和妹妹经常顶烈日挖野菜，撸树叶，刨茅草根……

街道办事处将他家列为"特困户"，由街道商店定期（每月一次）送来免费食品，有鱼、肉、蛋、水果、点心等，总算熬过了难关。为了宣传政府对困难户的关心，随行的街道宣传干部跟拍了这张照片。

这虽是一张为宣传而拍摄的照片，却如实地留住了饥饿年代的景象，填补了彼时历史影像的空白，殊为难得。而身为当事人的于泽涛结合这张照片的回忆，更是提供了诸多困难时期城市贫民生活的境况，以及政府对城市居民所实行的救济与照抚，从而使我们对于困难时期的城乡差异也有了更多的了解。

1912 年即辛亥革命后第二年的秋天，一位 27 岁、自署"益盦"的年轻人走进了一家照相馆，背对一面落地穿衣镜，让照相师傅为他拍摄了这张照片（图9.10）。[16] 又过了几天，从照相馆取回照片后，这位年轻人端详着照片上的留影，下意识地摸了摸自己的后脑勺，恍然若失，遂以工整的小楷在照片的背面留下了这样的题识：

> 壬子秋八月，将欲剪发，故用大镜照后影，以留纪念。八月初三即新历九月十三日拍于劝业场楼上之丽芙照像馆，计印二张大洋捌毛。

没有反清志士们断发前的铮铮誓言，也没有遗老遗少们被迫剪辫时的哀哀怨怨或决意留辫的执拗，这位年轻人只是平静地记述了拍摄照片的动机和经过，但于字里行间也对从此失去那条长辫，流露了淡淡的眷恋。这也难怪，他的爷爷、他的父亲，乃至他更老的祖辈们，都是脑后拖着一条长辫生活过来的，他自打记事起，身后的这条长辫也须臾不离地伴随着他，既是他身体的一部分，也是他生活的一部分，如今一旦失去，难免有些不习惯，乃至有些怅然。可以肯定的是，假如没有来自社会的压力与强制，他是不会剪掉自己的发辫的。

巫鸿在《聚焦：摄影在中国》里，也述及一个因剪辫而去照相馆在大镜前留影的年轻人，这位名叫李宏春的人，比上面那位"益盦"还小 5 岁，时间也是 1912 年，但是在旧历二月，

图 9.10　1912 年，一位年轻人剪辫前的留影及题识
图片来源：选自第十二辑《老照片》，王文婕供稿

比旧历八月剪辫的"益盦"还早了半年。而且这位李宏春的留影更加讲究,"李宏春除了镜里镜外的双重影像之外,还在图像中第三次出现,正面站在他自己和立镜旁边。这种效果是通过使用双重曝光或暗房剪贴达到的"[17]。看来,当年因剪辫去照相馆留影的竟大有人在,或几为一种时尚,也未可知。

对于芸芸众生而言,剪辫抑或留辫,既不关立场,也无关文化,更无关政治,只是一种生活习俗的改变而已,当然,还有与这种改变相伴的些许情感的微澜,全然没有宏大叙事和公共记忆所赋予、放大的那些意义。而这幅照片呈现的,正是为公共记忆有意无意之间所忽略、所漠视的那些部分,它不动声色地向我们讲述了平民庶众面对时代变迁的另一种态度——一种有别于公共记忆给定的态度。

这样的态度,自然会让我们更全面地审视当年剪辫之种种,并有助于校正公共记忆的某些偏执。

结语

英国历史学家艾瑞克·霍布斯鲍姆(Eric Hobsbawm)在谈到他的《非凡小人物》(*Uncommon People*)时说:"这本书谈论的几乎都是那些默默无闻的人物,除了他们的家人和街坊邻居以外,他们的名字不被人知晓,即使是在现代国家,那些登记出生、结婚、死亡的政府机关也没有他们的资料……我这一本书的要点在于,应该将这类人物从被遗忘的状态中拯救出来,或是借用 E. P. 汤普森(E. P. Thompson)那令人难忘的说法,让他们免于遭受'后代子孙不屑一顾'(enormous condescension of posterity)的命运。"[18]这段话颇为贴切地表达了《老照片》丛书的价值。出版 23 年来,《老照片》将无数小人物"从被遗忘的状态中拯救出来",使他们免于被"后代子孙不屑一顾"的命运。而这些被"拯救"的家藏图文与记忆,在不经意间丰富了公共记忆和历史叙事。

注　释

[1] 法国历史学家莫里斯·哈布瓦赫(M. Halbwachs)在其所著的《论集体记忆》(毕然、郭金华译,

上海：上海人民出版社，2002 年）中将记忆分为个体记忆与集体记忆，而集体记忆则又分为家庭、宗教团体以及社会各阶级的记忆。他指出："社会往往要消除可能导致个体彼此分离和群体相互疏远的记忆。这也是为了调整记忆使之适应社会均衡条件的变化，社会在每一个时期都要以这种方式重整记忆的原因。"莫里斯·哈布瓦赫在这里所述"重整"过的"记忆"，大致可理解为本文所说的"公共记忆"。

[2]《老照片》"征稿启事"。

[3] 白永达：《80 年前白洋淀边的女子小学》，《老照片》第三辑，济南：山东画报出版社，1997 年。

[4] 摘自白永达致《老照片》编辑部的信札。

[5]《老照片》编辑部编：《一同走来》，济南：山东画报出版社，2015 年。

[6] 彼得·伯克：《图像证史》，杨豫译，北京：北京大学出版社，2018 年，第 3 页。

[7] 潘津生：《我家的〈合家欢喜图〉》，《老照片》第八十五辑，济南：山东画报出版社，2012 年。

[8] 金联波：《"布拉吉"引发的猜想》，《老照片》第十辑，济南：山东画报出版社，1999 年。

[9] 史耀增：《在宣传雷锋的日子里》，《老照片》第四辑，济南：山东画报出版社，1997 年。

[10] 同上。

[11] 英国历史学家拉菲尔·塞缪尔（Raphael Samuel）与艾瑞克·霍布斯鲍姆（Eric J.Hobsbawm）等倡导的一种新史观。他们关注日常生活与普通民众的经历，试图从个人与时代的交织中呈现历史。艾瑞克·霍布斯鲍姆著有《非凡小人物》一书，将历史研究聚焦于织工、鞋匠、农民、乐手等社会底层人物。参见霍布斯鲍姆：《非凡小人物》，蔡宜刚译，北京：社会科学文献出版社，2015 年。

[12] 彼得·伯克：《图像证史》，第 8 页。

[13] 锐明：《前国军上尉的存照与"交代"》，《老照片》第一百辑，济南：山东画报出版社，2015 年。

[14] 朱新地：《说真话的"老照片"》，《老照片》第一百辑，济南：山东画报出版社，2015 年。

[15] 李象新：《回忆我的父亲和母亲》，《老照片》第六十八辑，济南：山东画报出版社，2009 年。

[16]《老照片》第十二辑，济南：山东画报出版社，1999 年。

[17] 巫鸿：《聚焦：摄影在中国》，北京：中国民族摄影艺术出版社，2018 年，138 页。

[18] 霍布斯鲍姆：《非凡小人物》。

图像史料在口述史访谈与研究中的意义

程 郁[*]

摘要：在口述史访谈及整理工作中，笔者逐步认识到图像史料的收集对口述史研究具有相当重要的意义。收集图像史料包括口述历史访谈中拍摄的照片，以及相关的老照片和文物。图像史料可作为口述的旁证，使口述更为可信。访谈者有意识地搜索与展示相关图像史料，有助于口述访谈的深入。图像史料还可体现口述未及的细节，人物写真透露出口述者的性格与经历，人们的服装、肢体语言等更突显时代的现场感，有关文物的图像也值得研究者仔细观察。

关键词：图像史料；口述史；妇女史

Abstract

In oral history interviewing and data management, the graphic historical materials play a significant role. About these materials, one needs to take photographs on site during the oral history interviewing, and to collect old photographs and along with other material cultures. The graphic historical materials can help corroborate and enhance the reliability of oral history. They also help probe the unstated details, temperament and life experience of the narrators.

Key words

graphic historical material; oral history; women's history

---

* 程郁：上海师范大学人文学院教授。

　　由于传统社会性别观的压抑，在中国文献资料中，妇女成为失声的群体。口述史是近年兴起的新方法之一，为近现代妇女史研究所采用。2001 年，笔者撰写蓄妾论著时开始尝试口述史的方法，发表第一个整理文本。[1] 以后，指导研究生进行妇女口述史的采集，整理的文本皆发表于《史林》口述史专号。[2]

　　2010 年，笔者开始着手上海职业妇女口述史专题的第一个访谈，受访者为曾在私营新光纺织厂工作过的叶秀宝女士，整理的文本亦发表于《史林》的口述史专号。[3]2011—2013 年，笔者带领 7 名学生，对 1949 年以前就业的上海职业妇女进行了一系列访谈。经过两年多的努力，我们对 20 位对象进行访谈，并整理成文，按口述者的第一职业划分，共计有教师 4 人，职员 1 人，护士 1 人，纺织女工 8 人，商贩及家政服务人员各 1 人，农民 3 人，作坊女工 1 人。上海开埠即为重要的轻工业基地，因而女工占上海职业妇女的半壁江山，更由于上海曾是我国最早的纺织大城，纺织（包括制衣）女工自然成为访谈的重中之重，她们曾经工作的场所既有国营大厂，亦有本地民族资本家兴办的私营厂，更有两名曾在原日资企业工作。2013 年 9 月访谈报告出版，因一位口述者拒绝公开发表，最终只将 19 篇口述文本收入书中。[4]

　　从偶然的口述访谈尝试，直至主题明确的系列口述史采集，在多年的访谈及整理工作中，笔者逐步认识到，图像史料的收集在口述史访谈及研究中具有相当重要的意义。

图像史料对口述的质证

　　2004 年，我国台湾学者游鉴明到本校做有关口述史的讲座，题为《从事女性口述历史的几个问题》，我有幸获赠游先生大作 [5]，当时即注意到，先行的口述史研究著作中附有不少图像，当时所设定的一系列制度皆采纳了游先生等先行研究的经验。

　　对图像的认识最初还局限于史料的真实性方面，因为团队的一项硬性规定为：必须为口述者拍几张现场照片，并要求尽可能收集口述者的老照片，主要为使访谈显得真实可信。确实，图像史料可证实口述的内容。

　　向颀女士出身于知识分子家庭，抗日战争期间成为上海的小学教师，后来参加了中共的地下党工作，1947 年 9 月被捕入狱，在国民党狱中经受"老虎凳"等酷刑而坚贞不屈，"文革"中又因此遭受冤屈。跌宕起伏的人生历程使她的故事最为曲折。她又是一位极具历史感的知识分子，因此保存的旧照片及文物最多，而这些照片与文物又从各方面证实了口述的内容。她说：

> 4 月 20 日，解放军强渡长江，楼下的刑事犯在门口挂出一张纸，上面三个大字："渡江了"，还哇啦哇啦大叫。连续几天楼下都挂出大字标语，都是"××解放"，最后是"杭州解放"。那段时间，虽然监狱大门仍然紧闭着，但各牢房的铁门也不关了，听到新的胜利消息，一些活跃分子甚至跑到走廊上唱歌跳舞。当时女牢只剩下两个人，另一个来自浙江四明山共产党根据地，她是到上海来买印刷机时被抓住的。1949 年 5 月 6 日早上，关在男牢的人已经很少了，难友罗平也被释放，他走过我的牢房，将仅剩的一个银圆递给我，眼光流露出担忧，因为此时浙江人已在前天出狱，女牢仅剩我一人。然而一小时后，"饭师傅"突然打开门，对我说："快走，快走！"我赶快把被子一卷，收拾几件衣服，坐上他叫来的黄包车，终于出狱了。自从 1947 年被捕，我一共被监禁了 596 天。[6]

这张照片摄于 1949 年 5 月 6 日出狱的当天。[7] 向女士说：

图 10.1　向女士出狱当天照片

当年我出狱时黄包车把我拉到大姐所在的大通路小学，大姐还在讲课，我先去了她的寝室。在监狱两年多，我的头发已经很长了，梳着两条辫子。等了一会儿，我决定先去剪头发，又想留个纪念，剪之前先在照相馆拍了一张照片。我成年以后一直剪短发，被捕时也是短发，姐姐下课看到我，也仍是短发的模样，因此仅有难友见过我长发的样子，然后姐姐急匆匆送我到沈老师家，我也来不及跟她说剪发的事情。"文革"时审查我入狱的事情，问起这张小辫子照片的来历，我说是刚出狱时拍的，而姐姐却说从来没看到我留辫子。这下造反派以为抓到什么天大的证据，非说这张照片是特务给我拍的，目的是要我潜伏下来，所以要我改装等等。总之，围绕一张照片又造出许多无中生有的罪状。[8]

向女士和丈夫相知相恋的过程与电视连续剧《潜伏》中的地下党夫妻近似，新中国成立后的经历又相当曲折。作为曾经的共产党地下工作者，她非常沉稳，也不擅长描述，即使讲述当年被酷刑折磨的经历也不动声色，因而讲述私生活也少了几分生动，而其先生王鼎成的亲笔信便成为极好的补充。[9]

上海解放前我和王鼎成已相知很深，但从未表白，两人一直保持着纯洁的战友关系。1946 年，就在福利会工作搞得风生水起之时，一位同志被派往外地从事

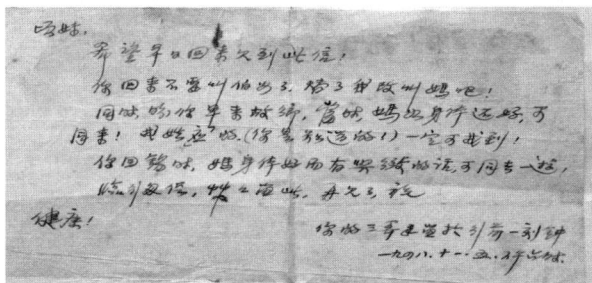

图 10.2　向女士丈夫王鼎成的亲笔信

地下工作。他曾领导我们工作，所以也知道王鼎成和我的关系。一个风雨之夜，王鼎成送他到码头，握别时他说："向顷是个好姑娘，希望你们俩将来能结合。"但直到我出狱后才听说此事，而这位同志已经牺牲了。

我在狱中时，通过"饭师傅"与出狱的难友，也和王鼎成数度传书，但有的收到，有的没收到。有一次，他在信中写道："顷妹，希望早日回来收到此信。你回来不要叫伯母了，替了我改叫'妈'吧。"我明白，他在以曲折的方式表白爱情。

1949 年 7 月 1 号，王鼎成给我寄来一颗白色的心形石头，说它采自解放区太行山区的河滩，他曾怀揣着它一路南下。他在信中说："从我找到它的那一秒钟起，我就决定着，无论如何要送到您的手里，让它来代表我这颗洁白而坚定的爱您的心。"[10]

仅在讲到领导的牺牲时，口述者才动了感情，当时她眼含泪光说："那天呀，一夜风雨！"整理文本时，仍觉得很难准确地表达出口述者的语气。她清楚地记得那位领导的名字，也知道他被派往何地，最后在50年代牺牲。采访时即意识到这是党史中很重要的一个细节，然而最后定稿时向女士提出删去这一段，说"这是党的秘密"。笔者曾试图说服她，因历史档案一般在50年后解密，并举央视《看见》栏目所做朱枫[11]烈士专题为例，而口述中提到的领导即类似于朱枫的角色。但由于口述者的坚持，访谈者必须尊重他们的意见，最后达成妥协：隐去这位同志的姓名，也去掉地名。于是，只有笔者明白这句简单表述背后的历史背景。

杨秀英女士是当时找到的唯一一位在外国人家中工作过的女工。由于本项目强调培养学生独立工作的能力，第二次采访让学生自己去，然而，交来的文本记载了她几岁到犹太人家，哪年到波兰人家工作等等，完全变成了个人履历书，那些家庭究竟是怎么样的却语焉不详，人们的音容笑貌也看不到了。没有经验的访谈者往往会将口述史文本写成个人履历书。由于非常珍惜这个来之不易的采访对象，笔者先后去了三次，每次长谈都收获甚丰。其实杨女士非常健谈，如谈到她父亲给葡萄牙大班[12]工作以后便使家庭摆脱了赤贫时，描述得有声有色。她说：

> 第一次拿到工资，爸爸很兴奋，记得他手里捏着一叠印有马车图案的钞票，一进门就叫我："二闺女，过来！我用这叠钞票能把你耳朵割下来！"崭新的厚厚一叠钞票，捏在手里有一种能割物的感觉，他那时真是太得意了。从此爸爸才有固定的收入，每个月可拿到60元，到圣诞节还能拿到双份工薪。从那以后，我家才能一次买5斗米，家里的日子一点点好起来，大家都很开心。[13]

图10.3 杨女士口述提到的民国钞票

为印证口述的真实性，笔者遍搜各收

藏网，并将照片一张张给杨女士确认，才找到这种印有马车图案的货币（图10.3）。这是民国中央银行1936年发行的一元货币[14]，而其父月薪为60元，拿在手里确实有厚厚一叠了。这条史料也从侧面说明了当时打工者的收入水平及货币的购买力。

由于本项目以老年妇女作为采访对象，口述者大多数文化程度不高，在访谈初期她们都会强调自己的生涯是卑微的，没什么可谈的，即在大众心目中历史仅属于伟人，而在女性心中，历史仅属于男人。接受社会性别理论的采访者会有意识地加以引导，使口述者看到女性也有值得骄傲的往事，采访才会逐步深入。数次采访之后，几乎所有的口述者都会充满自信，意识到自己对家庭是有贡献的，自己的生涯是很有意义的。

杨女士出身于法租界中的贫困家庭，11岁当童工，后来曾在外国人家里做工，她不识字却绝顶聪明，和外国人交往一两年，就能说俄语、波兰语，勤勤恳恳工作一辈子，直到1960年，她还在上海的白俄家庭里工作。她说：

> 因为他们都是长辈，我也不方便叫他们名字，就叫"mister"或"madam"，叫老太太的哥哥"brother"，他们就叫我俄式名字"捷妮娅"。塔妮娅伸着大拇指说："妮克洛芙脾气那么坏，你能给她干那么久，一定是很耐心很善良的人。"我做事守规矩，所以他们很信任我，他们家明显比约西卡家有钱，一沓沓五元的人民币就放在桌上，也从来不锁。他们常说："中国人都像你这样就好了。"那家人非常好，我也常带两个女儿去他家玩，塔妮娅最欢喜我的大女儿咪咪，每次都要抱着她亲个不停。每天面包房送面包来，老太太总是把吃剩的面包扔掉，再把新鲜的面包分给我，说："带回去给咪咪和丽丽吃。"有时她会把一瓶油或一袋奶粉塞进我包里。当时正值困难时期，很多人家粮不够吃，只能煮菜粥吃，我们家虽有这么多小孩，但孩子们都没吃什么苦。[15]

杨女士年轻时很少拍照，却有一张素描（图10.4），说明她年轻时所交往的人群具有艺术修养；当前照片选定的是2012年在台北故宫博物院前的留影（图10.4），[16]跨越时代的图像透露出她开放而倔强的性格。她将五个孩子培养

图 10.4　有关杨女士的素描与照片

成材，曾教小女儿学俄语，后两女定居德国，儿子成为富商，她却督促甘当全职主妇的儿媳出去工作，说："你一定要有自己的事情做。"如果她年轻 20 岁，创业的应该是她自己，她更具有成为商界女强人的潜质，其叙述往往令人感受到坚韧的力量。

　　不朽的史学名著《史记》明载，战国及汉初的许多历史细节来自人们的口述，如《淮阴侯列传》，"太史公曰：吾如淮阴，淮阴人为余言，韩信虽为布衣时，其志与众异。其母死，贫无以葬，然乃行营高敞地，令其旁可置万家。余视其母冢，良然"。[17] 明末清初顾炎武作《天下郡国利病书》，"凡先生之游，以二马二骡，载书自随。所至厄塞，即呼老兵退卒，询其曲折。或与平日所闻不合，则即坊肆中发书而对勘之"。即于兵家险要寻访当地父老，收集口传的资料。[18] 然而，这只是个别史学家的行为，始终只是作为史学著作的细节补充，中国史学的传统更重视成文的文献。直到口述报告成书，仍不时会受到同行的质疑：如何避免口述者的信口开河？怎么知道这次访谈是真实进行的？

　　对于第一个质疑，我们的方案是：将口述细节与文献进行相互质证，从访谈前直到定稿，必须时时进行案头的文献质证。首先，采访者必须事先通过文献对口述者及其时代有一定的了解；其次，在下一次采访之前，必须整理好上一次的文稿，这样才能使下一次采访更加深入；再次，出于种种原因，往往记忆有所偏差，文献资料的核对，可印证或纠正口述者的记忆。[19]

　　对于第二个质疑，当然最好的方式是将每一次访谈都拍成视频。由于经费短缺，当时我们不可能拍摄视频，人力也无法做到跟拍，因此，仅要求留下每次访谈的录音文件。作为文本的基础与证据，录音是非常重要的，也相对容易办到。视口述者的故事长短，录音文件可有数个。由于本团队的成员大多是初次做这项工作，他们对历史细节未必敏感，因而在审阅文本时，负责人要重听每一段录音，尤其是那些未参与的采访录音，才能给下一步采访提出有用的建议，才能整理好文本。这些录音文件保留至今，原设想提交给相关图书馆或档案馆，但至今也未找到接收的部门。

由实践结果看，录像与录音亦各有利弊。录像不仅必须有专人负责，而且录像会给口述者带来不小的压力。本校学生以录像做"越南新娘"的访谈，几位访谈者围着一位越南妇女，颇似三堂会审，令口述者非常紧张，访谈便浮于表面。我们的采访对象皆为文化程度不高的老年妇女，大部分没有发表长篇大论的经验，采取聊家常的方式更容易打开话题。学生独立采访时，最初交来的录音往往听不到采访者的声音，口述往往出现较长时间的冷场。一位男生负责采访自己的祖母，第一个录音文件从头到尾只听到口述者讲自己的履历，这位曾在日本纱厂工作过的老人声音颤抖紧张。原来该男生以为录音只能出现口述者的声音，事先教祖母怎么说，反复几次才录成。如果录像仅令口述者主讲的话，可能也呈现这样的场景。笔者以为，录音设备相对隐蔽，更容易制造闲聊的气氛，使访谈自然地深入。而在口述访谈的同时尽可能搜集相关的图像史料，可以作为口述的旁证。

图像有助于口述史访谈的深入

口述史中最珍贵的是那些被文献忽略的历史细节，因此，每次访谈前总要对访谈者强调"追问细节"，即通过口述者的眼睛观察社会，讲述整个社会的互动故事。由于我们团队的学生是90后的年轻人，对新中国成立前的上海缺乏感性认识，为使采访者对口述者的时代有一定了解，曾要求学生读一些张爱玲、苏青的小说，读几本通俗的上海史著作，或读一些前人做的口述史，以培养一定的现场感。鉴于采访对象有不少纺织女工，我们又曾带学生到上海纺织博物馆参观。针对不同的对象，事先收集一些外围的史料会很有用，尤其是那些图像史料，对话题的展开大有帮助。

在对叶秀宝女士访谈前，笔者先搜寻她工作过大半生的新光内衣染织厂史料，其中有该厂老板傅良骏与李宗仁的合影（图10.5），还有职工培训所的照片（图10.6），这家工厂曾是民族资本家私营的纺织厂，新中国成立后成为国

图 10.5　新光内衣染织厂老板傅良骏与李宗仁合影

图 10.6　新光内衣染织厂新职工训练所

营企业。[20]

访谈时出示这些照片，口述者一下子兴奋起来，滔滔不绝地讲起老板的逸事，她说：

> 老板傅良骏是阿拉浦东人，他和表弟俞京琳两个做小裁缝起家，借间房子，只有两部缝纫机，老早蛮苦的，后头才慢慢发起来的。……傅良骏的娘死了，他要讲排场，就要我们工人去吊孝。葬礼在薤露殡仪馆举行，选了三四十个工人，男女各两排站在门口，教我们唱会一个歌，人家进来吊唁就要齐唱。由于傅家那时还没有小辈，又选了两男两女充孝子孝女，人家来吊丧，还要陪人家磕头。那四个人大概发点钱，我们没有的，但不用上班，一顿豆腐饭也吃得蛮好的，所以阿拉穷人还蛮开心的。"五七"时在静安寺做法事，我们也被拉去唱歌。"文革"时造反派把吊丧的照片也拿出来了，讲阿拉吃得蛮胖的啦，讲为老板卖力啦，后头把傅良骏娘的坟也掘开了，但啥也没有。"文革"时说训练所也是反革命，我也要进学习班讲讲清楚，那年过年不能休息，还要我去顶班。[21]

叶女士证实，训练所的照片是真实的，讲述间她还兴奋地站起来演示入厂前军训的姿势，有关训练所训练新职工的过程也描述得非常生动：

（入厂前）我们先在东沟的训练所集中，男的一律剪成小平头，女的剪齐耳短发，然后每 8 个人分一组，选一个识几个字的当组长，我们第一批有 48 个人，分六个组，从此训练、吃饭都是分组进行的。头三天，我们在东沟的一个小花园里军训，就和现在大学生的军训差不多，排队练习齐步走，组长叫口令，教官来演示如何向后转、立正、稍息等等，教官大部是老师，但也有个别是国民党军人。我们都是乡下人，列队行进都不会的，后来老师教教就会了，但两个崇明人大概听不懂，怎么也学不会，教官就用拇指粗的藤条往她脚踝上抽，小姑娘眼泪水直流，阿拉吓得要死。吃饭也必须 8 个人一起，组长吹了哨子，大家才能动筷。[22]

工厂培训新职工的"训练所"在"文革"时被怀疑为特务机构，所以要求工人"讲讲清楚"。访谈中找到的许多图像并未全部收入书中，成书时仅收入"训练所"的照片，而老板傅良骏的写真未收入。

每次采访后，要求访谈者皆上网搜索口述者提到的人名、地名或事件，一方面印证口述的真实性，另一方面也为下一次采访作准备，有时会找到一些图片。与口述者一起看这些图片和资料，往往会有新的收获。

潘志擎女士是一位曾获自然科学奖的女科学家，但年过九十，许多事情已经忘却，采访异常艰难。第一次访谈，得知其父北京大学毕业后接管了家族企业，便在网上一个个搜索这些企业的名称，竟然在 7788 收藏网上找到正在拍卖的大统榨油厂股票，[23] 又找到其父潘祖述所撰论文的有关资料。[24]

看到股票的照片（图 10.7），潘女士终于打开话匣，使口述深入下去，指着股票上的人名说明"他是叔叔，他是姑父，薛石冰是厂长"等等，还模仿其父亲生气时的样子，她说：

从我记事起，就知道祖父辈经营的家族榨油企业，叫溥利油厂，后来父亲接管并发展了企业，在无锡建有建成油厂，在上海建有大统油厂。我父亲叫潘祖述，字景让。1922 年他从北京大学物理系毕业，以后主要从事教育工作，先在常州任教，后来一度在苏州的工业专科学校教书。……父亲是老大，同时经营着家族企业，只能利用星期天的空余时间处理生意。

图 10.7　潘女士口述中提到的家族企业股票

经营家族企业是很困难的，原来我的两个娘娘都在其中有股份。就在父亲病重前不久，大姑父突然要抽去他的股份，因为资金很紧张，所以父亲很生气，记得当时他手里拿着一卷报纸，将报纸狠狠地扔在地上，说："你要抽股，以后就再也不能到我们厂来了。"[25]

向女士性格沉稳，不太善于描述人们的音容笑貌，往往会使讲述显得枯燥，图像亦可增加讲述的感性色彩。其父向宾讽曾任大学教师，故能于网上搜到其父写的诗，以及学生为向父写的回忆文章。访谈时我们先把这些念给她听，又一起看她父亲的照片（图 10.8）[26]，才逐渐使谈话生动起来。她说：

父亲并不是一个板着面孔的老夫子，而是可以亲近的慈祥长者。记得

图 10.8　向女士父亲向宾讽写真

小时候常见父亲在大厅踱方步，一边哼着："打倒列强，打倒列强，除军阀！除军阀！国民革命成功，国民革命成功，齐欢唱，齐欢唱。"他好像总是唱这一首歌。父亲是高度近视眼，但又喜欢读书阅报，家里订有《东方杂志》和《申报月刊》，眼睛看不清楚，就把书报举到鼻子跟前，一般人看报纸是眼睛动而报纸不动，而父亲则是视线不动，报纸则在眼前飞快地上下移动。现在想起那个画面，还会觉得特别好笑。[27]

图像史料体现出口述史未及的细节

访谈时我们搜集到一些有关文物，大部分皆翻拍成像，这类图像值得研究者仔细观察。

如上所述，向女士保存有较多的历史文物，甚至珍藏着早年工作时的聘书，包括初任小学教师的聘书、陈毅签名的 50 年代初的聘书（图 10.9—10.10）。[28]

其实还有其他聘书，限于篇幅，并未全部收入书中。这些聘书值得研究民国物价、工资制度等的学者重视。聘书于女教师名下称"先生"，称呼反映出社会对女教师的尊重，也符合近代上海的传统。聘书详载了聘用起止年月，并在校长名讳及月薪 25 元上敲有校长私章，相当于一份劳动合同。她说：

> 1939 年夏，我在报上看到振英模范小学招聘教师的广告，于是赶快去应聘，并很快便得到录用的答复。这个小学虽是私立的，但相当正规，它位于今建国西路襄阳路转角处的花园洋房里，当时属法租界地域，透过马路边的篱笆墙，可看到一排紫藤架，老师常在紫藤架下散步会客。……校长叫张振吾，是位 40 多岁的单身女性，她所招聘的教师也都是未婚女性，不想谈婚论嫁似乎是我们学校女老师的共识，现在回想起来，那个年代的女教师许多都不结婚，也许因为女性好不容易独立，就不想再做家庭妇女了。……刚开始工作，工资只有 25 元，记得当时一个月的工资只能买一双皮鞋，学校提供了宿舍，省了房租，但还要交饭费给食堂，工资的

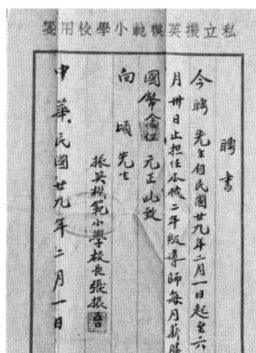

图 10.9　振英模范小学聘书

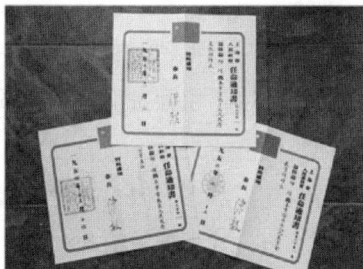

图 10.10　解放初由陈毅市长签名的聘书

一半就去掉了。后来一年年加工资，每年的聘书都会注明薪水，虽绝对数从四五十元升到两百元，比附近学校略高，但由于货币由国民党的老法币换成汪伪的储备金，钱一再贬值，物价飞涨，教师皆入不敷出，而振英模范小学对学生收费很高，校方大大发财，相较而言给老师的待遇就显得太苛刻了。1944 年，要求涨工资的呼声在上海各界越来越高，女校长却迟迟不肯提高工资。教师们无法忍耐，选出几个代表与校长理论，我也是代表之一。[29]

在本组访谈中，我们征集到两幅民国期间的结婚证书。左为倪凤仙女士的婚书（图 10.11），右为傅妙英女士的婚书（图 10.12）。[30]

图 10.11　倪女士婚书　　　　　图 10.12　傅女士婚书

两份婚书都非常精美，傅女士婚书尚保存有精美的套封。婚书以文言书写，遣词亦颇为相近。倪女士的婚书曰："佳偶天成，良缘永缔，情敦鹣鲽，愿相敬如宾，祥叶螽麟，定克昌厥后。谨以白头之约，书向鸿笺；好将红叶之盟，载明鸳谱。此证。"傅女士的婚书则曰："嘉礼初成，良缘遂缔。情敦鹣鲽，愿相敬之如宾；祥叶螽麟，定克昌于厥后。同心同德，宜室宜家，永结鸾俦，共盟鸳蝶。"婚书用词袭自古代婚契的格式化套语，末列结婚人、证婚人、介绍人与主婚人名字，应为民国以后的新变化，婚礼亦皆于下午三点举行，反映出当时当地婚俗中的共性。

二人皆为南汇县人，因出身与婚姻状况的不同，婚书还是有些微不同。倪女士为富家小姐，其家人皆为基督徒，婚书中的"红叶之盟"透露出自由恋爱的气息，而在贵州路湖社举行婚礼，又显得非常隆重。倪女士说：

　　高中毕业时，哥哥已在沪江大学就读，他想叫我也去读大学，但父亲觉得女孩子读到高中就很好了。就在那时，我和哥哥的朋友认识了，他比哥哥小两届，但他读书早，其实和我同岁，哥哥觉得他人不错才介绍给我的。他和哥哥都是沪江大学政治系的，当时政治系比较清闲，课比较少，不爱读书的、混日子的都在该系。我常笑他们："你们这些少爷都读政治系。"他姓"间"，这个姓氏比较罕见，据说原来是复姓"间丘"，但传到某一辈时取个单名叫"间丘名"，可他的后代没什么文化，便认为祖上姓"间"名"丘名"，从此他们家族就改成单姓"间"了。不久，我们结婚了，那时我才20岁，当时结婚都早，觉得男方不错就结婚了。[31]

傅女士14岁便成为朱家的童养媳，到21岁才与少小相识的丈夫"圆房"，这时仍有一定的仪式。傅女士说：

　　我在阴历五月初过的门，由媒人领到婆家，住在北面的娘娘和她的"八母"是媒人。朱银章（婆家邻居）的爸爸划了一条船带我来的，从朱家店上船，到西面的那条河上岸……那天我穿的是一件绸缎旗袍，一双绣花鞋。婆家的行盘（聘礼）是30个银子洋钿，还有茶叶、核桃、红花生、绿花生，放在两个杭州篮里，其他就没啥了。……我21岁才迎来"好日"（正式结婚），我们买了一张结婚证书，上面写有介绍人和证婚人的名字。家里摆了四桌酒席，主要请自家人和8个雇来吹喜乐的乐人。那天我穿上绣花的淡红旗袍，绣花的红鞋子，还要戴起珠头面和兜纱，兜纱用两幅纱拼成，像帐子一样，前面后面都可以揭开。头顶中间有一个花球，很好看的。鞋子是借来的，头面也是借的，戴一戴就要5斗米的钱呢，当然这些钱都是婆家出的。……我是童养媳圆房，婆家又穷，所以我没坐过花轿，喜酒也一天就结束了。[32]

所谓童养媳相当于娘家卖女儿，未坐花轿令口述者耿耿于怀。其婚书是买来的，从证人、介绍人到主婚人都在姓名下画十字或正字，不再按红手印，这应是民国后改良的，但也说明主婚人等皆不识字，名字也极具浓厚的乡土气息，如"杨和尚""杨秋根"等。

访谈时所获老照片极为珍贵，人物写真可见当年服装，展现其肢体语言，时代现场感十分突出。余慧凤女士生于1912年，访谈时已100岁，但她保存的老照片并不多。最后一次访谈，其媳方拿出家藏玻璃底片，经多次努力才翻拍成功。[33]

据口述者及家人指认，左首第一人为口述者余女士，右为其妹妹，中为大嫂（图10.13）。根据口述者回忆，拍照时未婚，按其年龄及婚龄推算，这张照片应摄于20世纪20年代末。妇女着宽袖中装和长裙，头梳发髻，皆为民国初期中上层妇女的装束，所以余女士所说的她出身于有钱人家是可信的。与古代不同，她们的裙子不再拖地，以方便行走，脚也露了出来，可见大嫂的脚特别小，而余女士的脚已相当正常了。说明民国初开明家庭的女孩不再缠足，而略长几岁的妇女缠足已定型。

为突出口述者，编书时只裁取这张照片的上半部。跪在下面的女孩是余女士的小妹妹，她为什么采取跪姿，而不和其他三位姐嫂一同站立呢？鲁迅先生谈民国初照相风俗曰："半身像是大抵避忌的，因为像腰斩。……所以他们所照的多是全身，……人呢，或坐或立，……雅人早不满于这样千篇一律的呆鸟了，……较为通行的是先将自己照下两张，服饰态度各不同，然后合照为一张，两个自己即或如宾主，或如主仆，名曰'二我图'。但设若一个自己傲然地坐着，一个自己卑劣可怜地，向了坐着的那一个自己跪着的时候，名色便又两样了：'求己图'。"[34]鲁迅的文章作于1924年，所记应为清末民初的现象。近代以来总是男性先接受新事物，而女性

图10.13　余女士姑嫂合影

接受同样事物要更晚一些。这张照片当然和二次曝光的"二我图"不同，但四人的全身照颇似鲁迅所讽刺的角色照，三人昂然站立，脚下置一束花，小妹妹像是献花人，又像是服侍的丫鬟，也许亦为避免"千篇一律的呆鸟"而设计的主仆角色吧？口述者早年生活于江苏镇江，离上海很近，风俗亦与鲁迅的故乡相近。余女士应是中国最早接受照相的妇女之一，照片反映出那个新旧交替的时代。

采访初期，一位学生在微博上晒出祖母的标准照，引来团队成员的惊叹。周于藻女士是口述者中唯一一位在美资企业工作过的职员，学生是她的孙女。与余女士上述照片完全不同，周女士烫着大波浪披肩卷发，淡妆红颜，反映出上海职业妇女时尚的一面（图 10.14）。[35] 随着时代的变迁，上海发展成时尚之都，上海妇女自然得风气之先。为不错过重要史料，笔者会亲自上门拜会每一位访谈对象，而这个案例更值得重视。第一次登门前，学生一路嘱咐，露出担忧的神情，似乎对祖母十分畏惧。进门伊始，果然见到一位眼光极犀利的长者。细聊之后，方知美貌给她带来不小的困扰，以致在家人的逼迫下，不得不匆匆找一男人出嫁。

　　我们公司女职工一直不多，新招进的多是刚毕业的男大学生，后来有许多男生追求我。用他们的话来说，就像在跑狗场里，一只小白兔后面追着一群猎狗，就看谁最终能追上。追求者实在太多，我有些招架不住了。我一上班，一群人就等在大门口了，从大门口到办公室要走一段路，他们也跟着；刚下班，他们又跟到我家楼下，有的写信来，有的请我去吃饭，有的开辆大卡车要来接我。那时我很尴尬，尽管一再拒绝，他们还是来，有时只好躲在房间里，让妹妹去问找谁，如果说找我，就说我出去了；有时让

图 10.14　周女士年轻及年老时写真

她从楼上伸头看看"那个男的走了伐",妹妹说"走掉了",我才敢出门。住在厂里宿舍的男青年,聚在一起就会议论小姑娘,他们说"CC"(厂长的代称)的外甥女是"厂花"等等,这些闲话也传到舅舅的耳朵里,他跑到我家里告诉我父母,父亲对这种情形也很不满。我自尊心蛮强的,心想自己是来工作的,也只想在公司里认真工作,他们说"厂花"之类,我觉得是对我的侮辱。……那时急于摆脱被许多人追求的窘境,经过3年的恋爱,我最终还是选择了他。为此我后母还特地烧了一桌菜,以我过生日的名义,把我那些追求者都请来吃饭,然后把他介绍给大家,意思就是告诉他们,我已经有确定的对象了,好让他们心冷下来。[36]

新中国成立后政治运动不断,她大半辈子都在担任财务工作,一个项目往往就有几百万元的经费进账,不由使人提心吊胆。改革开放后,有经验的会计师更成为紧缺人才,所以她直到73岁才真正退休,严谨认真便成为性格的一部分,眼光自然变得犀利起来。时代不仅改变了人的容颜,更改变了人的性格。

向女士兄弟姐妹共8人,主要从事教育事业,向家一门5位校长,遍布大中小学。下左为20世纪40年代向氏五姐妹的合影(图10.15),正中为口述者,最终被选为本书(指刊登此文的原书)的封面图。[37] 图10.16为蔡怡曾老师年轻时的照片,[38] 她毕业于圣约翰大学,20世纪40年代为女子师范学校教师,中共地下党员,又是口述者X女士的入党介绍人,和向颂女士一样,亦曾被捕入狱,遭受国民党特务的严刑拷打。由

图 10.15　向女士五姐妹合影　　图 10.16　蔡怡曾老师年轻时写真

于口述者不同意公开发表这篇口述报告，好不容易找到的史料也就不能收入书中了。图中上海职业妇女皆身穿旗袍，值得注意的是，这种旗袍虽合身，但开衩并不太高，一般只及膝盖，显得既时尚又文雅。当今影视中所谓民国旗袍皆开衩至大腿，潘女士曾于访谈中讥为"恶形恶状"。真实的上海职业妇女完全不同于影视想象出的妖艳形象，更重要的是，她们眼中皆放射出自信的光芒。这两张照片堪称上海职业妇女的代表形象。

由本项目的调查来看，上海职业妇女遍及工商业、学校、医院，她们跨越两个时代，其叙述涉及社会的方方面面，她们提供的不同时代的影像不仅能为妇女史提供史料，而且如纺织厂训练所、企业股票等图像皆为上海工业史提供许多文献未及的细节，如婚书、聘书等文物为社会史提供了珍贵的旁证。由于文献鲜少记载妇女的事迹，在妇女口述史的研究中，图像史料更值得研究者的格外注意。采访时图像有助于谈话的深入，而其本身所带有的时代特征能证实口述，其微妙的形象比文字更能说明社会场景，而这些意义口述者未必会谈到，正有待于研究者的挖掘。

注　释

[1] 程郁：《民国时期妻妾共居家庭的生活记录》，《史林》，2004 年增刊（口述史研究专号），第 73—78 页。
[2] 程郁：《解放初期革命队伍中女知识分子的感情一叶》，《史林》，2006 年增刊，第 42—44 页；瞿晓凤、程郁：《上海浦东童养媳个案调查记录》，《史林》，2007 年增刊，第 112—116 页；文丹、程郁：《民国时期陕西富裕农家生活》，《史林》，2009 年增刊，第 131—133 页；屠立晨、程郁：《20 世纪三四十年代上海贫民女孩眼中的世界》，《史林》，2010 年增刊，第 73—75 页；杨蕾、程郁：《解放前后苏北乡村妇女生活》，《史林》，2010 年增刊，第 79—81 页。
[3] 程郁：《上海的纺织女工生活》，《史林》，2011 年增刊，第 77—81 页。
[4] 程郁、朱易安：《上海职业妇女口述史——1949 年以前就业的群体》，桂林：广西师范大学出版社，2013 年。
[5] 游鉴明口述史方面的代表作有：《走过两个时代的台湾职业妇女访问纪录》，台北："中研院"近代史研究所口述历史丛书 (52)，1994 年 2 月；《倾听她们的声音：女性口述历史的方法与口述史料的运用》，台北：左岸文化事业有限公司，2002 年 9 月。
[6] 程郁、朱易安：《上海职业妇女口述史——1949 年以前就业的群体》，第 27—28 页。
[7] 向女士出狱当天照片，由口述者向顷女士提供，2012 年访谈者程郁翻拍。
[8] 程郁、朱易安：《上海职业妇女口述史——1949 年以前就业的群体》，第 36 页。
[9] 向女士丈夫王鼎成亲笔信，由口述者向顷女士提供，2012 年访谈者程郁翻拍。
[10] 程郁、朱易安：《上海职业妇女口述史——1949 年以前就业的群体》，第 31—32 页。

[11] 朱枫（1905—1950），女，中国共产党优秀党员、革命烈士。原名朱谌之，参加革命后改名。生于浙江省镇海县的富裕人家，1945 年加入中国共产党。1949 年冬，朱谌之被派往台湾从事情报搜集工作，在出色完成任务后，由于叛徒出卖，被捕入狱，1950 年 6 月 10 日在台湾马场町刑场被枪杀，年仅 45 岁。2011 年 7 月 14 日，骨灰安葬于浙江镇海革命烈士陵园。

[12] 大班，晚清以来形成的洋泾浜英语之一，即 banker 的讹读，起初将大银行家称为"大班"，后一般人将银行高级职员都称作"大班"。

[13] 程郁、朱易安：《上海职业妇女口述史——1949 年以前就业的群体》，第 248 页。

[14] 杨女士口述提到的民国钞票，经口述者确认，为中央银行 1936 年发行的一元货币。图片来自 https://www.997788.com/pr/detail_auction_174_21717140.html。

[15] 程郁、朱易安：《上海职业妇女口述史——1949 年以前就业的群体》，第 256 页。

[16] 有关杨女士的素描与照片，由口述者杨秀英女士提供，2012 年访谈者程郁翻拍。

[17] 司马迁：《史记》卷九二《淮阴侯列传》，北京：中华书局，1982 年，第 2631 页。

[18] 全祖望：《鲒埼亭集》卷一二《亭林先生神道表》，台北：文海出版社，1988 年，第 542 页。

[19] 详见程郁：《口述史料与文献的相互证实与质疑》，《史林》，2018 年增刊，第 154—166 页。

[20] 新光内衣染织厂老板傅良骏与李宗仁合影，及新光内衣染织厂新职工训练所，引自《"中国衬衫之父"——司麦脱（SMART）》，http://sifc.org.cn/news_view.asp?id=1000，已经口述者确认。

[21] 程郁、朱易安：《上海职业妇女口述史——1949 年以前就业的群体》，第 187、195 页

[22] 同上书，第 189—190 页

[23] 潘女士口述中提到的家族企业股票，已经口述者确认，引自 7788 收藏网上已售出的股票，https://www.997788.com/all_0/0/?searchtype=7&www=all&t2=100&s0=%B4%F3%CD%B3%D5%A5%D3%CD%B3%A7%B9%C9%C6%B1&submit=。

[24] 1920 年英国数理逻辑学家罗素于北京大学发表"物之分析"的演讲，由潘祖述与王世毅完成的记录稿刊登于 1921 年 3 月出版的《北京大学数理杂志》第三卷第一期。见赵爽英、张友余：《民国初年的数理期刊与中国现代数学的发展》，《中国科技期刊研究》，第 22 卷第 1 期，2011 年，第 165 页。

[25] 程郁、朱易安：《上海职业妇女口述史——1949 年以前就业的群体》，第 44、47 页。

[26] 向女士父亲向宾讽写真，由口述者向顷女士提供，2012 年访谈者程郁翻拍。

[27] 程郁、朱易安：《上海职业妇女口述史——1949 年以前就业的群体》，第 6 页。

[28] 振英模范小学聘书，及 20 世纪 50 年代初由陈毅市长签名的聘书，由口述者向顷女士提供，2012 年访谈者程郁翻拍。

[29] 程郁、朱易安：《上海职业妇女口述史——1949 年以前就业的群体》，第 12—14 页。

[30] 倪女士婚书，由口述者倪凤仙女士提供，2012 年访谈者屠立晨翻拍；傅女士婚书，由口述者傅妙英女士提供，2010 年访谈者瞿晓凤翻拍。

[31] 程郁、朱易安：《上海职业妇女口述史——1949 年以前就业的群体》，第 63—64 页。

[32] 同上书，第 294—296 页。

[33] 余女士姑嫂合影，由口述者余慧凤女士提供，访谈者程郁翻拍。

[34] 鲁迅：《论照相之类》，《鲁迅全集》第 1 册《坟》，北京：人民文学出版社，1963 年，第 290 页。

[35] 周女士年轻及年老时写真，由口述者周于藻女士提供，访谈者赵方祺翻拍。

[36] 程郁、朱易安：《上海职业妇女口述史——1949 年以前就业的群体》，桂林：广西师范大学出版社，2013 年，第 89 页。

[37] 向女士五姐妹合影，由口述者向顷女士提供，访谈者程郁翻拍。

[38] 蔡怡曾老师年轻时写真，来自百度词条，https://baike.baidu.com/item/%E8%94%A1%E6%80%A1%E6%9B%BE/8618260?fr=aladdin。

当代语境下的历史影像如何被观看？
——以"一个有问题的展览：从一段潮汕旧影像说起（1921—1939）"为例

孙　粹 *

摘要： 一提到历史影像，学者或大众的第一反应是其史料价值的珍贵性。其实不仅如此，在公众史学盛行的当代语境下，历史影像自身也有了更广的外延和更深入的研究：一方面，图像证史，它为历史的真实性提供了有力的视觉佐证；另一方面，在当代语境下，历史影像与现实生活是否有关联性？或者具有启示意义？本文以越众历史影像馆对潮汕地区的一条旧影像的研究及展览实践为例，通过一起策展和问题意识的试验方式，把历史影像本身"扯出"更多、更广的外延，以此来探讨历史影像的研究方法和当代语境下对其价值的重新思考。

关键词： 历史影像；问题意识；试验；一起策展

Abstract

When it comes to historical images, the first reaction of scholars or the public is their precious value of historical materials. In fact, historical images also have a broader extension and deeper research under the prevailing contemporary content of public history. On the one hand, images as historical evidence provide a powerful visual evidence for the authenticity of history. While on the other hand, whether historical images are relevant to real life, or revelatory in the contemporary context.

---

* 孙粹：越众历史影像馆策展人、副馆长。

Using the research and exhibition practice of Yuezhong Museum of Historical Images on the historical images about Chaoshan area as example, this article reveals the broader context of historical images through the experimental way of collective curation and problem-oriented consciousness, so as to discuss the methodology of historical images, and to rethink their value in the contemporary context.

Key Words

historical images; problem-oriented consciousness; experiment; collective curation

潮汕旧影像（1921—1939）及其价值思考

潮汕旧影像是一条反映潮汕地区早期的活动影像，是越众历史影像馆（以下简称"影像馆"）于 2015 年在一次偶然的机会下采集而得。这段黑白无声的影像初步推测为私人拍摄，拍摄时间大致在 1921—1939 年间，时长为 8 分 13 秒。目前的资料显示，这是当下所见的最早的潮汕地区活动旧影像。

越众历史影像馆（Yuezhong Museum of Historical Images，简称 YMoHI）是一所集收藏、研究、展示为一体的民办非营利学术机构，由深圳市越众投资控股股份有限公司建设，以"独立、中立、自立"为基本原则，以中国历史题材的影像资料为收藏及研究方向，深度挖掘"流失海外和散落民间的中国历史影像"[1]。越众历史影像馆致力于打造专业化展馆平台，着力于构建一个专业、专门的学术机构，已汇聚社会各界文化公益人士，自筹构建了一支强大的专家团队作为学术支撑。影像馆的专家委员会由历史、影像、人文社科、博物馆学等领域的知名专家、学者、纪录片制作人、摄影师、策展人、专业媒体等组成，更有北京电影学院资深教授、中国纪录片泰斗司徒兆敦先生及美军名将约瑟夫·史迪威（Joseph Stilwell）将军的外孙、前美军上校约翰·伊斯布鲁克（John E. Easterbrook）先生作为影像馆名誉馆长。

收藏和研究中国历史影像是影像馆的定位，这条罕见的潮汕旧影像不仅符合影像馆的定位，而且是外国人拍摄的有关广东地区的私家影像，比较特别。因影像馆地处广东，有其研究的便利条件。2016 年，影像馆的研究团队开始就这段潮汕旧影像展开研究。从这段影像中，研究团队几次实地考证，发现了当时的汕头潮海关大楼、礐石岛、潮州湘子桥、牌坊街等标志性的潮汕地区老建筑，于街头巷陌中窥见了民国时期普罗大众的日常生活、汕头码头上繁忙有序的运输业及太古仓库、外国人在潮汕地区的生活日常，甚至还有一艘疑似航母的军舰隐藏在这段影片当中。

　　2016 年，影像馆计划做一个有关历史影像的展览，要从自身的馆藏中挑选一条片子进行研究，这个任务委派给了刚入职不久的青年研究员江渡，他看到这条片子后的第一反应是：好无聊！反复看了几遍之后还是觉得索然无趣，但最后决定还是选用这条"无聊"的片子作为研究对象。在梳理过程中，他反复地问一个问题："一段记录了民国时期潮汕标志性建筑物与人们日常生活的旧影像有什么价值？"正如他在 2016 年 11 月 26 日和 27 日在越众影像馆举办的"历史影像的叙述与研究"论坛分享中提到的："对于潮汕人民、影像专家、历史学者来说，观看这段影像自然是兴奋的。潮汕人民看见了数十年前自己的家乡的面貌和先辈们的动态影像；影像专家赞叹于旧胶卷保存状况的良好，数字化后画面的清晰；对于历史学者来说，可能是一段不错的历史材料，考证出片中人物可能会牵涉更大的课题，比如英美霸权转换时期，英美在中国的关系。但是对于一个非潮汕人民、非影像圈、非历史研究者的普通'吃瓜'群众来说，这段影像的价值何在？而选择这段影像作为研究和展览对象的年轻人正好就是这么一个'三非'人员。怎么能让这条片子被更多的人看见、产生兴趣，甚至想要进一步地了解和探究，再因此而感受到这寻常的、'与己无关'的片段居然也跟我们现在的生活有着千丝万缕的联系，从而由衷地发觉此段影像也是有价值的？又如何才能达到计观众在经历了这种历史影像与自身相关的'莫名其妙'的亲切的感受后，回到自己所处的日常生活中产生一种新的观感与体验？"这是这位年轻人近一年来思考与探索的问题。

刺点：跑偏的观看

　　法国结构主义文学理论与文化评论家罗兰·巴尔特（Roland Barthes）在《明室》一书中，把照片的意义分为两个部分：意趣（Studium）和刺点（Punctum）。

前者是摄影师通过作品向观众所展示的可理解和交流的文化空间；而后者则是照片中刺激和感动人的局部和细节，也即让人为之着迷和疯狂的地方。[2]

对于潮汕这段旧影像的研究，更多始于"刺点"的理论，正如罗兰·巴尔特在《明室》中对"刺点"的描述："这一次不是我去寻找（像我殚精竭虑用意趣界定画面那样）这个要素，而是这个要素从照片上的场景里像箭一样射出来，射中了我。拉丁文里有一个词，指的就是这种被利器造成的伤痕、针眼和印记。这个词还让人想到标点，而我所说的那些照片也确实像标点过的，有时甚至密密麻麻地布满了这种敏感的点。准确地说，这些印记、伤痕，就是一些点。这第二个要素来把意趣搅乱了，我于是把它叫作 Punctum（刺点），因为刺点也是针眼、小孔、小斑点、小伤口，而且它还有碰运气的意思。照片上的刺点，是一种偶然的东西，正是照片上这种偶然的东西刺了我。"[3]

罗兰·巴尔特在《明室》中提出的"刺点"理论即是将照片所展示的表象与观看者的私人经验紧密联系，潮汕这段旧影像对研究员江渡的直接刺激，是一位老师对这段影像的评价："这条片子很珍贵，可惜有两分多钟都是猫狗的画面。"这个评价与他日常的生活经验有冲突，因为宠物已经成为现在日常生活的一部分，猫狗的画面为什么就没有历史价值？而正是这种刺激产生了一种契机：跑偏的观看。他不再在意平常意义中一条影像所涉及的重点——时间、地点、人物及重大事件等，而去关注影像中那些看似无关紧要的细节——泳衣的商标、女士手包、男士帽子、墨镜、发型、是否穿鞋、猫的品种、狗的样貌、抱枕上的画、桥墩上写的什么字、吃的什么饭菜、抽的什么烟卷、玩的什么运动，而这些细节、局部却成了研究过程中真正的刺点，因为它们吸引和刺激了研究员的兴趣，发现它跟我们的日常和生活经验联系在了一起，也正是这些刺点所产生的一系列疑问和这种跑偏的观看产生了接下来的展览实践。

小题大做

研究方向找到了，但在找寻的过程中，研究团队曾不止一次质问自己是否可行，如此细微的研究是否具有意义。历史学者王笛在《茶馆：成都的公共生活和微观世界（1900—1950）》一书中写道："没有无意义的研究对象，无论我们的研究对象多么平淡无奇，多么缺乏宏大的'政治叙事'，如果我们有利用'显微镜'解剖对象的本领，有贴近底层的心态和毅力，我们可以从那些表面看来'无意义'的对象中，发现历史和文化的有意义的内涵。"[4] 一滴水在显微镜中，可以呈现如此丰富多彩的面貌。同理，在这条琐碎的 8 分钟的潮汕日常影像中，我们同样可以看到丰富多彩的世界。

那我们到底要从这条影像中挖掘哪些方面，怎么去梳理？带着这个问题，研究团队反复看片子，从刺点中找出了线索，举个例子：发现影像中的一位女士的泳衣上的商标，根据这个商标找到了这家早期制作泳衣的厂商，这家厂商至今还在做泳衣，通过这个发现，研究员外延到泳衣的来源、发展及其历史，以及延展到女性解放运动等；再比如，片中出现了一艘军舰，经多方考证，发现是一艘航母，并找到了它出现在片中的原因，虽然求证过程比较复杂，但我们最终得到了证实。这种解剖式的发问和解答，使这段影像"暴露"在显微镜下，并与当下的现实生活产生了某种关联。对此，我们将挖掘出的刺点与线索以思维导图（图 11.1）及线索图（图 11.2）的形式进行呈现，以此作为展览的第一部分。

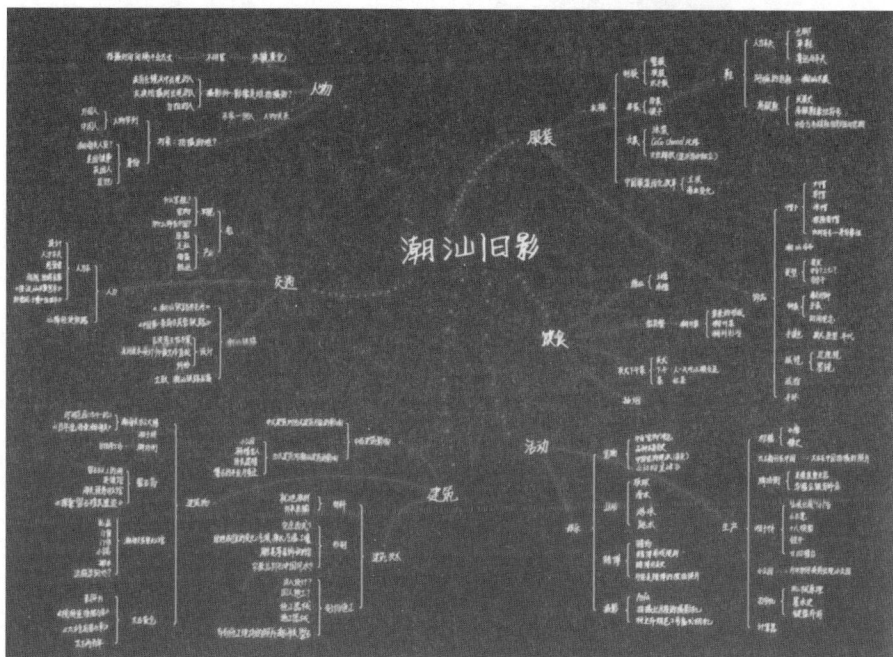

图 11.1　思维导图

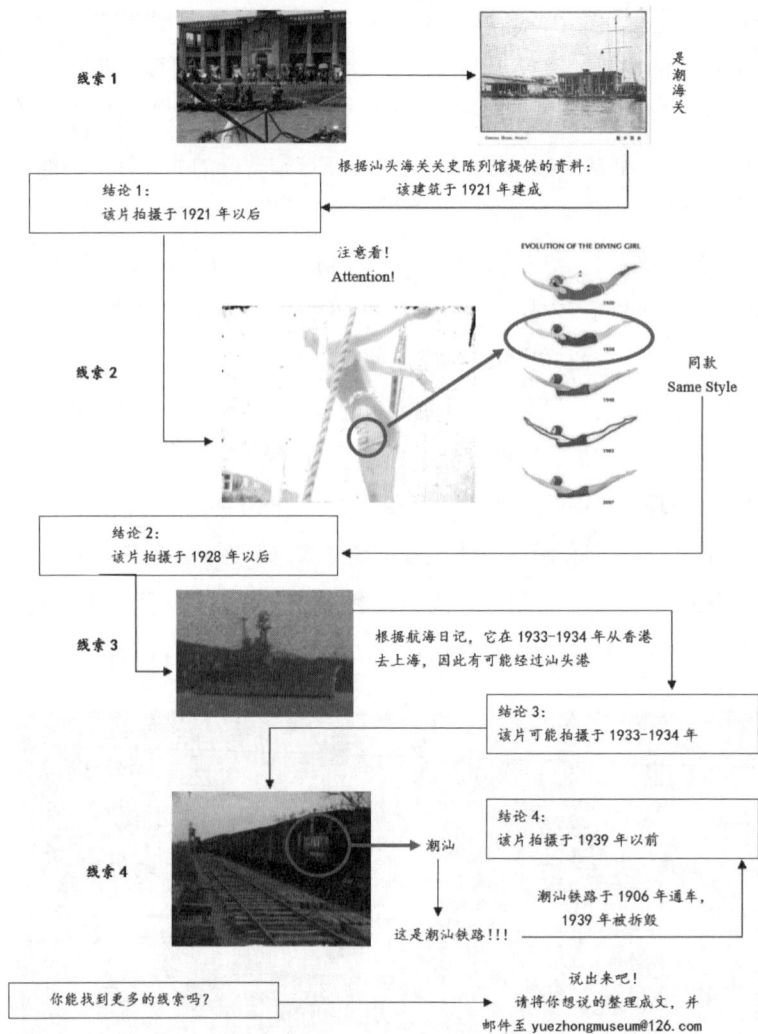

图 11.2　推断拍摄时间的线索图

　　这种研究思路也得到了部分专家的肯定，如台南艺术大学音像艺术学院院长、音像纪录与影像维护研究所专任教授井迎瑞在展览开幕式上的致辞中所说的："这个片子，一句话概括就是'帝国之眼'。在 20 世纪 30 年代潮汕地区拍摄，摄影机就是帝国观看中国的眼睛。在我看来，这个展览呈现出的是对老影片的一种解读方法，提出了一个方法。而你们的展览所做的就是从细节、琐碎处来解读影像，这种解读本身就是对帝国之眼的一种解构，一种反抗。"

另外，庆幸的是我们处于一个知识、信息丰富的互联网时代，是一个知识社会、共享共创的时代，运用互联网，梳理出刺点，从"小"处着手，可以"扯出"更有意思的现实关联。在研究过程中，我们把从书籍、期刊、杂志等传统资料搜集渠道，到线上大学、网易公开课、沪江、TED、一席、逻辑思维、一条等的知识性单向平台，再到论坛（铁血军事网）、微博（博物志）、微信公众号（利维坦、毒舌……）、自媒体平台，以及知乎、果壳、在行、分答等互动平台统统运用起来，发现互联网让沟通变得直接、简单，也正是通过一些知识交互平台，我们得到了很多答案和信息，同时，也可以使我们思考和甄别"知识的可靠性"。除此之外，研究团队也因为一艘航母方面的问题特意去台湾请教台湾大学的教授。总之，研究团队用尽所想到的渠道去求证，以此保证其完整和相对准确性。这种研究的思路一方面补充了短时期内研究力量的不足，另一方面也充分体现了网络科技时代研究历史影像的新思路和意义，如高小龙（北京电影学院客座教授）在参加越众历史影像馆策划的"历史影像的叙述与研究"论坛时指出："让我非常震撼的是它（这个展览）出自'80后''90后'这么一批年轻人。年轻人对于这些枯燥的、黑白的、粗糙的历史影像，竟然能发掘出这么精彩的、有网络时代特征的影像阅读的意义，我觉得这是非常震撼的。"

一起策展

团队的研究力量和知识储备有限，为了获得更多的民间资料，影像馆于2016年8月中旬启动了"一起策展吧"，邀请各界人士一同研究这段影像，共同策划一场"始于潮汕，但不止于潮汕"的展览。这段视频虽拍摄于潮汕地区，但因我们的扩展研究，超越了潮汕历史和视频资料本身，从而不止于潮汕。亦因此，我们更希望引起大众注意的是我们对随机挑选的历史影像资料所采取的研究解读方式，也希望与大众一起来一场研究历史影像的狂欢！

这种方式是否适用于其他历史影像？它能否为"沉闷"的史学研究注入新的血液？它能让更多年轻人参与其中吗？抑或是它真的存在着诸多漏洞？

为了向观众传达我们此次展览的研究方式和获得观众对展览的建议，影像

图 11.3　中心书城巡讲现场　图片来源：越众历史影像馆，2016 年

图 11.4　西西弗书店巡讲现场　图片来源：越众历史影像馆，2016 年

馆分别在中心书城和西西弗书店进行巡讲，与观众一起探讨这段影像和解读历史影像资料的方式（图 11.2—11.3），也继续号召大众与我们"一起策展"。同时，我们线上的"一起策展"实践也在同步进行。这种研究方式让我们结识了潮汕铁路的后人、潮汕旧影像的藏家、潮汕影像的研究者与爱好者，以及我们展览所列出的课题的深入研究者，他们为展览、为影像的研究提供了很多信息

和不错的建议，包括在展览期间的一些纠错意见等。

何谓"一个有问题的展览"？

在搜集、整理、研究资料及展览筹备的过程中，我们发现了一些问题，有些问题是短时间不能解决的，在开最后一个策划会时，团队提出了"有问题"的想法，索性题目就定位为"一个有问题的展览"。

所谓"有问题的展览"是一句双关，一层意义指向研究方向、研究方式和展览呈现的"实验性"，实验作品虽然有着一些前沿性、开创性，但必定存在着问题、漏洞，甚至争议，我们把"有问题"公然抛出来，既是谦虚地表达一

图 11.5　观众在越众历史影像馆"一个有问题的展览：从一段潮汕旧影像说起（1921—1939）"展厅里的留言
图片来源：朱黎拍摄，2017 年

种历史研究态度，也是坦诚地表达我们年轻的团队未能面面俱到、周全考虑，更重要的是，我们勇敢地做好了面对学界和公众必将提出问题和质问的准备。"有问题"的另一层意思，是指我们将在展览中留下交互的伏笔，抛出一些未解决的问题，和可能引起观众兴趣的历史知识，让观众与我们一起探讨。这种"有问题"的策展方式得到了专家的肯定，如熊迅（中山大学传播与设计学院副教授、中山大学媒介人类学研究中心副主任）认为："如果要说这个展览，就像题目说的那样，是有问题的展览，我觉得是一个很有趣的问题展览，它不光是说它本身有问题，而且是在说这个展览和纪实影像的呈现方式非常有趣，或者它是一个引发问题或讨论的展览。"同时，也得到了部分观众们的支持，有些观众在看完展览后给我们留下了他们的观点和与展览相关的信息（图11.5—11.6），如提供了硇石岛、榨糖机关、旧建筑等信息内容，充实了展览内容。

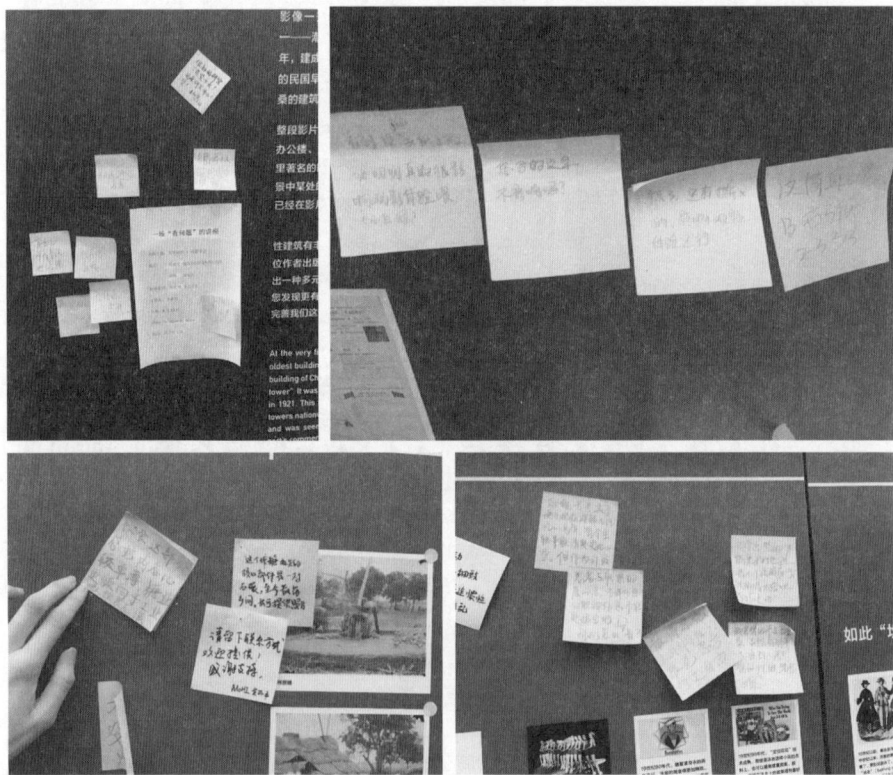

图 11.6　观众在香港中文大学（深圳）分校"一个有问题的展览：从一段潮汕旧影像说起（1921—1939）"巡展展厅里的留言　图片来源：越众历史影像馆拍摄，2017 年

至今，这里的一切都是未完成的

确定完展览的题目后，研究团队将一条 8 分 13 秒的潮汕旧影像解剖成一个影像展览，展出内容包括高清完整版的《潮汕旧影》（暂定名）、图片 600 余张、视频资料约 1 个小时、文献及实物若干，以及研究团队于潮州古城收集来的普通百姓日常生活的声音。这些声音在展厅现场循环播放，以期今日之潮汕与影片中约百年前的潮汕展开一场隔空对话。虽然展览已结束，但这仍然是一个未完成的展览，希望通过此种研究方式能够吸引到有兴趣的观众加入到这段影像的研究队伍中。展览由七个部分组成，第一个部分包括高清完整版的《潮汕旧影》（暂定名），并探讨其中携带的传统认知中引以为重的"时间、地点、人物、事件"。其余六个部分内容分别以建筑（Architecture）、服饰（Clothes & Accessories）、交通（Traffic）、饮食（Diet）、人物（Character）和活动（Activity）为主题展现近一年根据视频资料发展开来的相关历史信息，同时辅助展出许多机构所藏的中国近现代影像，以及国内（含港澳台地区）外诸多历史学者的研究文章。之所以选择这六个部分，更多是研究团队的兴趣所在，也在一定程度上是实地考察之后的成果，比如建筑和饮食部分，包括在当地做了声音的采集，在展览呈现的时候，团队做了一个弹幕版且配有潮汕本地声音的视频。其余几个部分更多是对具体细节的研究兴趣的延伸，比如服饰部分是因为泳衣的一个商标，延伸出泳衣及服装的发展史等，交通部分是因为片中三轮车和航母的发现，以及对现有理论研究程度的深入和借鉴。

建筑

影片中一开始出现的是汕头开埠以来最早建筑之一——潮海关办公楼，俗称"钟楼"。整段影片出现的标志性建筑，不只是汕头的潮海关办公楼、太古货仓、礐石岛上的使馆，还有潮州城里著名的牌坊街、湘子桥等等，甚至有人识别出街景中某处的商号、赌场入口、桥墩上的广告等标志性建筑（图 11.7—11.13）。

图 11.7　潮海关办公楼，俗称"钟楼"，现为汕头海关关史陈列馆。1921年建成，是汕头开埠以来最早建筑之一，也是目前全国保存较为完好的民国早期海关钟楼之一

图片来源：截取自《潮汕旧影》（暂定名），版权归越众历史影像馆所有

图 11.8　牌坊街。在丁铨著作《旧影潮州》的记载中，20世纪50年代，整条牌坊街几近拆除。2004—2009年，潮州市重建了22座古牌坊

图片来源：截取自《潮汕旧影》（暂定名），版权归越众历史影像馆所有

图 11.9　太古货仓

图片来源：截取自《潮汕旧影》（暂定名），版权归越众历史影像馆所有

图 11.10　湘子桥，亦称广济桥，始建于南宋乾道七年（1171年），由太守曾汪倡建，是古代闽粤交通要道，为中国第一座启闭式浮桥

图片来源：截取自《潮汕旧影》（暂定名），版权归越众历史影像馆所有

图 11.11　潮海关监察长公馆，位于广东省汕头市金平区海安街道怀安居委南海横路2号，始建于1922年，为二层欧式楼房建筑

图片来源：汕头海关关史陈列馆提供

图 11.12　英国领事馆。英国政府于1860 年在汕头妈屿岛开设领事馆，约于 1862 年迁址至礐石。图中为礐石的英国领事馆馆址。这是 20 世纪初的一张明信片，汕头美璋照相印制
图片来源:《汕头旧影》

图 11.13　礐石岛。礐石（原称角石，后于民国年间改称礐石）位于汕头港南面，与市区隔海相望，面积为 3.4 平方公里。因其地处海边，山多巨石而得名。礐石于咸丰、同治年间属潮阳县。汕头于咸丰九年十二月初九日被迫开放为通商口岸后，随着经贸的进一步发展，原建于妈屿岛的潮州新关（后于光绪中期改称"潮海关"）及各国领事馆、洋商办公场所及库房于同治初年逐渐迁至汕头市区和礐石
图片来源：根据《潮汕旧影》（暂定名）的截取图拼接而成，版权归越众历史影像馆所有

服饰

在服饰的单元，研究团队从镜头中一闪而过的泳衣商标追溯至"坎坷"的西方泳衣发展史，从中窥见了女性权利意识的觉醒。此外，他们还发掘到了木屐中蕴含的潮汕传统文化习俗、髻头斋的由来及其在各国的演变、民国年间的中国警察警服的变迁史等（图 11.14—11.25）。

图 11.14　潮汕影片中妇女脚穿的木屐，隐约可见是无齿轮的木屐
图片来源：截取自《潮汕旧影》（暂定名），版权归越众历史影像馆所有

图 11.15　从影片中一位外国女孩游泳的镜头中隐约看到泳衣大腿位置有一个图标（logo）
图片来源：截取自《潮汕旧影》（暂定名），版权归越众历史影像馆所有

图 11.16　世界上最早的泳衣品牌 Jantzen 的商标变化图
图片来源：Jantzen 官网

EVOLUTION OF THE DIVING GIRL

1920

1928

1948

1983

2007

图 11.17　1840—1900 年，维多利亚时期的"浴衣"（bathing dresses）
图片来源：《大河文摘报》

图 11.18　1906 年，一个面向全年龄女性的泳衣（swimwear）广告
图片来源：《大河文摘报》

图 11.19　20 世纪 20 年代 "Sirens of The Sea" 中的泳衣美人们，右一灵感来自旗袍
图片来源：《大河文摘报》

图 11.20　1933 年上映的歌舞剧《华清春暖》剧照，百位泳装美女如水妖般在水中排列出各种队形和图案，其中身穿的就是 Jantzen 的经典款泳衣
图片来源：Mtime 时光网

图 11.21　20 世纪 50 年代，色彩鲜艳的泳衣
图片来源：Vintage Dancer

图 11.22　1964 年无上装比基尼的诞生
图片来源：搜狐时尚

图 11.23　20 世纪 80 年代的比基尼
图片来源：搜狐时尚

图 11.24　1996 年 5 月法版 Vogue 模 特 Georgina Grenville 身着比基尼
图片来源：知乎日报

图 11.25　2000 年 Amber Valletta 为 Versace 拍摄的泳衣广告
图片来源：知乎日报

交通

　　汕头作为近代中国重要的开埠城市，交通发达是必要的需求，交通工具的多样化在影片中可见一斑。轮船、舢板、帆船、快艇、火车、三轮车，甚至航母都在镜头中闪现（图 11.26—11.39）。于交通单元展出的这些元素不但帮助研究团队推断了影片大致的拍摄年代，更促使他们想要超越影片的范畴去探讨细节中所包含的更多的历史信息。比如从挖掘三轮车的发展史中窥见近代中国的城市化与商业化进程；又如探究航母为何出现在汕头港的问题牵扯出一段广东海盗祸乱与中英的外交博弈史。

　　经资料收集和证明，我们猜测军舰的名字为"鹰"号，是英国的第二艘全

图 11.26　在影片中一闪而过的军舰　图片来源：截取自《潮汕旧影》（暂定名），版权归越众历史影像馆所有

图 11.27　1929 年鹰号的图片　图片来源：帝国战争博物馆收藏

通甲板航空母舰，原名是 HMS Eagle，它的名字是为了向美国的雄鹰致敬，同时为了纪念美国加入第一次世界大战。

　　而根据相关史料，从 1920 年 11 月至 1923 年，"鹰"号一直在船厂里接受改建，因为在最初的试验之后要确认岛式结构的位置，直到 1924 年 2 月终告正式完工。由于伴随舰队的速度不够以及搭载机数量较少，在 20 世纪 30 年代中期以后"鹰"号被分配到中国舰队，但第二次世界大战爆发后返回地中海。在马耳他从事运输行动时，于 1942 年 8 月 11 日被鱼雷击沉。

图 11.28　在影片中出现的驳船。"驳"指连接，例如"驳脚"（指转车或船），旧时大船吃水深，常泊于远离河岸的深水中，要用小艇把乘客或货物送上船或码头，叫"驳艇"
图片来源：截取自《潮汕旧影》（暂定名），版权归越众历史影像馆所有

图 11.29　满清官员骑着马
图片来源：约翰·汤姆逊《中国与中国人影像》

图 11.30　影片中出现在牌坊街的人力车
图片来源：截取自《潮汕旧影》（暂定名），
版权归越众历史影像馆所有

图 11.31　影片中在潮海关码头等候客人
的人力车夫们
图片来源：截取自《潮汕旧影》（暂定名），
版权归越众历史影像馆所有

图 11.32　马车。这组玻璃幻灯片由圣方济各会的传教士梅荫华（Michel De Maynard）拍摄。此系列包含 230 幅影像资料，约拍摄于 1906—1912 年，主要记录的是中国北方地区当时的状况，也包含梅荫华 1910 至 1911 年在陕西居住时，拍摄的当地的日常生活
图片来源：梅荫华《二十世纪初中国影像》

图 11.33　带风帆的独轮车
图片来源：梅荫华《二十世纪初中国影像》

图 11.34　独轮车与人力车
图片来源：VisualisingChina.net.

图 11.35　1945 年，人力车、三轮车、汽车同时出现在上海滩
图片来源：VisualisingChina.net.

图 11.36　1945 年，人力三轮车，上海

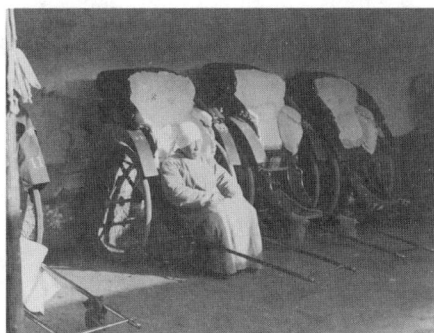

图 11.37　1933—1946 年，经过改进的人力车
图片来源：VisualisingChina.net.

图 11.38　19 世纪末，三辆人力车，日本
图片来源："环球旅行者的日本：人物"（Globetrotters' Japan: People），来自布林克利的 10 卷《设定日本》（from Brinkley 10-Volume *Set Japan*），麻省理工学院

图 11.39　晚清人力车与轿子
图片来源：VisualisingChina.net.

饮食

　　饮食之于人类不仅是延续生命，还有食物消费与身份认同之间的必然联系。影片中西方人的下午茶和水手们的工作餐体现着中西饮食文化的差异。但研究团队把重点展示给了榨蔗糖，并为其取名为"三牛挽犁立式双石辊"榨糖法（图 11.40—11.45）。这种古法生产今天已然消失，影片的记录成了最珍贵的历史资料。

图 11.40　影片中出现的榨糖设备，这在当时来说很可能是"高科技"
图片来源：截取自《潮汕旧影》（暂定名），版权归越众历史影像馆所有

图 11.41　影片中的年轻人采用的是三牛挽犁立式双石辊榨糖法
图片来源：截取自《潮汕旧影》（暂定名），版权归越众历史影像馆所有

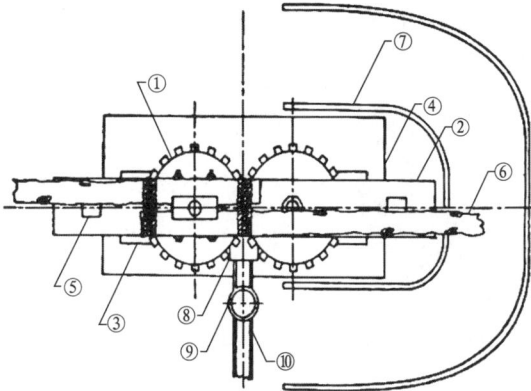

图 11.42　榨糖办法的现代示意图

图片来源：赵国壮，《论清末民初手工制糖业的近代转型》，《求索》，第 1 期，2011 年 1 月 31 日

①石辊　②天盘　③地盘　④地盘石　⑤石柱　⑥运转杠杆
⑦蔗渣传送道　⑧狮口　⑨除渣窝　⑩流汗沟

图 11.43　均胙《制糖机械之今昔》
图片来源：《大众机械》，1937 年，第 1 卷
第 3 期，第 6 页

图 11.44　澄结糖霜瓦器
图片来源：明宋应星《天工开物》

图 11.45　一直以来，榨糖是依靠一牛驱动立式双木辊压榨的。在明代宋应星的著作《天工开物》中，它的构造被清楚地记录了下来，并取名为糖车

图片来源：明宋应星《天工开物》

人物

　　人物单元重点定格给影片中一闪而过的芸芸众生。面对镜头，每一个面孔无意识流露出的神态，即是个体与时代融合而定格成的瞬间，"历史"也正是这些定格瞬间的集合体。在同一个时间和地点的历史节点中，我们既可以看到打着领带露出灿烂笑容的西方官员，也可以看到赤足赶牛却同样露出灿烂笑容的潮汕青年。

　　这段影像中出现了大量的人物，生活在底层的挑夫、外国男女以及他们的仆人等等（图 11.46—11.49）。他们是谁？拍摄者又是谁？为什么拍他们？我们目前尚未得知。

图 11.46　影像中的外国男子
图片来源：截取自《潮汕旧影》（暂定名），版权归越众历史影像馆所有

图 11.47　影像中的底层民众
图片来源：截取自《潮汕旧影》（暂定名），版权归越众历史影像馆所有

图 11.48　影像中的挑夫
图片来源：截取自《潮汕旧影》（暂定名），
版权归越众历史影像馆所有

图 11.49　影像中的仆人
图片来源：截取自《潮汕旧影》（暂定名），
版权归越众历史影像馆所有

活动

　　活动这一单元包含了影片中出现的摄影（街拍）、逗宠物、跳水、游泳、打板球、滑水等活动（图 11.50—11.58）。滑水，这一在今天看来再普通不过的运动，在影片拍摄时，应该是最潮最酷炫的吧！研究团队并未深入探究滑水运动背后的历史，而是用多个不同年代拍摄的视频来展示过去百年中的各种变化：滑水器材的变化，从单板到双板再到挑战赤脚，牵引动力的变化，从快艇到飞艇再到无人机；拍摄器材的变化，从在动力船上手持摄像机拍摄到用自拍杆和无人机双机位拍摄。

图 11.50　影像中的单板划水
图片来源：截取自《潮汕旧影》（暂定名），版权归越众
历史影像馆所有

图 11.51　冲浪运动，1938—1946 年
图片来源：澳大利亚国家图书馆

图 11.52　1915 年，一个新运动——滑水
图片来源：*Harper's Magazine*

图 11.53　牵引滑水的摩托艇
图片来源：截取自《潮汕旧影》（暂定名），
版权归越众历史影像馆所有

图 11.54　1922 年的可口可乐单板滑水橱
窗广告
图片来源：A Water Skier's Life

图 11.55　1922 年 Ralph Samuelson 发明滑雪板式滑水

图片来源：美国滑水基金会

图 11.56　影像中人逗猫的情景。此猫种类应是暹罗猫。暹罗猫原产于泰国（故名暹罗），在 200 多年前，这种珍贵的猫仅在泰国的王宫和大寺院中饲养，是足不出户的"贵族"

图片来源：截取自《潮汕旧影》（暂定名），版权归越众历史影像馆所有

图 11.57　影像中的赌场。赌博是民国时期潮汕常见的活动之一，名目繁多，而最具代表性的是赌花会，其于清嘉庆七年（公元 1802 年）由福建传入潮汕，初用 36 种花名，故名花会

图片来源：截取自《潮汕旧影》（暂定名），版权归越众历史影像馆所有

图 11.58　摄影是当时西方人的娱乐活动之一。影片最开始出现的这个 logo，应该是这部影片的发行公司

图片来源：截取自《潮汕旧影》（暂定名），版权归越众历史影像馆所有

结语:"始于潮汕,而不止于潮汕"的微观史实践

在该展于 2016 年 11 月在影像馆展出的同时,研究团队还策划了以"历史影像的叙述与研究"为主题的论坛活动。在论坛活动中,专家和学者们对我们本次展览给出了高度评价。随之,此展在业界产生了一定的影响力——影像馆于 2017 年前后受邀到香港中文大学(深圳)分校和香港大学进行巡展,并在研究和教学上提出了新的思路。

"一个有问题的展览——从一段潮汕旧影像说起(1921—1939)"展览已经结束,但这仍是一个未完成的展览,可能永远是一个未完成的状态,我们希望有更多的人能在展览和论坛活动中对历史影像研究感兴趣,继续着"始于潮汕,而不止于潮汕"的微观史学事件,就如本展览的研究员、策展人江渡所说:"'一个有问题的展览',有可能并不是一个非常深刻,或者说建立在非常扎实的学术基础上的展览,但它是一个以潮汕旧影为线索,串联现有的知识,唤起公众观看老照片的兴趣,并一起研究策展的小尝试。大家围绕着潮汕旧影来做了一次维基百科的词条创建与内容补充。"显然,"一个有问题的展览——从一段潮汕旧影像说起(1921—1939)"展览的扩展研究超越了潮汕历史和视频资料本身,此展不仅仅是潮汕的当地记忆追索,更是超越潮汕地区的历史影像研究范例。从本质上说,该展览是在探讨研究城市历史影像的方法论,在方法论的基础上更多聚焦公众参与及研究,这是一个"始于潮汕,而不止于潮汕"的公众历史实践。

注　释

[1] 参见越众历史影像馆官网:www.yzmohi.org.

[2] 罗兰·巴尔特:《明室》,赵克非译,北京:中国人民大学出版社,2014 年。

[3] 同上书,第 34 页。

[4] 王笛:《茶馆:成都的公共生活和微观世界(1900—1950)》,北京:社会科学文献出版社,2010 年。

"附逆影人"到"民族英雄":
《飞虎娇娃》与李丽华的公众形象重塑

张 丹 *

摘要: 1958 年,影片《飞虎娇娃》在美公映,由蜚声亚洲及北美华人社群的明星李丽华主演。笔者认为此为战后李丽华修正"附逆"标签,重塑自身具有"民族气节"的公众形象制造了良机,她通过饰演某类"角色"与"拒绝吻戏"的双重抵抗行动,将自身塑造为"民族英雄"。

关键词: 李丽华;《飞虎娇娃》;附逆影人;政治表演;公众形象

Abstract

In 1958, the film *China Doll* starred by one of the famous film stars of the Chinese community in Asia and North America, Li Lihua, was released in the United States, The film provides an opportunity for Li Lihua to revise her label of "traitor of film star" and reshape the public image of "national integrity". She was recognized as a "national hero" by the Chinese because of the resistance actions of refuse to kiss and the role of Shu-Jen in the film of *China Doll*.

Key Words

Li Lihua; *China Doll*; traitor of film star; political performance; public image

"每天晚上有成千上万的人坐在电影院里,不需要看许多文字说明,纯粹通过视觉来体验事件、性格、感情、情绪,甚至思想。"[1] 早在 20 世纪 20 年

---

* 张丹:南京艺术学院博士后。

代，电影理论家巴拉兹·贝拉（Bela Balazs）便对电影的大众影响力进行了充分论证，并自信地将之视为一门"民间艺术"。同一时期，好莱坞电影工业的"明星制度"（Star System）初步形成并取得了成功，为各国所仿效，这种以演员为中心，借助观众对明星的追捧创造商业价值的营销机制，将电影演员与普罗大众建立了直接的关系。

明星不仅在电影中进行专业表演，由于新兴媒体的参与，私人生活也在相当程度上呈现于公众视野当中，银幕之外，实际上他们还在不遗余力地表演自己。研究者周慧玲指出，大众凝视中的明星既是银幕上的"戏剧演员"（artistic actor），也是社会实践里的"社会演员"（social actor），并进行了一番精彩论述，"善于行销个人魅力的明星们，往往也精于计算个人行径的公众形象，操控观众的眼神，这些明星扮演自己必须要像演员揣摩戏剧角色般，掌握精密、表达准确并且贯彻一致……他们扮演自己也好像在设计一个戏剧角色，塑造自己的公众角色则犹如构思一张图像"。[2]

重审华语电影史，"影坛常青树"李丽华在适应明星生存法则，银幕内外的角色扮演、转换中堪称典范，"人生如戏"被诠释得淋漓尽致。2017 年 3 月 20 日，李丽华逝世的消息传来，一篇篇纪念文字使这个名字，乃至其所见证的华语电影历史再度进入公众视野。

1924 年，李丽华出生于上海，由于出生时身体羸弱，哭声细若小猫，故取"小咪"为小名。李丽华出身于梨园世家，母亲张少泉、父亲李桂芳都是戏曲演员。受家庭影响，李丽华自幼喜爱戏曲，幼年移居北平之后开始学习京戏，师从著名京剧家章遏云。1937 年"卢沟桥事变"爆发，14 岁的李丽华回到上海，一个偶然的机会结识了艺华影业公司的老板严春堂，受其赏识，在岳枫导演的影片《三笑》中崭露头角。自此，李丽华走上了影艺道路。上海沦陷后，李丽华先后服务于中国联合制片厂股份有限公司、中华电影联合股份公司，主演了《春江遗恨》《秋海棠》等影片 [3]，一时间成为上海滩广受欢迎的影坛红星。然而，李丽华在"中联""华影"的从影经历使之相当长时间内背负"附逆"的道德责难。战后，李丽华告别成名地，也是故乡的上海，逃至香港，"左右"逢源，后落脚台湾……银幕内外，不论是真情使然抑或政治表演，她从未停止过声名辩白与身份追索。

1956 年，李丽华受邀飞赴美国拍摄《飞虎娇娃》，笔者认为这部影片为李丽华修正"附逆"标签，重塑自身具有"民族气节"的公众形象制造了良机，她通过饰演某类"角色"与"拒绝吻戏"的双重抵抗行动，将自身塑造为全球华人共同认同的"民族英雄"。

"附逆嗲明星"："惩治汉奸"声浪中的李丽华

1945 年 11 月 23 日，国民政府发布了《处理汉奸案件条例》，当年 12 月 5 日，当局再度出台其修订案《惩治汉奸条例》。其中，与电影相关的内容主要有第二条"同谋帝国，而有左列行为之一者为汉奸"，包括"图谋反抗本国者"，第三条"曾在伪组织或其所属之机关团体服务，凭借敌伪势力，为有利于敌伪或不利于本国或人民之行为，而为前条第二款以下各款所未列举者概依前条第一款处断"。

与此同时，影剧界业内检举一时间也是沸沸扬扬，上海电影戏剧协会成立了九人"检举附逆影人特种委员会"，"协助政府检举展示附逆的影剧界败类"[4]。在举国"惩治汉奸"的声浪之中，李丽华置身于风口浪尖，诚如媒体的报道，"'华影'女明星的附逆行为，当以李丽华为第一了"[5]。在当局司法机关军统开列的、上海市高等法院检查处 1946 年 11 月、12 月间的四次传唤名单上，李丽华三度名列其中。[6] 一时间，李丽华成为媒体争相报道、公众茶余饭后的热议话题。

原因似乎显而易见，李丽华不仅"拍献媚影片最早"，并且被指跟随张善琨会同大批明星到南京庆祝伪政府还都，当然，令李丽华难辞其咎的问题来自她主演了"毒素"最大的影片《春江遗恨》。她在此片中与日本明星阪东妻三郎（Tsumasaburo Bando）共同主演，李丽华饰演一名日语翻译，为顺利完成表演，还突击学习了日语，也正因此她遭到了舆论的痛斥——"她还临时学日文，简直是恬不知耻"。[7]

被法院传讯的"附逆影人"为数不少，女演员包括陈云裳、周曼华、王丹凤、周璇、陈燕燕等，但真正到庭受审的却寥寥无几，李丽华便是其中之一，她姿态高调地前来受审，高检处现场人头攒动，被人们围得水泄不通，市民们

争先恐后要看这位"女影星之庐山真面目":

> ……与陈(陈燕燕)车抵达仅一分钟,又有一辆淡灰色 1946 年福特
> 牌之 14535 号自备车直驶入上海监狱内大门内广场停车,李丽华下车,李
> 身穿灰色西装裤、藏青麂皮鞋,玄狐皮大衣,持一玄狐大袖筒。随李同时
> 下车者,尚有李夫"小山东"张绪谱……李丽华不时面露笑容,比较似颇
> 活跃……[8]

引文可见,受审当天的李丽华衣装奢华、姿态傲慢,并不难理解为反抗
"附逆"标签的一种表现。时隔半世纪后李丽华回忆此事时,果然称在法庭上
并不害怕,而是想弄明白自己是不是"汉奸",在法庭上反问道:"我为什么要
来,我怎么错了,我拍的都是爱国片,都是好片子,什么叫汉奸,我怎么变了
汉奸?!"[9]

事实上,当局没有对"附逆影人"真正施加惩处,沸沸扬扬的"检举附逆
影人"风波也终以不了了之收场,但为包括李丽华在内的背负污名的影人带来
的边缘化处境与道德负担却在相当长的时间里挥之不去。1947 年,拍完《假凤
虚凰》《艳阳天》《春残梦断》三部影片后,李丽华受李祖永邀请加入"永华"

图 12.1 李丽华出庭受审
图片来源:《检举附逆影人余波》,《南
洋》,1947 年 14 期,第 1 页

南下香港,离开了光环与阴影同在的故
园上海,自此,她从未放弃银幕内外的
声名辩白与身份追索。在不同场合,不
同时间,李丽华对被控"附逆"都有过
回应,1997 年,在香港电影资料馆的
访问中,她对于这段往事仍耿耿于怀:

> 其实我们不是汉奸,我们也就
> 是把中国电影一直没有停下来,一直
> 在做,所拍的戏,都是爱国戏,尤其
> 可以说我们是前线,拍起戏来爱国心
> 更强。[10]

对于备受争议的《春江遗恨》，李丽华称此"是李秀成（题材），还是我们中国爱国片"，谈及此间拍摄的戏，她坦然地说："很严肃，很好。"[11]

"李丽华拒吻记"：为祖国代言

研究者苏涛将南来香港之后李丽华的演艺生涯划分为三个阶段：战后初期李丽华受聘于"长城""永华""大光明"，主演作品主要有杨工良导演的《三女性》《女大当嫁》，李萍倩导演的《春雷》，程步高导演的《海誓》；1949年至1951年，李丽华服务于"龙马""新长城"等左派公司，主演了陶金导演的《诗礼传家》、王为一导演的《火凤凰》等片，通过与左派公司的合作，李丽华在战后香港的明星体系中找到了自己独特而又不可取代的位置，一跃成为香港最受欢迎的女明星之一，同时成为当时"中国薪酬最高的女演员"[12]；1952年至20世纪60年代中后期的李丽华服务于"新华""永华""南洋"等机构，至此，她在香港影坛"世无可俦""莫可与京"的地位成为显见的事实。

1953年前后，李丽华频繁地在美资杂志、以海外社群为主要受众的《今日世界》上发表文章，包括《我的自传》《中国影坛巨人李祖永先生》《谈谈导演》《我的导师马徐维邦》《东京一瞥》等，被称为"个人散文集"。文中她详尽记述了自己的经历——此既是个人写作也是政治表演，包括左、右翼政治之间的徘徊与抉择，她借此进行公众形象的重塑，并试图唤起离散华人的怀旧意识与情感认同，甚至发挥意识形态感召力，增强中美关系。[13]

影片《飞虎娇娃》拍摄于1957年，为此，李丽华跨出国门，开启了她毕生艺术道路上有且仅有的一次赴美拍片历程。1956年2月中旬，塞西尔·德米尔（Cecil B. Demille）曾派代表前往香港拜访李丽华，不久之后，李丽华接到导演的亲笔信，称愿与她建立长久的友谊，并且把这种友谊在工作上表现出来。6月，报道又称已签订合同，要与尤尔·布林纳（Yul Brynner）合演音乐片《海盗》。在此后的1957年6月至8月间，李丽华至少两次往返于中、美两地，具体时间分别是6月12日、7月31日。[14]

第二次飞美后，李丽华在8月15日正式投入影片摄制工作，但已不是起初准备拍摄的影片《海盗》，而是另一部《飞虎娇娃》（*China Doll*，又名《中国娇娃》《中国洋囡囡》《回忆韶华》等）。李丽华担任该片女主角，男主角由维克托·迈彻（Victor Mature）饰演，由此她成了好莱坞华裔女演员中第一位担任女主角的演员。然而，开拍仅两天，美国西部时间 8 月 18 日，便从太平洋彼岸传出沸沸扬扬的"拒吻"事件。

经由港媒报道，我们大致可勾勒出事情的来龙去脉——当影片《飞虎娇娃》摄制进行到由李丽华饰演的舒珍在敌人轰炸中不幸罹难时，悲痛中的维克多·迈彻准备向舒珍献上最后的吻，但是，当维克多斜着身体准备拍接吻镜头时，李丽华忽然将头移开，拒绝了对方的亲吻。维克多"既惊且恼，立即离开片场"，并称"尽彼生平，从未受到一位女人如此之冷落"，甚至"扬拳表示愤怒"，"余已被辱，传至外间，将使余之事业蒙受打击。此种事情以前从未发生。"不过，事后李丽华对此说法完全持否认态度，连称"人家很知道尊重人"[15]。

事件发生后，李丽华解释拒绝"吻戏"的原因，是"伊拒绝与域陀在摄影机前接吻，且谓伊之合同中无此规定"[16]。此事对拍摄的影响，港媒持续给予了充分关注，称导演弗兰克·鲍沙其（Frank Borzage）将与李丽华拟定合同的律师请来详细研究，果然并无"接吻"的相关规定，这个结果也令导演为难，"此乃拍片正式合同，包括渠之酬金及如住所、交通工具等其他各物。吾人认为渠因依照电影剧本写明需作一次拥抱，渠谓此与接吻大有不同"[17]。

一时间，香港《工商晚报》《华侨日报》《工商日报》等媒体纷纷以《"你看一嘴洋葱味！"李丽华拒绝接　吻域陀米曹几动武》《李丽华拒接吻》《拒吻镜头》《拒绝接吻乃是对的》《李丽华拒接吻，米曹无法下台》等为题争相对此事予以报道。中国香港、台湾以及东南亚等地华人普遍认为"李丽华显现了中华民族的气节……不失为民族英雄"，"蒋介石也说了话，老先生认为李丽华是对的，显示了中华文化精神"[18]。

那么，李丽华"拒吻"究竟原因何在，问题是否真的出在"表演"上呢？事实上，1951 年，在王为一执导的《火凤凰》一片中，李丽华与刘琼已有过一段吻戏，所以此说法恐怕很难成立。若出于该片在台湾发行的合法性层面考虑，似乎也着实牵强。台湾电影检查制度于 1951 年颁布，经过了 1953 年、1956 年两次修订，《电影片检查标准》着重从"损害民族尊严者""破坏公共秩序者""妨害善良风俗者""提倡迷信邪说者"四个维度对电影进行审查。[19]上述条款中,并无细则规定从身体,抑或族裔角度对此予以限制,只有第一"损害本国之荣誉"、第四"以动作或语言表演淫秽情态"似有关涉。

笔者认为,李丽华"拒吻"正是从维护民族声望、尊重民族文化习惯为出发点抵抗"附逆"标签,重塑自身爱国的公众形象。通过对此间李丽华活动轨迹的回顾,可见赴美拍戏的她不仅代表着作为明星的李丽华,同时也是作为一名具有国家身份的中国女影星。1954—1957 年间,李丽华多次去台湾,寻求民族身份认同的心情殷切,1953 年 2 月"港九电影戏剧事业自由总会"("自由影人协会")成立,次年,该会组成 64 人代表团去台湾,李丽华担任代表团副团长并受到蒋介石的接见:

> 蒋公则对《秋瑾》和《碧血黄花》这两部革命历史片更为喜悦。因此当蒋公邀请我们去他士林官邸茶会游园时,他见到李丽华直叫秋瑾女士,握着手久久不放。我和李祖永、张善琨站着久候,到了黄河行近,他才放手招呼叫黄克强……[20]

1957 年 6 月 14 日,《飞虎娇娃》开拍在即,李丽华赴美之前专程来到台湾向同胞辞行,抵达台湾后,参加了在台北宾馆举行的酒会,招待新闻界及文化界人士,晚间则由"总政治部"设宴招待。[21]在三军球场参加公演时,李丽华表达了投注在政治愿景前提下的情意:

> 亲爱的同胞们,亲爱的战士们!我 18 日就要到美国去,我这次回来是向大家辞行,我本应该早一些日子回来,回来后多待些日子,好多得到一些祖国的温暖!可是时间是这么匆促,还有许多手续要回去香港办理,又不能不匆匆离开,真使我很难过……我希望我立刻就能回来,回来与大家见面……[22]

正如研究者张华的反问:"此情此境中的李丽华岂非置身于银幕下的另一场表演中?"[23]"告别演出"中的李丽华将自己塑造为一个出征的战士。初次踏上赴美旅途，李丽华住在洛杉矶日落大道附近——梦露成名前的处所，接受记者采访时曾表示："我在这儿虽不说为国家争光，至少亦不为国家丢丑。"她的工作，一是"慎交游"，一是"努力工作与学习"，前往电影拍摄场地观摩并加紧学习英文。1957 年 12 月 1 日李丽华与严俊结婚，次日便马不停蹄地启程去台湾度蜜月，参观了日月潭、碧潭等地，非常兴奋，且于 10 日上午 10 时受到了蒋介石的接见 [24]，并表示"以后将以最大个人力量，贡献国家" [25]。

以上证实，异国他乡的李丽华有着维护民族形象的清醒自觉，对于沸沸扬扬的"拒吻"事件，她的解释是"因为我们中国人对这种举动是不大适合的，因此我便拒绝了" [26]，严俊的观点与之相近"这完全是种族及地方上风俗习惯问题。我认为东方女性对接吻由情感上产生的，而外国人对接吻被认为是一种礼仪，所以往往在拍戏上便产生出不协调现象" [27]，直至 30 多年后，20 世纪 90 年代在台接受媒体访问时，李丽华仍坚持自己的观点。

从 *China Doll* 到 "飞虎娇娃"：性别关系与政治寓言

背负污名的流亡，"乡愁"也成为"并不高贵的痛苦"。对于演员而言，角色就是言说，确实，除在银幕之外不断以各种外在形式对抗"附逆"标签，李丽华对其的抵抗也体现在她所构筑的银幕形象中。南来香港之后，李丽华塑造过"妓女""交际花"等角色，他们是色情的、堕落的，却又能够在风尘中坚守纯洁如初的人性底色。

这些影片包括"新华"出品的《小凤仙》、"龙马"出品的《花姑娘》，以及"他们把她打扮起来，强迫她同流合污，干那违背良心的勾当"的《血海仇》，在研究者苏涛看来，这正是当时"南来影人"抒发"流亡心绪"的方式。此外，李丽华还主演了电影《秋瑾》（*The Dawn of China's Revolution*），试图重现民族国家建立的艰难过程，这正是"革命史上最光荣、最感人的一章"，她在片中饰演了江湖女侠秋瑾，更为直接地抒发了"被压抑的"，或者说"拒绝被认同的"民族感情——"为了革命献出生命是我的态度，要我做的事我是绝对不会退缩的"。[28]

1958 年由米高梅公司出品，弗兰克·鲍沙其（Frank Borzage）导演的《飞虎娇娃》以二战时期"中国空军美国志愿援华航空队",即"飞虎队"（American Volunteer Group）在昆明中缅边境对日作战为背景,讲述了李丽华饰演的中国女孩舒珍（Shu Jen）与维克托·迈彻（Victor Mature）饰演的克利夫（Cliff）之间的爱情故事。颇具解读意味的是舒珍作为"被拯救者",与男主角双双罹难的结局实际上并不符合,或者改置了作为类型片的叙事结构。此外,在这个显而易见的隐含民族寓言的跨国爱情故事中,李丽华饰演的舒珍绝非积贫积弱的战时中国形象的概括,而是随着剧情的推进,通过两性关系的变化呈现出动态发展的轨迹——女性主体意识逐渐觉醒与强化,她不仅有"爱"的自觉,而且逐渐在两性关系中占主导地位。

舒珍作为为维持家庭生计出售的"商品"出场,克利夫几欲将之"退还"而不得,无奈将她收留。重要的情节设置是,他首先为舒珍购置了崭新的衣服——那是典型的中国民族服饰,一件旗袍。不仅如此,他还特意安排金发碧眼的护士为她打扮好,显然,李丽华所饰演的角色舒珍此刻已被塑造为一个完完全全西方想象中的"中国娃娃",当她以全新形象出现时,在场者无不为她的美感到震惊,也正是那一刻,舒珍由作为商品的"物"成为具有吸引力的"女性"。两人情感萌生阶段,与其认为舒珍吸引了克利夫,毋宁说她不乏引诱对方的企图,她才是这段关系中的实际主动者。舒珍的情感诉求在照料对方日常生活的所谓本分工作之中找到了合法性,并游走于模糊的边界,又不时僭越。在她手把手教克利夫使用筷子、想方设法准备适合胃口的早餐,以及李丽华在这部影片中那标志性的微笑着望向对方的眼神等情节与细节中,这种情感诉求展露无遗。直至克利夫生病的雨夜两人关系升级,由暧昧、克制的含蓄节奏进阶为具有实质关系的恋人。

意外的是,克利夫在向舒珍求婚时却遭到了拒绝。在不无阻碍的跨族裔结合过程中,神父扮演了文化协调角色,经过协商,舒珍提出的条件是"请他最好能按照中国的方式办"——"国家"意识被李丽华饰演的女性角色由隐至显强调出来,显而易见地,在各自代表的中、西异质文化/政治博弈中,前者在某种程度上占据主导地位。

影片在婚礼仪式的表现上,浓墨重彩地呈现了舞狮、拜堂、花轿、敬茶等一系列"按照中国方式办"的奇观式的,或者说不无夸张的,由西方想象构筑而成的中国习俗，不仅如此，更在中西文化差异对峙中凸显了"尊重"的姿态——当新郎以西方礼仪亲吻新娘时再次受到了阻止，戏外的"拒吻"融入剧情中成为情节的构成，"kissing is not part of the Chinese ceremony"[29]（接吻不属于中国婚礼的一部分）。

不容忽视的艺术细节是，舒珍多次向克利夫致军礼，此不乏出于私情目的的取悦之意，也是向对方所代表的美国军事力量的援华过往致敬。在结局设置上，舒珍与克利夫虽不幸双双罹难，但两人的混血女儿得以幸存则意味深长，此以"血脉"的延续暗示中美关系无法割裂的历史渊源，不仅如此，在结尾，名为"小咪"的女孩在战后重返美国，与往昔战友久别重逢，喻指两国关系的当下性与延伸性。

片名《飞虎娇娃》英文名为 China Doll，中文直译应是《中国娃娃》，也另有更本土化的译名《中国洋囡囡》，但最终仍以《飞虎娇娃》定名。片名的中英转译，将主体性缺失的"娃娃"，表述为具有"英雄"气质，与"飞虎"将士似可齐名的女性"战士"，无疑成为抵抗西方的具有"依附"特征的传统中国女性想象的另一种方式。

《飞虎娇娃》为李丽华提供了"台上幕前"与"台下幕后"的双重表演空

图 12.2　影片《飞虎娇娃》中李丽华饰演的舒珍为克利夫递上咖啡
图片来源：影片《飞虎娇娃》截图

图 12.3　舒珍与克利夫的中式婚礼
图片来源：影片《飞虎娇娃》截图

间，银幕之内，她作为国家形象的象征，塑造了并非逆来顺受，具有主体意识，包括爱的自觉与民族观念的"飞虎娇娃"，为观众提供了"二战"时期中美协同作战，两方之间微妙博弈关系的一种想象；银幕之外，李丽华不仅作为"自黄柳霜以来，20 年来中国演员在荷里活当主角的第一人"，大为提升了华人女星在国际影坛中的地位，而且"拒绝吻戏"的行动使她成为勇于抵抗男性 /西方，恪守中国女性传统美德的"民族英雄"，赢得了祖国与离散华人的赞誉，有效修正了其"附逆"影星的公众形象。

注　释

[1] 杨远婴、李恒基主编：《外国电影理论文选（上）》，北京：生活·读书·新知三联书店，2006年，第 33 页。

[2] 周慧玲：《表演中国：女明星、表演文化、视觉政治，1910—1945》，台北：麦田出版社，2004年，第 20 页。

[3] 李丽华的生平主要依据香港电影资料馆对其本人的访问影像档案，检索号：VV796。

[4] 转引自秦翼：《战后上海"附逆影人"的检举和清算》，《当代电影》，2016 年，第 1 期。

[5] 姜大公：《附逆影星李丽华》，《海涛》，1946 年，第 5 期。

[6] 此三次传唤分别是 1946 年 11 月 4 日、11 月 21 日、12 月 11 日。

[7]《李丽华勤习日语》，《大众影讯》，1944 年，第 4 卷，第 36 期，第 1 页。

[8]《工商晚报》，1946 年 12 月 18 日。

[9] 李丽华：香港电影资料馆口述历史访问，检索号：VV796。

[10] 同上。

[11] 同上。

[12] 苏涛：《时代转折、政治角力与女明星的银幕塑形：李丽华与战后香港国语片》，《当代电影》，2014 年，第 5 期，第 54 页。

[13] JING JING CHANG, "*China Doll* in Flight: Li Lihua, *World Today,* and the Free China-US Relationship", *Film History,* Vol. 26, No. 3.

[14]《李丽华明天飞美，八月中开始拍片》，《工商日报》，1957 年 7 月 30 日。

[15] 宇业荧：《戏说李丽华》，台北：全年代出版社，1996 年，第 227 页。

[16]《李丽华拒绝接吻，域陀米曹几动武》，《工商日报》，1957 年 8 月 30 日。

[17] 同上。

[18] 宇业荧：《戏说李丽华》，第 226 页。

[19] 郑玩香：《战后台湾电影管理体系之研究（1950—1970)》，硕士论文，2001 年，第 43—44 页。

[20] 宇业荧：《戏说李丽华》，第 183 页。

[21]《李丽华严俊今赴台》，《工商日报》，1956 年 6 月 14 日。

[22] 宇业荧：《戏说李丽华》，第 226 页。

[23] 张华：《"祖国"和"故国"的"常青树"——李丽华的战后"明星"生涯》，《电影艺术》，2012 年，第 5 期，第 132 页。

[24]《蒋介石接见李丽华严俊》，《华侨日报》，12 月 11 日。

[25]《李丽华严俊蜜月度过，由台湾相偕返港》，《工商日报》，1957 年 12 月 12 日。

[26]《李丽华严俊昨由美返港》，《工商日报》，1957 年 10 月 17 日。

[27]《严俊昨赴影都与李丽华相会》，《工商日报》，1957 年 9 月 20 日。

[28] 影片台词，出自 1953 年屠光启导演电影《秋瑾》(*The Dawn of China's Revolution*)。

[29] 影片台词，出自影片《飞虎娇娃》(*China Doll*)。

通过史料共享深化公众的历史认知：
来自抗战文献数据平台的探索

盛差偲 *

摘要： 近年来，公众对中国近代史兴趣日增，认知日趋复杂，其中有的却与历史事实相隔甚远，原因之一是社会公众缺少接触原始史料的机会与自觉。抗战文献数据平台作为一个无偿在网上开放中国近代史史料的数据库，一直致力于通过原始史料的呈现，促进公众尽可能地了解客观真实的历史。相较此前一般向公众传递历史知识的渠道，抗战文献数据平台不仅资料丰富、可靠，而且特别注重读者体验，有其独到优势。至今，抗战文献数据平台为公众提供了客观的历史认识，提升了他们的认知能力。

关键词： 抗战文献数据平台；公众史学；史料

Abstract

In recent years, the public become increasingly interested in modern Chinese history, and their views become more complex and diverse. One of the important reasons is that the public lacks access to primary historical materials. The data platform of the Anti-Japanese War and Modern Sino-Japanese Relations grants the public free access to a large number of historical materials. The public can better understand this important chapter in Chinese history. The data platform thus provides the public an opportunity to better understand this important chapter in Chinese

---

* 本文源自抗日战争与近代中日关系文献数据平台项目组，由盛差偲（北京大学历史学系博士研究生）执笔。

history.

Keyword

the data platform of the Anti-Japanese War and Modern Sino-Japanese Relations, public history, historical material

公众史学在中国作为一种新生事物，长期停留于理论阶段，相关实践较少，主要表现为民间博物馆、公民与家族记忆、中学生写史、"百家讲坛"等形式。[1] 不过，近年来学界内外有越来越多的人关注公众史学的发展，公众史学的表现形式也日益多元，如抗日战争与近代中日关系文献数据平台（http://www.modernhistory.org.cn，下文简称为"抗战文献数据平台"）既积极致力于公众史学的发展，又丰富了公众史学的表现形式。此前学界对于抗战文献数据平台在推进学术进步上的创新已有一定的介绍与研究。[2] 然而，正如丽贝卡·科纳尔（Rebecca Conard）所说："如果学者不根据社会需要去调整深奥的知识，他们所做的也仅仅是培养一种无趣的专业优越感，因为如果历史只存在于无人阅读的书籍中，它对现实世界就毫无作用可言。"[3] 在专业领域以外，抗战文献数据平台在公众史学方面究竟做了怎样的尝试，有着哪些经验与不足，仍值得探讨。

抗战文献数据平台简介

要回答这一问题，我们首先需要对抗战文献数据平台做大致的了解。抗战文献数据平台是 2016 年 6 月设立的国家社会科学基金"抗日战争研究专项工程"的阶段性成果，由中国社会科学院、国家图书馆和国家档案局合作筹建，中国社会科学院近代史研究所承办，是国家社科基金抗日战争研究专项工程的基础性、标志性的核心项目与主体工程。抗战文献数据平台以"公益开放"为理念，永久向全球用户免费开放，浏览与下载均不收取任何费用。[4]

2017 年 10 月，抗战文献数据平台试运行，第二年 9 月 2 日正式上线。至今，抗战文献数据平台已上传包括档案、图书、报纸、期刊、红色文献、视频、音频、图片、特色专题库与研究性论著在内的各类文献 1900 万页以上，并且还在不断增长中。在使用方面，这些史料全部高清扫描，使用界面简洁，检索方便快捷，特别注重用户体验，除了报纸以外，均已开通至篇目一级的检索，故而引起了学者们的普遍关注。[5]

　　数据库的核心在于内容，目前，抗战文献数据平台已上传近代中国出版的图书三万多种，期刊两千多种，报纸一千多种。同时，抗战文献数据平台上传的史料呈现出了十分多元的面貌：时段上，基本上是 1900 年至 1949 年，而相对集中于抗战十四年；语种上，除了中文史料以外，尚有大量的日语、英语、法语等多语种史料；作者（出版者、出版地）上，既有大量出自国共两党的史料，又有许多由民主党派、民间组织与个人出版的史料，这些史料的出版地则涵盖了全国各地与海外城市；内容上，除了同抗日战争最紧密相关的政治、军事这两个主题以外，抗战文献数据平台尚有许多史料的内容包括了电影、戏曲、儿童、妇女、经济、军事、文教、宗教、科学、无线电、航空、医疗卫生等领域；此外，除了在当时公开发行的史料，抗战文献数据平台上还有许多内部发行的图书刊物甚至是时人手稿。[6]总而言之，如此多元的史料，很好地展现了近代中国复杂多变的面貌，许多此前较少为人所见甚至是从未被征引过的史料的披露，将大大有利于学者发掘出中国近代史上长期被遮蔽或者是被忽略

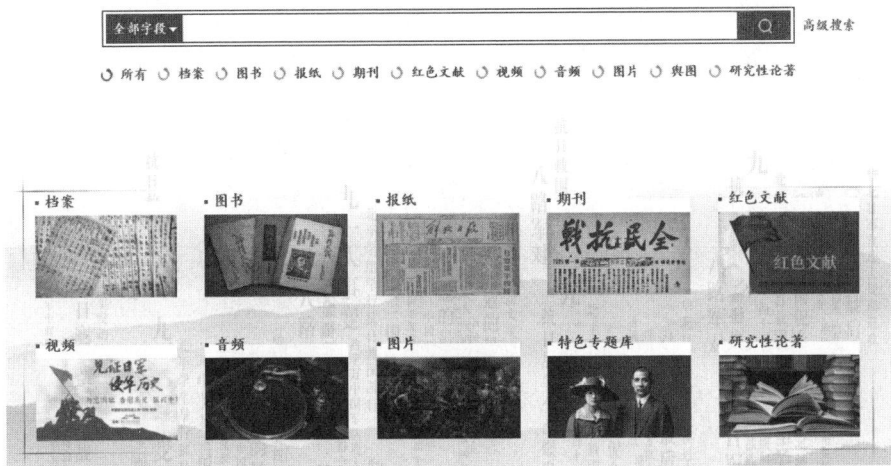

图 13.1　抗战文献数据平台首页

的一些真相。如田武雄[7]以抗战文献数据平台上的《西京日报》《广西省采定标准时刻之经过》等此前相对稀见的史料为中心，揭示了多种记述西安事变的史料对于西安事变发生时间众说纷纭的原因，并对当中的关键时间点进行了考订，进而提醒历史学者应当注意中国近代史上各地时间不统一的情况以及这一现象对近代史研究可能产生的影响。[8]

就数据库的设计与开放这个层面而言，抗战文献数据平台同样得到了众多学科学者的肯定，他们认为抗战文献数据平台对于相关学科建设公益开放的数据库具有重要的借鉴意义。[9]因此，不仅学术界，社会各界普遍认为，抗战文献数据平台的上线，将会很好地推进抗日战争史乃至中国近代史的研究，从"史料学转向"促成"史学转向"，甚至是"产生革命性的意义"。[10]

抗战文献数据平台的优势

抗战文献数据平台的创建，不仅是出于学术进步的需要，同时也是因应公众不断上升的对于近距离地接触真实历史之需求。长期以来，学术资源基本上为专业机构所垄断，因为大多数历史文献庋藏于各高校、科研机构的图书馆以及各地的图书馆、档案馆、博物馆，一般公众想要获取是十分困难的，对于其居所远离有着丰富馆藏的高校、科研机构的公众来说更是如此。相对好找的历史文献如此，遑论部分仅见数份拷贝，甚至是孤本的原始史料。随着信息技术的发展，各种历史类数据库的涌现使得学术资源的进一步普及成为可能，但这仍然离公众有着相当大的距离，因为迄今为止绝大多数优质学术数据库都是收费的，并且要价高昂，基本只有相关资金优渥的高校、科研机构或是少数公立图书馆才会斥资购买。这些商业数据库往往容易重复建设，浪费了大量公共资源。且不说公众难以使用这些学术资源，他们甚至都不知道这些数据库的存在——因为公众基本上不是商业数据库的目标客户，自然也不是宣传对象。

以"公开""公益""共享"为宗旨的抗战文献数据平台即旨在改变这一不平衡的现状。一方面，抗战文献数据平台向全球用户开放，免费提供阅览与下载服务，超越了身份与地域，其所保有的史料页数、种数，已经在同领域内超过了所有的商业数据库与绝大部分的图书馆和档案馆；另一方面，抗战文献数据平台也不断举行推广活动，致力于使更多的公众知道与使用这个数据库。事实上，由于抗战文献数据平台的公益开放，许多组织与个人即自发为之宣传。如抗战文献数据平台试运行后不久，云南省高等学校图书情报工作指导委员会即通知省内各高校，指出希望"各高校图书馆认真对待、加强宣传、用好平台"。[11] 此外，甚至在抗战文献数据平台试运行初期，"有很多读者拼命下载，生怕像其他网站，过几天就看不到了"[12]，可见公众对这样免费开放的学术数据库的珍视。

深化、丰富与端正公众的历史认知，至少可以通过阅读数量的提升、内容可靠性的保障来实现，但是这仍然是不够的。早在近一百年前，梁启超即感叹道："在今日百学待治之世界，而读此浩瀚古籍，是否为青年男女日力之所许，姑且勿论。尤当问费此莫大之日力，其所得者究能几？"[13] 梁启超那个时代面对的史料，在量上实际上比今日要少得多，但是他在当时就已经发出了如是慨叹，可见今日的阅读既应当放眼读书，又应该执简驭繁。就公众而言，对相关史事与历史概念的认知往往相对肤浅而片面。尽管不必要求公众有着史家的眼光，然而，对于历史的认识如果拘于某个公式或者某种刻板印象，那么往往容易导入另一个极端，发出如"历史是一个疯子的自传"这样的怨厉之语，从而历史虚无主义丛生。[14] 因此，"不能以抽象的社会学的公式代替历史之有系统的讲述"，"须从客观存在着的实际事物出发，详细占有材料，从这些材料中引出正确的结论"。[15] 故而，我们接下来需要回答这样一个问题——我们是否给了公众以自觉探索历史真相的机会以及为他们展现了历史的多元图景？

然而，曩日公众不唯如前所述，很难有机会接触到丰厚的历史资料，并且接触的形式也往往是单向度的，亦即被动灌输——无论是通过传统上的历史教材、图书与博物馆、展览馆等纪念场馆，还是当下时兴的网络资讯。以纪念场馆为例，它对于集体记忆的表现形式随着时代的变迁，本身也在不断地进步。20 世纪初英国政治家寇松对于烈士墓与死难者纪念碑积极坚持"无名烈士应当'依旧无名'"。[16] 本尼迪克特·安德森（Benedict Anderson）即曾指出："没有什么比无名战士的纪念碑和墓园，更能鲜明地表现现代民族主义文化了。这些纪念物之所以被赋予公开的、仪式性的敬意，恰好是因为它们本来就是被刻意塑造的，或者是根本没人知道到底是哪些人长眠于其下。"[17] 不过，随着公民权利的伸张，时至今日，这一现象已逐渐减少。就国内而言，与南京大屠杀有关的即出版了《南京大屠杀遇难者名录》（全三册）[18]、《南京大屠杀幸存者名录》（全四册）[19] 等名录。至于对于抗日军民整体上的统计，自抗战期间起就一直在陆续编印相关名册，近年来比较有代表性的是陆续出版的《抗日战争时期中国人口伤亡和财产损失调研丛书》以及《抗战阵亡将士资料汇编》（全十三册）[20] 与《抗战阵亡将士资料续编》（全九册）[21] 等。目前，上述资料大多已经授权上传至抗战文献数据平台。事实上，抗战文献数据平台有相当一部分的用户群体即是希望通过这个数据库，发掘出与自己祖辈相关的史事，甚至就是记载其祖辈相关事迹的史料。

但是，这类纪念场馆仍然"永远存在着从注意力中消失的可能性"，甚至有的足以反映"民族主义的想象力僵局"。[22] 本尼迪克特·安德森的这些看法反映出了随着后现代思潮的侵袭，以及公众对于公共议题参与度的提升，旧有的凝聚公共记忆的历史场馆担负其既有职责的能力有所下降——如同本尼迪克特·安德森引述的奥地利作家罗伯特·穆齐尔（Robert Musil）说的那样，因为纪念碑、名人雕像永远不会"转一下身""眨眨眼睛"，缺少与潜在受众之间的互动，因此"你从来不看它们，而它们打算象征谁，你也往往一无所知，大概你只知道它是男是女"。[23] 当然，不可否认现今有许多纪念场馆尤其注重与参观者之间的互动，甚至建设了网上展览。但是由于各纪念场馆要么是基于某一特定主题与史事而建立的，要么所藏材料的丰富程度与开放度有限，并且往往受限于地理间隔，公众往往没有太多时间或机会去各类纪念场馆。

互联网技术的运用为公众自觉地发掘与认识历史打开了新世界的大门。然而，新技术的出现也意味着新危险的出现。正如马歇尔·麦克卢汉（Marshall McLuhan）在 20 世纪所昭示的那样："新技术对人的注意力来说犹如催眠曲，新技术的形态关闭了判断和感知的大门。"[24] 就信息技术而言，其突出的优势即有着"大量收集和快速检索的数据"，但是尼尔·波兹曼（Neil Postman）亦认为它"没有为大多数普通人解决什么重要问题，它们带来的问题至少和它们能解决的问题一样多"。[25] 事态的发展未必没有朝他们所担忧的方向发展。互联网的突出特点即是信息泛滥，亦即选择过多，一方面导致人们无所适从，流于浅层次、碎片化的阅读，另一方面则致使"每个人会趁机撷取他们最认同的看法"，进而将社会撕裂为各个分裂的群体，助长偏激思想。[26]总而言之，这么看互联网技术的应用似乎导致公众距离了解历史真相愈发遥远，此前已有学者就互联网对历史的影响指出："流传于网络的'历史'和记忆，有些是任由个人叙述和解释的，便于生产缺乏批判、去除背景的个人与集体记忆再生品，也就是每个人的'盲'区。"[27]于是，如何合理地运用互联网技术，提供优质的资源与便捷的服务尤为重要。

由此看来，对于没办法把大多数时间花在爬梳史料的公众而言，要促使他们自觉探索历史，进而形成属于他们自己而非为外力所扭曲的历史认识，不仅应当提供广博且可靠的历史资料，同时也应当致力于检索、阅读方式的改进。实则，技术可以成为一种思想体系，带来新的文化变更，进而影响人们的意识形态。[28]就这一维度而言，由于抗战文献数据平台在建立之前，其工作团队对国内外数十个学术数据库进行了调研，博采众长，而针对各自的缺点加以改进，试图通过技术手段加强读者阅读时的能动性。由于抗战文献数据平台集合了不同政治力量所办的报纸、期刊与图书，并且就其政治背景对每种史料进行了详细的著录。于是如果公众想要了解某一历史事件，就可以同时阅览出自不同政治力量之手的史料，如打开不同的报纸进行逐日对比阅读，浏览各自所呈现出的不同态度与立场。因为此前没有任何一个数据库集合这么多报纸，即便是公藏机构有向全社会开放的图书馆、档案馆，也无法提供同时对照阅读这么多报纸的条件，因此这样的阅读方式"在以前是无法想象的"。这样一来，可以深化公众的历史认知，进而明白今日的历史叙述中对于不同政治派别如是臧否的缘由。[29]

此外，如前所述，抗战文献数据平台集合了档案、图书、报纸、期刊、视频、音频和图片等多种类文献，可以不限种类进行检索，也可以选定一个或几个类别进行检索。同时，为了向"问题导向"的研究型数据库转型，抗战文献数据平台对于每种文献都进行了详细的著录，至于"红色文献"更是被单独划作一类。[30]这些特色加上篇目检索这一功能，可以加强对文本流动性的分析。众所周知，毛泽东在全面抗战初期发表了《论持久战》，一般均认为这为抗战军民指明了抗战方略，并鼓舞了抗战军民的士气。然而，《论持久战》的这一影响反映在哪些地方，换句话来说，如何证明其时的相关持久战言论是受《论

持久战》的影响，而非受在此前早已流行的其他持久战言论[31]的影响，公众
实际上对此是茫然无知的，因为他们可能在一开始就不知道其他人所提出的持
久战思想。这样一来容易导向另一个极端，即是一经偶然注意到如蒋介石、蒋
百里、陈诚等人的持久战言论，即轻易否定《论持久战》的价值，此类论调在
互联网上俯拾皆是。不过，抗战文献数据平台就能很好地回答这些问题。只要
在抗战文献数据平台上检索"持久""坚持""相持"[32]等关键词，不难发现，
《论持久战》在中共阵营与左翼力量内部得到了很好的贯彻。同样的，通过与
抗战文献数据平台上检索得到的其他持久战言论相对照，也不难发现《论持久
战》中所体现出的持久战思想的确要更胜一筹。[33]

抗战文献数据平台的实践

抗战文献数据平台希望每个研究者都能做到：杨天石[34]老先生能看到什
么资料，大家就能看到什么资料。因此，对于公众而言，抗战文献数据平台最
直接的帮助就是方便他们查阅有效的信息。特别是公众往往关注的面向相对琐
碎，而抗战文献数据平台网罗从宏观到微观，从中央到地方，从政治军事到社
会文化的各类史料，正好能够满足公众的相关需求。[35]足资反映这一作用的实
例尤多，在此仅举一例。来自广东湛江的民间历史研究者黄春宁表示，抗战文
献数据平台为自己寻找湛江革命先烈黄学增的史料提供了很大的帮助。他自己
在研究过程中，常常发现此前一般书籍中有关黄学增的说法有许多舛误，结合
自己采访相关当事人所听到的说法，又有了不少相互矛盾之处。因为自己身处
中国大陆的最南端，研究条件与资源十分有限，故而对于这些问题自己难以独
立下结论。现在受助于抗战文献数据平台免费开放的大量历史文献，他此前无
法解决的困惑得以解决。[36]

民间文献数量庞大、种类繁多、价值独到，可以补公立的图书馆、档案馆
所藏史料之不足，但是又往往保存不善、分布零散，甚至随时有亡佚之虞，而
目前学界对它的关注度却远远不及它的实际重要性。然而，正如李娜教授所说：
"公众正在用他们的语言书写另一种历史，通过丰富多彩的路径感知历史。无
论对象还是方式，历史研究在学院内外都呈现出截然不同的态势。"[37]因此，

通过与公众的互动，公众史学也将促进史学本身的进步。同时，从民间广泛收集这类史料，不仅有着学术价值，更重在其社会价值，因为这样既呈现出了在历史进程中一般人的个人体验，又是对于所有普通个人的肯定与尊重。为此，抗战文献数据平台尤其注重在这方面进行努力，以下就举一些能体现出这两重价值的例子。

著名作曲家陈田鹤抗战期间谱写过许多抗战歌曲，相关史料此前保存在他后人手中，经过抗战文献数据平台的积极联系，他的三个女儿将原始手稿等史料捐赠给抗战文献数据平台，并授权建成了"陈田鹤抗战音乐特色专题库"。陈田鹤的女儿陈晖[38]表示，抗战是她父母一生中经历的一件大事，而这个特色专题库的建成，也是她父母的光荣和骄傲，圆了她父母的心愿。[39]事实上，尽管音乐史亦被音乐学界视作历史学的分支[40]，但是当今音乐史的研究基本出自音乐学的研究者之手。[41]而抗战文献数据平台从若干个中国近现代史上的音乐从业者的后人手上征集并开放了大量中国近现代音乐史的史料，相信将会有助于中国近现代音乐史的研究，并引起史学界对音乐史的关注。

类似的是，抗战文献数据平台也为地方史研究者提供了展现其搜集史料成果的平台。如广东湛江吴川的一名地方历史研究者梁杰鉴于本地抗战史料分散，并且有着不少舛误，十多年来自费搜集地方抗战史料，并编印相关书籍，旨在使人们铭记地方抗战史。在得知相关信息后，抗战文献数据平台会同岭南师范学院和《湛江晚报》一道与梁杰达成一致，决定将他手上的资料仔细整理，并与湛江地方各界人士进一步合作，将以其中的图片史料为基础，建成"吴川抗战专题图片库"等专题库。[42]总的来说，除了上述例子以外，抗战文献数据平台现已收集到佟麟阁、张林池、江定仙、刘雪庵、伍雍谊等个人史料数万页，其中涵盖了手稿、图书、报刊、工作笔记、自传、信札、证件、图像、音频、视频等类别。

在民间文献以外，抗战文献数据平台亦与中国传媒大学崔永元口述历史研究中心[43]、太原市档案馆[44]、冀中人民抗日斗争史资料研究会等机构或社会组织达成了合作关系，并将在未来扫描并上线相关馆藏史料，其中包括中文或日文的档案、报纸、史料汇编、回忆录、研究著作等，这些史料此前大多数与学术界有着一定距离，因此也可视作向社会征集而来。

　　同时，众所周知，中学历史教学课堂是凝聚公民集体记忆与共同认同的重要场域。[45] 然而，正如李娜所说，不仅现在学校的历史教育很大程度上没有实现这一目标，并且"通过死记硬背预设的理论和数字而获取的历史知识往往'无趣、匮乏、毫不相关'"。[46] 因此，公众史学在这方面大有可为，也责任重大。为此，抗战文献数据平台从 2018 年开始即广泛邀请在中学历史教学、教研一线服务的教师、学者与会，同时征求意见，并在 2019 年联合天津人民出版社有限公司举行了第一届"抗战文献数据平台与中学历史学习"征文活动以及"抗战文献数据平台与中学历史教育"研讨会。这次征文活动，截至收稿时，共收到来自全国近三十个省、自治区、直辖市的 1993 篇来稿，可见这次活动的受关注度以及在这方面深化公众史学的大有可为。未来，抗战文献数据平台还会开展丰富多样的社会活动，把征文活动打造成系列品牌，同时也会举办中小学教师历史教学大赛、中小学教师历史征文大赛等活动，提高教师和学生对历史教学、历史学习的主动性和积极性，激发师生的创新能力。抗战文献数据平台还将围绕如何培育下一代正确的历史观，如何向公众普及正确的历史知识等问题继续探索，为历史学培养更多后备力量，为国家发展建设培养合格人才。[47]

　　正如有些学者所言，"公众史学与传统史学发展相辅相成，并不矛盾"，"历史的'公众转向'扩展了历史研究的范畴与历史解释的维度，同时提出了新的问题，或为老问题提供了新解释、新角度与新方法"。[48] 抗战文献数据平台不仅仅是一个历史资料的展示平台，更是一个历史研究的整合平台，历史通识的教育平台，历史文化的宣传平台[49]，也将一直积极致力于公众史学的发展。尽管抗战文献数据平台能直接提供给用户的只有史料，以及许多使用上的便利与技巧，但是我们更希望通过多元、多层次史料的展现，提升公众的思考与理解能力，使公众以一个相对平和与理性的心态看待世界。

　　公众史学"挑战权威与精英史观，反对历史的过分职业化"，但是这并不意味着专业学者的退却，而是被赋予了新的使命，因为"公众对体制和职业的权威抱着尊敬的态度，并期待着专业人士能更多地介入、帮助、协调。历史学家和历史教育家面临着具有审辩思维的'公众'"。[50] 互联网时代的今天依然如此，尽管是挑战与机会并存。此前就有人顾虑道，尽管我们可以借助互联网创造"更加开放民主的历史"，但是由谁控制把关，是否还存在权威以及谁有权谈论历史都值得思考，同时，网络上的信息应当如何使用，为谁使用亦值得商榷。[51] 这些思考不无道理，在互联网上去中心的潮流中，人们常常会疑惑我们是离真相更近还是更远了。面对这个复杂的状态，抗战文献数据平台或许做出了对上述问题较好的回答，即尽可能剥离后见之明对历史的各种修饰，将历史以原始史料的形态，不加剪裁地、高质量地、高效率地展现在人们面前，让他们接触到原始史料，在尊重事实的前提下进行讨论。这样既可启发他们思考，也可考察他们过去的一些习见是否能经受住这些原始史料的检验。公众既然拥有"审辩思维"，在接触到原始史料以后，就不可能不产生有益的省思。与此同时，抗战文献数据平台竭力缩短专业学者与公众之间的距离，通过相互共享史料、座谈会等形式深化他们的交流，理解对方的想法与困惑，如双方是如何看待、处理海量史料所呈现出的分歧以及最关心什么问题。这将有利于解决社会与学者的一些困惑，实现社会价值与学术价值的共赢，并实现公众史学的信念——"相信历史的实用性和一种持续地将历史知识运用于当下社会需求的追寻"[52]。

注　释

[1] 李娜：《美国模式之公众史学在中国是否可行——中国公众史学的学科建构》，《江海学刊》，2014 年，第 2 期，第 149—150 页。

[2] 如 Jiang Tao, "Digital Data and Historical Studies: An Introduction to the Data Platform of the Anti-Japanese War and Modern Sino-Japanese Relations," *Journal of Modern Chinese History*, vol. 12, no. 2, 2018, pp. 283-293

[3] 丽贝卡·科纳尔：《美国公众史学教育的实用主义根源》，李娜主编：《公众史学（第二辑）》，杭州：浙江大学出版社，2019 年，第 229 页。

[4] 马思宇、盛差偲：《让大家都能研究抗战——抗战文献数据平台使用指南》，《国家人文历史》，2019 年，第 7 期，第 24 页。

[5] 张海鹏：《根深叶茂 史苑繁荣——改革开放 40 年来我国历史学的发展》，《人民日报》，2018 年 8 月 6 日，第 16 版。

[6]《抗日战争与近代中日关系文献数据平台》，《近代史研究》，2019 年，第 2 期，第 159 页。

[7] 笔者按：田武雄为陕西师范大学历史文化学院讲师。

[8] 田武雄：《时差与西安事变时间之谜》，《中共党史研究》，2018 年，第 5 期，第 100—107 页。

[9] 王贺：《从"研究资料集"到"专题数据库"》，《苏州教育学院学报》，2019 年，第 3 期，第 95 页。

[10] 罗敏、周月峰：《"抗战文献平台"与抗战史研究的新境》，《光明日报》，2018 年 9 月 20 日，第 15 版；贺江枫：《信息技术深化抗战史研究》，《中国社会科学报》，2017 年 12 月 11 日，第 5 版；马思宇：《用新的研究方法拓展新的研究领域——2017 年近代史研究热点综述》，《团结报》，2018 年 2 月 8 日，第 7 版；《抗战文献数据平台上线运行》，《大公报》（香港），2018 年 9 月 3 日，第 17 版。

[11]《关于免费使用"抗日战争与近代中日关系文献数据平台"的通知》，云南省高等学校图书情报工作指导委员会文件，2018 年 6 月 20 日。

[12] 石岩：《"杨天石老先生能看到什么，你就能看到什么"——"抗战文献数据平台"的前景》，《南方周末》，2018 年 9 月 20 日，第 22 版。

[13] 梁启超：《中国历史研究法》，上海：商务印书馆，1924 年，第 49 页。

[14] 以赛亚·伯林：《俄国思想家》，南京：译林出版社，2011 年，第 106—108 页。

[15]《发刊词》，《近代史资料》1954 年，第 1 期，第 1 页，前言。

[16] 本尼迪克特·安德森：《比较的幽灵——民族主义、东南亚与世界》，南京：译林出版社，2012 年，第 69 页。

[17] 本尼迪克特·安德森：《想象的共同体——民族主义的起源与散布》，上海：上海人民出版社，2005 年，第 9 页。

[18] 朱成山主编：《南京大屠杀遇难者名录》，南京：南京出版社，2007 年。

[19] 同上。

[20] 李强、任震辑：《抗战阵亡将士资料汇编》，北京：国家图书馆出版社，2012 年。

[21] 国家图书馆辑：《抗战阵亡将士资料续编》，北京：国家图书馆出版社，2015 年。

[22] 本尼迪克特·安德森：《比较的幽灵——民族主义、东南亚与世界》，第 58—60 页。

[23] 同上书，第 57—58 页。

[24] 马歇尔·麦克卢汉：《理解媒介——论人的延伸》，北京：商务印书馆，2000 年，第 99 页。

[25] 尼尔·波兹曼：《娱乐至死》，桂林：广西师范大学出版社，2004 年，第 208—209 页。

[26] 凯斯·桑斯坦：《网络共和国——网络社会中的民主问题》，上海：上海人民出版社，2003 年，第 40 页。

[27] 塞尔日·努瓦雷：《数字公众史学》，李娜主编：《公众史学（第一辑）》，杭州：浙江大学出版社，2018 年，第 195—196 页。

[28] 尼尔·波兹曼：《娱乐至死》，第 204 页。

[29] 罗敏、周月峰：《"抗战文献平台"与抗战史研究的新境》，《光明日报》，第 15 版。

[30] 罗敏、姜涛：《数字人文与跨越国界的史料共享——以抗战文献平台为例》，《中国社会科学报》，2019 年 6 月 18 日，第 7 版。

[31] 对于当时其他比较有代表性的持久战思想的研究，可参见黄道炫：《国共两党持久战略思想之比较研究》，《抗日战争研究》，1996 年，第 3 期，第 126—138 页。

[32] 除了中共以外，其他党派基本不承认抗战将会经历一个相持阶段，参见蒋介石：《第一次南岳军事会议开会训词》，秦孝仪主编：《蒋公思想言论总集》（卷 15），台北：中国国民党"中央委员会"党史委员会，1984 年，第 485 页；作者不详：《中共现阶段阴谋策略批判》，出版单位不详，1946 年，第 31 页。

[33] 罗敏、周月峰：《"抗战文献平台"与抗战史研究的新境》，《光明日报》，第 15 版。

[34] 笔者按：杨天石先生为中国社科院近代史所研究员，著名历史学者。

[35] 石岩：《"杨天石老先生能看到什么，你就能看到什么"——"抗战文献数据平台"的前景》，《南方周末》，第 22 版。

[36] 盛差偲：《抗战文献数据平台正式上线，推进学术的同时服务大众》，2018 年 9 月 18 日，澎湃

　　新闻，https://www.thepaper.cn/newsDetail_forward_2449021。

[37] 李娜：《公众史学研究入门》，北京：北京大学出版社，2019 年，第 72 页。

[38] 笔者按：退休前任中国社会科学院亚洲太平洋研究所副研究员。

[39] 盛差偲：《抗战文献数据平台正式上线，推进学术的同时服务大众》。

[40] 李淑琴：《从研究的政治化走向学术化——对中国近现代音乐史学科建设的回顾与思考》，《中央音乐学院学报》，2012 年，第 4 期，第 14 页。

[41] 当然，这并不是说史学界没有与音乐乃至与听觉相关的研究。参见阿兰·科尔班：《大地的钟声——19 世纪法国乡村的音响状况和感官文化》，桂林：广西师范大学出版社，2003 年；小野寺史郎：《国旗·国歌·国庆——近代中国的民族主义与国家象征》，北京：社会科学文献出版社，2014 年；夏静：《在政党与国家之间——〈义勇军进行曲〉接受史》，《史林》，2019 年，第 3 期，第 170—183 页；王雨：《让祥林嫂说话——革命与共产党的声音实践》，《汉语言文学研究》，2018 年，第 2 期，第 57—66 页。

[42] 林明聪：《吴川退休老师梁杰自费"编史"十余载引关注，中国社会科学院"抗日战争与近代中日关系文献数据平台"相关负责人："希望有更多人传承精神薪火"》，《湛江晚报》，2018 年 8 月 12 日，第 2 版。

[43] 《抗战文献数据平台将开放日文抗战史料》，《北京晚报》，2018 年 12 月 28 日，第 43 版。

[44] 刘静波：《太原市档案局 中国社科院近代史研究所 将合作推动山西地区抗战史料研究》，《中国档案报》，2018 年 11 月 26 日，第 2 版。

[45] 塞缪尔·亨廷顿：《我们是谁——美国国家特性面临的挑战》，北京：新华出版社，2005 年，第 105—114、146—148 页；卡尔顿·约瑟夫·亨特利·海斯：《美国边疆——何为边疆？》，张世明、王济东、牛咄咄主编：《空间、法律与学术话语——西方边疆理论经典文献》，哈尔滨：黑龙江教育出版社，2011 年，第 199 页；Anatol Lieven, *America Right or Wrong: An Anatomy of American Nationalism,* Oxford：Oxford University Press, 2004. p. 66.

[46] 李娜：《公众史学研究入门》，第 87—88 页。

[47] 笔者按：限于篇幅，抗战文献数据平台在中学历史教学方面的公众史学的实践、展望以及经验教训等无法展开，笔者拟另文探讨。已经发表的相关情况，可参见盛差偲：《抗战文献数据平台正式上线，推进学术的同时服务大众》；《第一届"抗战文献数据平台与中学历史学习"征文活动筹备会在津召开》，2019 年 7 月 10 日，天津人民出版社，https://mp.weixin.qq.com/s?__biz=MjM5NzQxMzMyNA==&mid=2651678648&idx=1&sn=47189534ef9c21608c68dcc41854 24e8&chksm=bd23af1b8a54260da45a4b7129ac1f2c13b458c1f7a7573e659938ba35ab9b669685b45 586fa&mpshare=1&scene=1&srcid=&sharer_sharetime=1569841140286&sharer_shareid=c23260a5 356d9423f4c3b3221baacf3c#rd；盛差偲：《研讨会｜抗战文献数据平台如何服务中学历史教育》，2019 年 9 月 20 日，澎湃新闻，https://www.thepaper.cn/newsDetail_forward_4437266。

[48] 李娜：《美国模式之公众史学在中国是否可行——中国公众史学的学科建构》，第 153 页。李娜：《公众史学研究入门》，第 88 页。

[49] 罗敏、周月峰：《"抗战文献平台"与抗战史研究的新境》。

[50] 李娜：《公众史学研究入门》，第 87—88 页。

[51] 梅格·福斯特：《在线与拓展？：数字时代的公众史学与历史学家》，李娜主编：《公众史学（第二辑）》，杭州：浙江大学出版社，2019 年，第 198 页。

[52] 丽贝卡·科纳尔：《美国公众史学教育的实用主义根源》，李娜主编：《公众史学（第二辑）》，第 229—230 页。

评　论

历史修复、保护与重建：公众史学家的行动与责任
——美国公众史学委员会（NCPH）2019 年会议综述 [1]

游丽诗 *

摘要： 本文通过概要性地介绍美国公众史学委员会（NCPH）2019 年会议的主题和内容，探讨公众史学家在历史修复、保护与重建中的行动和责任。全文首先从会议主题"修复工作"出发，探讨这一主题的内涵及其与会议召开地点——哈特福德的内在关联。进而结合会议的研讨和报告内容，从修复空间，修复记忆，修复语言、关系和信任以及修复技艺四个方面介绍公众史学家在学院外不同领域的行动。通过这些"修复工作"，公众史学家推动公众对话，倡导问询、合作与多样性，在理论和实践上精进自我，努力实现平等、公正、多元和包容的历史参与。最后，本文介绍了会议首个来自中国的专题，并从历史话题深度和公众史学的国际化两个方面对此次会议进行了反思。

关键词： 美国公众史学委员会（NCPH）；修复；公众史学；对话

Abstract

Through a brief introduction to the theme and contents of the 2019 Annual Meeting of the National Council on Public History (NCPH), this paper explores the actions and responsibilities of public historians in historical repair work, preservation and reconstruction. Starting from the connotation of the theme of the conference—"Repair Work", and its internal connection with the location of the conference—Hartford, Connecticut, this article introduces the actions of public historians in

---

* 游丽诗：浙江大学历史系博士研究生。

various fields outside the academic area from four aspects: Repairing Space, Repairing Memory, Repairing Language, Relation and Trust, and Repairing Skills, which based on the sessions, workshops and presentations of the conference. Through these "Repair Work", public historians establish public conversations, promote inquiry, cooperation and diversity, advance themselves in theory and practice, and strive to achieve equal, justice, diverse and inclusive participation in history, which are the main focus and mission of public history. On the final part, this paper separately introduces a panel from China, which featured for the first time in the past 40 years, and then makes some extended speculations, for improving the inadequacy of the historical work showed in the conference and look forward, from two aspects: the quality of content in public conversations and the internationalization of public history practice.

Keywords

National Council on Public History (NCPH); Repair Work; Public History; Conversation

位于康涅狄格河畔的哈特福德,历经了早期的围绕河谷控制权的殖民争夺、早期共和国的民主讨论和分裂联邦会议,南北战争及其前后的废奴主义事业,19 世纪初到 20 世纪中期开始进入持续繁荣的工业化时代。20 世纪初直至二战后,哈特福德迎来了大规模的城市崛起和新移民浪潮。而"城市在工业时代的繁荣刺激了人口的多样性,独特建筑的激增以及有影响力的文化机构的出现,但也造成了长期的社会和政治不平等,种族和阶级冲突,以及对建筑和自然环境的破坏"[2]。20 世纪末开始,在历史遗产登录、城市重建和城市历史的重新阐释中,这个面临去工业化危机、枪支暴力、文化冲突和衰退的城市开始尝试在"城市修复"中重新定义自身。

跨越几个世纪的历史变迁形塑了哈特福德独特的文化和景观。美国公众史学委员会 2019 年会议致力于在一个多元社区集体中讨论公众史学家的行动与责任。此次会议的主题是"修复工作"。"修复"一方面意味着公众史学家就像制作高质量和有特色产品的手工艺匠人,他们同客户——社区和公众合作创造:

客户提供需要和想法，公众史学家将这些需求融入自己的知识和技能。[3]"修复工作"另一方面则意味着大到地域、社会群体、社区和机构，小到家庭乃至个体，都面临着历史衰退、混乱、冲突等境况。边缘群体失去话语权，城市景观逐渐衰败消逝，暴力和冲突造成的创伤历久弥新。而公众史学家需要通过与公众对话，构建新的历史阐释，联结新的社区关系，恢复信任，以对社区、公众文化和环境做出修复和改变。

修复空间——历史保护与环境史

地域空间作为媒介，承载了地方记忆和历史。修复空间强调修复和保护被遗忘的、被忽略的或者随着时间逐渐消逝的地域空间和物质实体，即修复公众地域感知和记忆的载体与媒介，并通过新的包容性阐释和历史书写，进一步丰富或重构地域历史。

在城市空间中，公众史学家和城市规划者之间长期存在着市场价值和公共／历史价值之间的辩证法。中康涅狄格州立大学的专题汇报，从城市规划角度探讨了康涅狄格州和佛罗里达州的街区历史记忆和保护，并以此为案例探索公众史学家、社会科学工作者和公众如何达成合作，重新从公众角度定义街区价值，进而修复因不合理的城市规划造成的城市破坏，重建他们的城市。

在历史遗址中，一方面，不同于其他史家主要关注遗址涉及的历史本身，公众史学家更加注重遗址之于公众和特定群体的意义，并致力于通过对遗址的重新阐释，发掘被忽略与遗忘的地域历史和故事。康涅狄格州的地方机构、企业和人员，正尝试通过展览、编程和数字项目来记录、研究并向公众阐释康涅狄格州被忽略的航空历史和成就。来自明尼苏达大学、科罗拉多大学波德分校等大学和学院的公众史学家们，则以三个独立的报告讨论了莫里尔法（Morrill Act）与 1862 年达科他战争涉及的土地争端、布莱克河谷修复工作的重新定义以及落基山脉国家公园的土著居民关系，以具体的案例讨论如何修复和保护美国国家公园承载的殖民历史以及部落族群历史。来自阿默斯特学院和国家公园管理局的实践者，则通过国家历史地标项目，激发公众对亚裔美国人和太平洋岛民的认识。南卡罗来纳州的非裔美国人历史文化遗址出版了便携的"绿皮书"（旅游指南），以使当地居民和游客更好地了解非裔美国人的历史。

　　另一方面，公众史学家致力于优化历史遗址阐释技巧，并构建了一套合理的历史遗址阐释原则。国民信托组织的历史保护工作人员组织了历史保护领导者培训，目标是通过全国各地的历史遗址案例研究讲述历史遗址的完整故事，构建包容性阐释。然而，遗址的历史阐释也意味着一部分人的过去和历史被这一阐释代表，如何平衡这些人群同遗址保护之间的政治问题成为公众史学家需要关注的问题。对此，塔夫茨大学的凯西·斯坦顿（Cathy Stanton）组织多人专题汇报，围绕"遗址为谁服务"这一核心问题，探讨了后工业时代和去工业化趋势下工业遗产保护的问题，具体案例包括蒙特利尔麦芽厂和拉钦运河工业遗址保护，贝尔法斯特遗址在去工业化潮流下保护自身记忆的努力，以及后工业时代以社区参与建立历史地理信息系统等新形式呈现的地方修复工作等。其中，这些案例都尤其强调，在去工业化地区进行历史保护或修复时，尤其需要关注工业遗址同周边居民的动态关系。这意味着遗址的阐释原则和修复原则在具体案例中将随着关系、环境、实践状况等现实因素的改变而实时变更，并非固定不变。而在更大的层面上，每个时代都需要建立最适合的历史阐释标准。1957 年，弗里曼·蒂尔登（Freeman Tilden）的专著《阐释我们的遗址》（*Interpreting Our Heritage*），提出了被视为基本纲领的历史遗址保护和阐释准则。半个多世纪以后，美国国家公园管理局的专题对这一准则进行了重新反思和评价，试图创建一套新的历史阐释准则，以适应 21 世纪公众史学家的需要。

　　此次会议中，公众史学与环境史交叉方向的专题并不多。人文行动实验室（Humanities Action Lab）的阿列亚·布朗（Aleia Brown）组织的专题主要是以环境正义社区为具体案例，探讨社区公众史学家如何更好地获得社区信任并达成深入合作。另外两个环境史专题则分别从树木保护和动物研究两个方向，探索公众史学家在其中的角色和面临的挑战。

修复记忆——博物馆和公众纪念

　　历史和记忆的问题是公众史学的核心，公众进入博物馆、遗址等空间，观看纪念碑和建筑，参与纪念仪式，同这些物质实体承载的记忆进行对话。在这一过程中，自我的情感、观念和生活经验具象化为一个空间性质的"在场"，这一对话的空间转变为"记忆场所"。空间和物质实体通过回忆的过程被进一步翻译、解构和重构，集体记忆因而在无数的对话当中不断更新自身。来自圣约翰大学和纽约市国家移民博物馆的策展人和公众史学家便通过"黄金铺就的街道"（"Streets Paved With Gold"）这一展览，以埃利斯岛的移民历史[4]为主题，给与会者搭建了一个分享个人移民体验的平台，鼓励访问者反思和分享与移民相关的记忆。在公众史学研究和实践中，公众集体记忆和个体记忆的媒介大多是地域、纪念碑、博物馆等空间性的物质实体。而在物质实体之外，公众史学家也开始探索新的公众纪念方式。来自天普大学的赛斯·布莱格曼探讨了超越纪念碑的物质形式之外的公众纪念方式，纪念碑的意义和物质性不再是固定在具体的实物之上，而是在纪念碑的物理退化和修复，环境和地点的变化，周边居民日常活动以及参观者的参与和表现中不断更新、重构自身。旅游商务区的专题则利用数字技术强化了纪念馆的动态性、可塑性和交互性。

　　另一方面，对记忆的修复指通过情感性纪念修复创伤，它涉及历史学家如何同公众一同重新解释和评价创伤事件，以及如何处理其中不同群体的伦理、情感和道德纠葛。在这一过程中，不同层面的公众（以事件为中心联系在一起的社会群体、社区、家庭和个体等）和不同类型的历史机构（档案馆、图书馆、博物馆、历史遗址、社区组织等）之间展开对话和合作，充分体现了公众史学以公众为核心的定位及其人文关怀。而在此次年会关于历史创伤和修复的讨论中，"自我修复"（Self-Repair）、"自我关怀"（Self-care）和"社区修复"（Community Repair）等理念备受关注。来自"9·11"纪念博物馆和哈丽特·比彻·斯托中心（Harriet Beecher Stowe Center）等机构的公众史学实践者开启了一场讨论，从创伤和社会公正的角度提出了"谁决定了什么值得修复？"这一问题。参与者将倾听和学习对方的不同观点，揭露对方的偏见，进而探讨如何更好地为遭遇种族歧视、偏见和种族灭绝等创伤的个体，提供自我关怀和自我修复的情感支持和机制。加州大学圣巴巴拉分校的梅丽莎·巴泰勒米（Melissa Barthelemy）组织了一场汇报，针对的是遭受大规模枪击事件群体的创伤修复与情感纪念。当地历史学家、档案管理者、图书馆员、策展人等公众史学实践者在相关社区建立了哀悼档案，从局内人视角指导枪支暴力受害者更好地参与此类情感性事件的纪念。拉塔·哈仙达历史公园和美国日裔历史学会的工作人员，则讨论了他们针对柬埔寨的战争和种族灭绝等创伤性事件设立的公共人文项目，包括构建相应的历史叙事，借助当地的音乐传统，进行具体的文化和身份的修复工作。

与此同时，纪念活动通过共同回忆构建新的集体记忆，不仅可以修复过去的情感创伤，也可以通过新的阐释和记忆克服错误的历史认知。例如，第一批非洲人被带往美国这一事件长期被视为暴力和不平等政权开始的标志。来自新学院大学、蒙特克莱尔州立大学等学校的公众史学家尝试通过这一事件的 400 年纪念仪式，重新阐释这一历史事件，以帮助克服奴隶制不平等的遗留问题。

修复语言、关系和信任——社会公正和平等对话

作为一个移民国家，来自世界各地不同种族的人群在形塑美国的多元文化生态的同时，也造成了美国公众群体的复杂性。围绕着移民、种族、犯罪、性别、宗教等社会标签，这些群体衍生出了一张错综复杂的社会关系网。公众史学家则成为这张关系网上的联结者和协调者，他们建立阐释、引导对话和推进平等参与，倡导社会公正，反对偏见、忽视和特权，进而协调社区、族群内部关系，恢复群体之间的信任。

（一）语言的准确性，纠正偏见和误解

包容性阐释和平等对话的建立，首先需要确保语言的准确性。历史故居博物馆（HHMs）民居修复项目的负责人马修·香槟（Matthew Champagne）指出，同 LGBTQ 群体相关的历史民居往往将涉及性话题的讨论视为敏感性的政治问题（历史上 LGBTQ 群体被视为有精神疾病或有缺陷的），即便这一问题直接影响了民居历史和公众的参观体验。公众史学家在实践中必须对于性等敏感话题使用包容和尊重的语言，避而不谈或者谈论不当将造成更多的偏见和误解。中康涅狄格州立大学的公众史学家便具体地展示了如何在公众历史呈现中探讨 LGBTQ 等敏感的性别政治问题。与此同时，奴隶制、移民和犯罪等敏感性问题亦是如此。沃兹沃斯·雅典娜艺术博物馆（Wadsworth Atheneum Museum of Art）、科迪枪械博物馆（Cody Firearms Museum）以及斯普林菲尔

德兵器博物馆（Springfield Armory Museum）的三个具体策展案例，从三个不同的方面展示了军事火器博物馆策展人如何选择合适的故事、推进相应的研究，合理展示具有敏感性的枪支历史。得克萨斯大学埃尔帕索分校和国家历史保护信托基金的公众史学家们探讨了在一个反拉丁裔和反移民言辞、政策和行动占据主流的时代，如何通过博物馆展览、历史保护、口述历史，对存在长期误传的墨西哥裔美国人历史进行修复性阐释，以修复／恢复／振兴边境地区丰富的拉丁裔历史。纽约州立博物馆和国家档案馆举办的 1971 年 9 月的阿提卡监狱起义事件展览，尤其强调运用公正、准确的语言阐释这一作为纽约，甚至美国监狱改革分水岭的历史事件。

语言的准确性不仅依靠直接的修正，也依靠情境化的思考和视角的转换。来自马萨诸塞州历史联盟以及哈佛大学法学院查尔斯·汉密尔顿·休斯顿种族与正义研究所等学校的公众史学家从语言和观点的时间性出发，通过公众集体重新阅读弗雷德里克·道格拉斯（Frederick Douglass）1852 年的演讲，探讨废奴主义和《独立宣言》（*Declaration of Independence*）中所体现的理想在 1852 年和 2019 年的演变，在不同的时间和语境中讨论爱国主义和种族问题。福特历史遗址的工作人员以及天普大学、纽约大学等学校的公众史学家们则从中心—边缘视角出发，认为过去的边缘历史叙事事实上是欧洲中产阶级将整体话语框架贵族化的结果，并呼吁公众史学应该打破这一中心—边缘的叙事框架，还原历史本身的"公共"性。

（二）边缘群体发声，激发关注、讨论和变革

在修复关系和信任，努力寻求社会公正的过程中，公众史学家的任务除了构建准确的阐释以纠正历史误解和偏见之外，更多的是围绕历史问题建立讨论和对话的平台。让不同来源的公众都能在一个公共空间当中发声且进行平等的对话，使边缘群体的历史被更广泛的公众关注和讨论，启发和教育公众，激发新的变革。比如，在神职人员性虐待问题凸显的当下，塞勒姆州立大学的史家们聚焦于公众史学家如何参与创建安全的教堂，为社区历代天主教徒提供分享经验和记忆的空间。与宗教问题相关的还有威斯康星州立大学的专题，主要讨论宗教历史阐释和吸引宗教团体参与的最佳战略。宗教问题之外，最突出的莫过于种族平等问题。来自罗格斯大学纽瓦克分校、天普大学的专题列举了以

有色人种社区的生活体验为中心的伦理研究和公众历史工作，倡导博物馆工作的非殖民化社区参与。明尼苏达大学的四位公众史学家围绕明尼阿波利斯市民居公众历史中的种族主义问题，探讨种族主义如何塑造美国民居历史，并倡导通过公众史学对住房和种族主义问题的介入来激发变革，实现社会公正。哈丽特·比彻·斯托[5]中心（Harriet Beecher Stowe Center）的策展人则致力于打破缺少对话的传统博物馆展览，在斯托夫人故居建立起一个互动式博物馆。游客在参观过程中会参与讨论 19 世纪的奴隶制和妇女角色等社会问题，并在中心召集的顾问、学者和社区成员引导下，将过去与现在联系起来，思考当下种族主义、大规模监禁、移民或同工同酬等问题。而游客的反馈也将即时同步到中心，以便其进行及时的改进。

修复技艺——公众史学家的自我提升

　　修复工作引发了关于包容和交叉、可访问性、行动主义和自我修复的对话，作为"手工艺匠人"和积极的实践者，公众史学家在修复社区、社会网络和群体关系的同时，还需要进行自我修复，改进自己的知识、技能和实践。

　　首先，公众史学作为实践性学科，并不意味着忽略理论。公众史学的理论探索既包括实践经验的总结，也包括理论的应用和当地化。在公众史学实践经验总结中最具代表性的莫过于美国公众史学委员会制定的《"最佳实践"指南》，用以指导公众史学家在大学里教授公众历史。此次会议上，来自加州大学圣巴巴拉分校等大学和学院的诸多公众史学课程授课者，分享了他们在这一指南基础之上的最新教育方法和实践经验，探讨公众史学教育理念和方法如何在最新的教育实践中发展和更新。此外，口述历史工作坊的人员介绍了口述历史的方法论，包括基本的采访技巧以及拟定采访大纲所需的技能，"共享权威"理论的创立者迈克尔·弗里施（Michael Frisch）结合其口述实践进一步详细阐释了这一口述历史领域最核心的理念。首先，在理论应用方面，马里兰大学的专题——《激进的历史活动者、宗教团体和社区组织及其他：公众史学的诸多根源及为何他们对该领域影响重大》（*Radical Activists, Faith Communities, Settlement Houses, and More: The Many Roots of Public History and Why They*

Matter for the Future of the Field）——试图扩展当下对于公众史学根源的探讨，并以此解决该领域当前的一些重要问题，使公众史学家能够在当前进行有意义的"修复工作"。得克萨斯大学奥斯汀分校、美国大学等大学和学院的专业公众史学家致力于探索批判理论（尤其是女权主义、酷儿和种族批判理论）如何使历史学家和其他学者能够更加反思性地参与公众实践和历史修复工作，使批判理论被用作一种修复工作而不是学术话语。《意大利公众史学宣言》（*the Italian Public History Manifesto*）在意大利公众史学界引发了巨大争议，加拿大卡尔顿大学的大卫·迪恩（David Dean）与来自美国华盛顿特区、艾奥瓦州等地的公众史学家围绕《意大利公众学史学宣言》，展开了一场关于公众史学的全球定义的国际性圆桌讨论。围绕这一宣言，来自不同国家的公众史学家试图借助争议凸显的诸多普遍性问题，推动一场关于该领域定义和实践的全球理论辩论。

其次，在理论探讨的同时，公众史学家致力于发展相应的机构，不断提升实践能力。美国教堂山镇北卡罗来纳大学校内师生组成的反种族主义专业组织，发起并指导了移除歧视色彩纪念碑的罢工运动。上文提到的哈丽特·比彻·斯托中心在建立互动博物馆的同时，也在不断完善机构内部的讨论和培训，以帮助学员在自己的机构中建立一种持续、流动的解释性实践模式，以使访客和工作人员能在这一模式下，批判地反思和阐明其个人经历或对种族不公的看法。

再次，历史档案的整理、修复和使用等相关问题同样一直为公众史学家所关注。一方面，数字技术推动了历史档案整理和历史资源利用的精确性与便利性。美国公众史学委员会数字媒体小组组织了数字公众史学实验室，以研讨会的形式为公众史学家和在相邻领域（例如图书馆）工作的专业人士提供协作学习的机会，围绕数字资源、技能和策略等问题推进专业交流。2019 年会议第六工作小组则发起讨论会，以进一步发展美国公众史学委员会与美国各州和当地历史协会合作赞助的新数字资源——《包容性历史学家手册》（*The Inclusive Historian's Handbook*）。美国国家公共电台的档案和数据策略部门、得克萨斯州移动影像档案馆以及美国国会图书馆的档案管理者们提出要将历史档案修复的意义从档案本身转移到公众获取和利用上，结合自身的实践经验讨论如何在以公众最大效率获取为导向的视听媒体数字档案中，维持公众利用和保存档案之间的平衡。

另一方面，历史档案的数字化，不仅保持了档案的精确性，更方便管理和使用，也使得一些散乱的、不被重视的档案得以整合并在公众当中呈现。一些群体的历史有了完整的叙述和发声平台，一些被遗忘的记忆得以保存。来自亚美音乐研究中心的埃里克·亨（Eric Hung），以及纽约州历史保护办公室的詹妮弗·贝茨沃思（Jennifer Betsworth）都组织了多人汇报探讨历史档案的修复，前者试图从有色人种和新移民的立场出发，通过档案收集、重新筛选，公开推动历史的去殖民化，后者则强调历史遗址保护档案如何随着历史保护实践和现实情况的变化保持精确性。肯塔基历史学会和肯塔基口述历史委员会工作坊的历史实践者们则利用数字技术保存和整理了与大型枪击事件相关的公开数据，包括相关公众历史工作、纪念场所及事件的后续发展；与此类似，来自布朗大学的多位史家以数字化为平台，借助绘制地图（"mapping"）的方式讲述得克萨斯州 1900—1930 年种族暴力事件的历史创伤及其修复。

尤其值得注意的是，在理论、机构和档案管理能力的完善之外，媒介的发展亦丰富了公众历史的阐释和表现形式。一方面，传统媒介的运用更加成熟和多样化，并逐渐往交互性、多线性发展。如康涅狄格州的"破伞剧院"（A Broken Umbrella Theatre），用戏剧和舞台艺术呈现了沉浸式的、跨越代际的康涅狄格地区的特殊历史。另一方面，新媒体和数字技术的更新不断创造出新的历史呈现方式，数字史学 [6] 在公众史学领域大放异彩。英国"陌生地方的博物馆"播客（"Museums in Strange Places" Podcast）展示了"播客"（Podcast）这一近十年飞速发展的大众媒体对于公众史学的意义。来自美国南卡罗来纳州立大学、法国洛林大学等大学和学院的公众史学家组成了国际专题小组，探索了照片和媒体技术如何被公众使用以进行历史阐释。其探究的媒体范围涵盖第一次世界大战的小型照相机和工业摄影到现在的手机客户端、脸书（Facebook）、计算机网络以及电子游戏，展现了媒介的发展在全世界范围内带来的公众史学实践的变化。

与此同时，纪录片、电子游戏、课堂沉浸式游戏、博物馆艺术等也在历史教育领域不断调动学生的历史参与和体验感。纽约大学和国家"9·11"纪念馆的凯瑟琳·古尔丁（Cathlin Goulding）放映了 2017 年的纪录片《图利湖的抵抗》（*Resistance at Tule Lake*），并召集导演和电影课程设计者一同讨论在中学和大学课堂上教授这部电影的关键方法。彼得·马布里（Peter Mabli），就职于纽约城市大学研究生中心的美国社会历史项目媒体与学习中心，长期致力于不断更新历史教学电子游戏"美国使命"（Mission US），使其跟上不断发展的技术、历史阐释和教学重点。卡罗来纳海岸大学的工作坊则带来了沉浸式游戏教学体验，通过设置多轮小组讨论和对话环节，让参与者进行角色扮演，讨论 1888 年印第安人遗产处理问题，充分体现了历史决策过程中的多元沟通机制和平等参与。

　　理论的钻研，机构组织的完善，档案管理和公众利用的改进，历史阐释和表现形式的多样化，以及对所服务群体的深入了解，公众史学家从多个方面参与历史，最终实现更具包容性的、开放的、多元交互的历史实践。作为此次年会最重要的部分，公众史学家的自我修复体现了他们作为专业史家的自觉和责任，对面向公众这一宗旨的遵守，以及对历史的多元化阐释和社会公正的不懈追求。

结语

　　紧扣"修复工作"这一核心主题，历时三天的会议面向公众开放了一个窗口。来自世界各地的公众史学家和历史学实践者、爱好者们，都通过这个窗口体验和分享了他们在各个角落和空间进行的工作。他们修复那些被破坏的历史，使空间被合理保护，创伤被包容和疗愈；他们修复那些被遗忘的历史，使记忆在多样的纪念形式中被唤醒、被建构或被浪漫化；他们修复那些被忽略的历史，使得黑暗的往事被照亮，完整和多元的故事被讲述、接受和传播；他们修复那些被边缘化和排斥的历史，推动平等和具有包容性的对话，构建新的身份认同，实现"共享权威"[7] 的目标，"被沉默"的人群开始发出自己的声音；他们修复那些落后、不足与缺陷，推动理论的完善、机构的精进、资源利用的优化、新媒体和数字技术的应用，促进公众史学实践在自我修复中不断发展。正如公众史学家大卫·迪恩（David Dean）所说，公众史学最独特的部分在于，它"对问询、合作和多样性的倡导并不会削弱专业历史训练的价值，相反却将权力、合法性和特权等更开放的问题纳入其中……公众史学家在这些语境下不仅生产了历史知识，同时也同样多地增长了知识生产能力"[8]。

与此同时，这次会议出现了首个来自中国的声音，当地时间 2019 年 3 月 30 日，浙江大学李娜教授主持了"记忆、历史与政治：公众史学在中国"（"History, Memory, and Politics: Public History in China"）的专题讨论。这是美国公众史学年会 39 年来第一个关于中国的专题，四个案例分析从不同角度探索反思公众史学在中国的发展。李娜教授以博物馆展览为切入点，概要性地介绍了国内公众史学的发展，包括公众史学课程、会议、刊物等，同时介绍了中国第一个公共博物馆（南通博物馆）、私人博物馆的演进，以及重庆三峡博物馆等主要博物馆的策展研究等，对中国博物馆展览涉及的真实性、共享权威、公众服务、文化和教育等问题进行了深入分析。"中研院"台史研究所副研究员张隆志研究员的发言以诸多具体的项目和案例描绘了中国台湾公众史学的最新动向，包括《大家来写村史》等杂志、台湾通俗史学出版物、台湾师范大学应用史学课程以及台湾历史博物馆等。另外两个报告则结合理论研究，带来了历史影像和影像史学相关内容。浙江大学公众史学研究中心原工作人员田乐以《黄金时代》这部电影作为案例，探讨影片如何构建具有历史真实效果的情境，包括采用"口述历史"来营造"陌生化效果"，电影摄制组在历史的基础上再现当时的场景和物体等。同时以票房纪录、脱口秀、评价和电影评论为材料来源，提出观众对这部电影的反应来自不同背景的观众对过去的不同想象和当代多重的社会观（如对女权主义和革命内涵的争论等）。笔者则从公众接受的角度分析汇编影片《被误解的中国》（*Misunderstanding China*）的叙事模式，探讨这部制作并播映于尼克松访华、中美关系缓和之际的新闻纪录片如何通过历史性的叙述，以构建连续性和差异性的方式，强化公众对于观念中真实的中国形象的反思。

然而，这次会议在通过修复达成平等和正义上走得越远，便越发注重构建不同身份群体都可以发声的对话空间。但是在很多实践案例中，公众史学家对对话内容的选择、质量和评判的关注要少于对对话形式的关注。有些公众史学实践者倾向于投入很多精力确保所有人的平等参与，却只是简单地集合和记

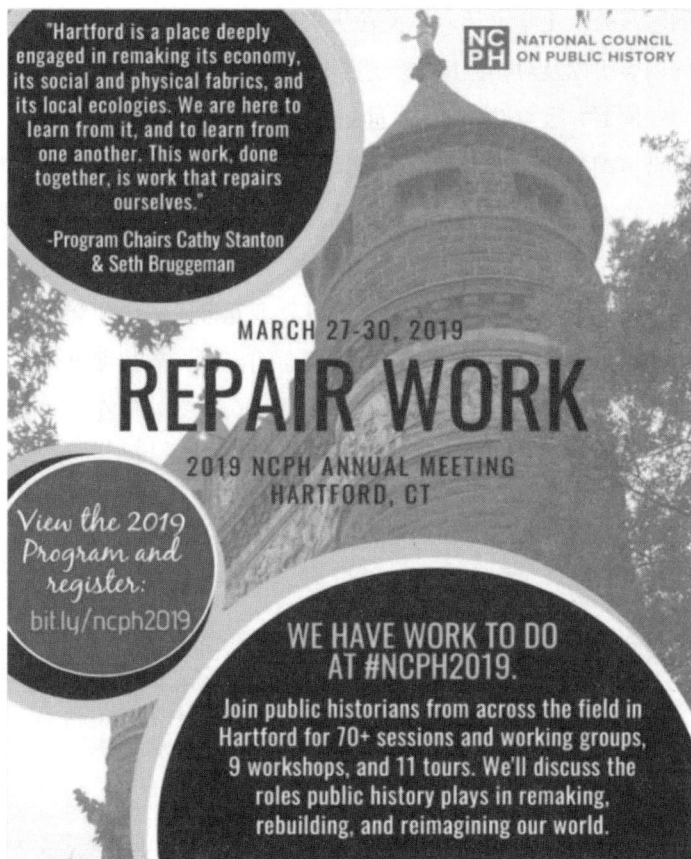

图 14.1　会议文集封面
图片来源：美国公众史学委员会 www.ncph.org

录对话的内容和结果，或者将对话设为开放式，话题的内容随着对话的进行不断改变。这一现象可能会造成过于注重公平的形式而忽视公众对于历史的阐释与理解本身，也违背了公众史学家的初衷。公众史学家作为公众参与历史的引导者，建立公开且平等的对话只是一个起点，更重要的是作为专业史家提出具有深度的历史话题，深入理解历史观念并选择合适的历史阐释形式。西方历史叙述学兴起之后，历史叙述的形式备受关注。历史叙述形式的差异化不仅依靠不同媒介实现，更依靠深层的文学性结构和诗学本质。而历史叙述形式的不同直接影响着历史意义的表达和理解的达成。因而，在关注平等对话和参与性的同时，公众史学家还应当关注历史话题内容本身的深度，关注思辨性、分析性的内容，以及对相应历史叙述形式的理解和选择。

同时，公众史学自 20 世纪六七十年代在美国兴起之后，其实践大多紧紧贴合美国的文化背景和社会语境进行，使得这一学科带有很明显的美国本土特色。这在此次会议也有很鲜明的体现，大多数专题针对美国尤其是康涅狄格州哈特福德小镇的种群、地域、社会文化和历史状况，致力于"修复"这个面临去工业化危机、枪支暴力、衰退以及多元移民文化冲突的地域。而在国际化应用和拓展上，目前尚局限于基本概念的探讨，或数字媒体技术、档案管理等公众史学家技艺提升的相关内容。未来公众史学如何在不同文化语境中发展，仍需要更多来自全球的具有借鉴意义的实践经验。

注　释

[1] 美国公众史学委员会（National Council on Public History）于 1980 年 5 月 2 日在哥伦比亚特区成立，是一个会员制协会。协会致力于使过去在现在有用，并鼓励历史学家与公众之间的合作。协会的工作始于这样一种信念：历史认识在社会中具有根本价值。美国公众史学委员会的职能包括建立专业标准、道德规范和最佳实践；提供专业发展机会；承认各种公众历史活动的卓越成就；培养公众历史从业人员之间的沟通交流和社区意识；支持历史教育。发行的季刊《公众历史学家》（the Public Historian）是公众史学专业的权威性刊物。美国公众史学委员会与美国历史联盟（National Coalition for History）、美国历史学家组织（Organization of American Historians）、美国国家和地方历史协会（American Association for State and Local History），以及美国学术团体联合会（American Council of Learned Societies）等组织和机构有着许多合作关系。美国公众史学委员会成员包括博物馆专业人员、历史顾问、政府雇用的历史学家、档案工作者、历史管理者、企业和商业历史学家、文化资源经理、博物馆馆长、电影和媒体制作人、口述历史学家、政策顾问、教授以及对公众历史感兴趣的学生和教师等。美国公众史学委员会安理会越来越多地致力于在国际范围内推进公众历史。每年春季，委员会将确定一个公众史学领域的核心主题并举办年会，将数百名成员和非成员聚集在一起，围绕这一主题展开研讨会、会议、参观、工作坊和其他活动。参见美国公众史学委员会网站：https://ncph.org/about/who-we-are/.

[2] Greff Mangan, "Hartford: Repair Work in Progress!", *National Council on Public History leaflet*, USA, 2019.

[3] Marla Miller, "President's Comments: Artisanal Public History?", *Public History News*, Vol. 39, No. 3, 2019, 6.

[4] 埃利斯岛坐落在上纽约港，1892—1954 年，作为美国移民检查站之一，"大约 1200 万移民经过它的大门并在这里接受了移民审查……20 世纪头 25 年进入美国的移民中，有大约 3/4 是在埃利斯岛办理手续的，这使其成为美国主要的移民站……埃利斯岛的实体及社会史反映了美国对于移民态度的转变。"参见戴安娜·R. 帕杜著，李家銮译：《美国对移民视角的转变：埃利斯岛

国家移民博物馆（中文版）》，《国际博物馆》，2017 年。

[5]《汤姆叔叔的小屋》的作者。

[6] 数字史学，指的是运用数字媒体和工具而展开的各种历史学实践、演示、分析和研究。数字史学的开放性、多样性、互动性使得其与 20 世纪 60 年代以来历史学"自下而上"的趋势，以及公众史学的兴起和发展相融合。数字技术的不同应用使得历史档案和资料的呈现可以有不同的形式，数字化档案扩充了史料的内容和表现形式。

[7] "认识到公众创造他们自身以及个体、家庭、群体、社群、地区或者民族的历史，使得历史研究的对象得以进入对过去的生产和呈现过程中，这一过程被称为'共享权威'。"参见 David Dean, ed., *A Companion to Public History*, John Wiley & Sons Ltd, 2018, p. 5。

[8] 同上。

过去的呈现：
美国各州与地方历史协会[*]

约翰·R. 迪西特（John R. Dichtl）

　　摘要： 约翰·R.迪西特自2015年起，担任美国各州与地方历史协会（American Association for State and Local History）的主席和首席执行官。这是一个代表美国各类历史组织的全国性团体，包括各种规模的、地方的、州的以及国家层面的博物馆、历史遗址、历史性服务机构和历史性社团。在从事这项工作之前，约翰曾在美国公众史学委员会（National Council on Public History）担任过9年的执行理事，还曾担任美国历史学家组织（Organization of American Historians）的副主席和临时主席，并在这个组织工作了14年之久。约翰在印第安纳大学获得了美国早期史方向的硕士和博士学位，2006年到2015年期间，他在印第安纳大学-普渡大学印第安纳波利斯联合分校历史系做兼职教员。在攻读研究生学位之前，他在美国参议院司法委员会工作。约翰还是2004届"历史管理研讨班"的结业生，这一研讨班源于美国各州与地方历史协会与印第安纳历史协会（Indiana Historical Society）和其他组织合作的项目，现已更名为历史领导力研究会（History Leadership Institute）。约翰推动发起了"历史相关性运动"（History Relevance Campaign），参与建立了公众史学国际联盟（International Federation for Public History），同时也是美国历史学联盟（National Coalition for History）的活跃者。美国各州与地方历史协会是《公众史学》的合作机构。约翰在该文中探讨的过去的呈现方式与历史相关性是对公众史学实践的反思。

---

　　* 本文由董小梅（浙江科技学院马克思主义学院）翻译，游丽诗（浙江大学历史系博士研究生）校对。

关键词：公众历史实践；美国各州与地方历史协会；历史相关性；地方史；博物馆；历史遗址

Abstract

John R. Dichtl has been the President and CEO of the American Association for State and Local History (AASLH) since 2015, a national group representing a wide variety of history organizations, from museums to historic sites, historical agencies to historical societies, large and small, local, state, and national in scope. Prior to his current role, John was the executive director of the National Council on Public History (NCPH) for nine years, and deputy director and interim director of the Organization of American Historians, where he was employed for fourteen years. John received his MA and PhD in early American history from Indiana University, and from 2006 to 2015 was an adjunct faculty member of the history department at Indiana University-Purdue University Indianapolis. Before graduate school he worked for the U.S. Senate Judiciary Committee. He is a 2004 graduate of the Seminar for Historical Administration, now renamed the History Leadership Institute, a program that stems from an AASLH partnership with the Indiana Historical Society and other organizations. John helped to found the History Relevance Campaign, the International Federation for Public History, and is active in the National Coalition for History. AASLH is one of the institutional collaborators of *Public History*. John discusses various ways of presenting the past, and the relevance of history as reflections of public history practice.

Key words

public history practice; AASLH; the relevance of history; local history; museum; historic site

丰富的差异性

美国公众史学实践者广泛分布于各种大型机构中，这些机构承担着各种功能和职责。2014 年，美国联邦政府的博物馆与图书馆服务研究所（Institute for Museum and Library Services）统计了全国 35144 家博物馆，该数据是其在 20 世纪 90 年代估计的两倍多。[1] 根据统计数据，这些博物馆中有 55.5% 即约 19500 家，被划分为"历史博物馆""历史学会""历史保护""故居和历史遗址"。之后几年，该机构的研究者进行了数据清理，统计数据略有下调。此外，初步将其他两个州的数据同该机构编制的这份全国清单进行比较之后，结果表明，这份 50 个州的联邦统计清单中忽略了大量小规模的历史博物馆和其他历史组织。因此，美国实际上存在的各种历史组织可能会更多。

美国的历史组织数量庞大，种类繁多。每个州都有一个公共的或私人的历史学会：所谓"公共的"意为该社团是由州政府来管理，"私人的"则表示该社团是一个非营利团体。有些州立历史学会规模庞大，例如，明尼苏达州、威斯康星州和俄亥俄州的州立历史学会，是由政府资助的服务机构，雇有数百名工作人员，拥有众多历史遗址和建筑，还经营着大型博物馆。印第安纳州和得克萨斯州，都有拥有数以千计的本地或外地个体成员的大型私人（非营利性）历史学会。在其他州，如田纳西州和亚拉巴马州，主要的历史组织不是历史学会，而是州政府设立在州图书馆和档案馆内的分支机构。美国所有的州都有几十个小型的县级政府实体，设有县级政府管理的或地方非营利性县级历史学会。此外，许多城市中也都有市政府或本地非营利组织经营的历史博物馆和历史学会，以及属于州立公园系统的历史遗址和博物馆。与历史学会这个核心网络并立的，是与之相关的历史博物馆、历史保护建筑、名人故居和众多其他历史机构。

每一年都有新的历史机构成立，却很少有历史机构关闭。历史机构的数量一直在缓慢增长，却并没有很多的收入用以周转。例如，在过去的 10 年或更长时间里，博物馆和历史保护领域一直在自问：历史故居博物馆是否已经过剩？对此，有些人呼吁关闭现有的小型博物馆，但是，更能引发人们兴趣的讨论集中在找到让所有历史组织都发挥作用的新方法。2015 年 5 月，美国公众史学委员会主办的《公众史学家》（*The Public Historian*）出版了一期以"重塑故居博物馆"为主题的专刊，专刊特约主编编辑了一组文章，这些文章展示了"众多遗址是如何致力于重新发掘自身历史，深入探寻其与当代受众的相关性，并在此过程中确定新的公众参与方式"。[2]

就在故居博物馆重新思考自身角色和功能时，（上述寻找新途径以使所有历史组织发挥作用的）讨论已经席卷了所有历史组织，这在一定程度上要感谢2008 年的经济大萧条（次贷危机）（great economic recession）。经济崩溃导致的收入锐减迫使历史组织在创收以及向地方社区和政府官员展示其价值方面更具创造力，他们比以往任何时候都更加努力地发挥作用。他们在多个领域开展跨学科合作，包括项目规划和教育、与艺术家合作、为公民对话和扫盲项目提供空间、为 K-12 教育者提供主要资源、与当地企业一起开展活动、与社会团体就社会正义项目进行互动等方面，尽力将他们的事业和经济发展联系起来。

公众历史的实践者不仅在各种平台和环境中工作，而且承担了多样化的职能。这些场所包括公立的和私人营利性的历史博物馆，市、县、州级公立和私人非营利性的历史学会，故居及其他历史遗址，政府机构，大学和学院，档案馆和图书馆，历史保护组织，露天活态历史遗址，历史和文化资源咨询服务等。这些从业者的职能和工作类型也有相应的变化。值得注意的是，特定从业者往往会身兼数职，这在一些小的公众史学组织中尤为突出（我们知道，美国和加拿大约有半数的历史组织规模很小，每年预算不超过 25 万美元，其中大部分依靠纯志愿者运营）。工作类型或职能包括：管理员、档案员、理事会成员、收集管理者、咨询顾问、文化资源管理者、馆长、理事和首席执行官、编辑、教育工作者、评估专家、展览设计师、现场服务提供者、谱系学家、历史学家、口译员、导游和讲解员、图书馆员、公园管理员、环境保护主义者、项目管理员、登记员、研究人员、教师和志愿者。

美国各州与地方历史协会

在美国那些由富有创造力的公众史学从业者组成的多元团体中，美国各州与地方历史协会是其主要代表。它是一个总部设在田纳西州纳什维尔的全国性历史协会，为那些希望保护和阐释本州、本地的历史以使过去变得更有意义的成员，提供指导、服务和支持。美国各州与地方历史协会有 5500 多个机构和个人会员，其会员人数通常是机构雇员人数的两到三倍。会员范围小到纯志愿者运营的故居博物馆，大到县和州的档案馆，以及像"殖民地时期的威廉斯堡"一样的大型历史博物馆和史密森学会（Smithsonian）[3]的博物馆，而且为他们工作的专业人员和志愿者也包括在内。基于会员的多样性以及会员需求与情况的多样化，协会将致力于提供满足会员需求的方案和服务，并逐步改进该领域的目标与标准。

美国各州与地方历史协会的成员与以下所有的姊妹组织都有交叉，这些组织都代表着美国宏大历史事业的不同方面。就这些组织所包含的机构和个体历史从业者的类型来说，他们之间的界限是模糊的，但是美国各州与地方历史协会是其中最具有普遍性的。与美国各州与地方历史协会非常相似的是美国公众史学委员会。成立于1980年的美国公众史学委员会是一个规模较小但是发展迅速的会员制组织，其会员覆盖了美国180多所大学公众史学硕士项目的教师、在校生和毕业生，也包含其他大学和学院的附加性本科项目的教师、在校生和毕业生，范围横跨美国、加拿大和其他国家。美国公众史学委员会的成员还在联邦政府的诸多分支部门中工作，包括国家公园管理局（National Park Service）、军队、州和地方历史组织等。这两个组织在成员、优先级和运作机制方面有很多交叉，每年都会开展合作并提出许多倡议。笼统地说，美国公众史学委员会代表了公众史学家的学术培训领域，美国各州与地方历史协会则代表了雇用公众史学家的场所和机构。[4]

1949年，专门针对美国历史保护工作的美国历史保护信托基金（National Trust for Historic Preservation）成立，总部设在华盛顿特区。它是一个民间非营利性会员制组织，致力于保存历史建筑和景观，同时推动历史保护，以此作为一种创建充满活力和可持续发展社区的方式。它的"使命就是通过直接的行动和激励广泛的公众支持，以保护代表我们多元文化经验的重要历史建筑和景观"。相对于一般的博物馆而言，它们设有一个总部位于华盛顿特区的大型非营利性协会，即美国博物馆联盟（American Alliance of Museums）。这个联盟为它所拥有的30000多名个人会员提供专业发展的机会、该领域的最新动态，还有关于伦理、标准、最佳实践和倡议等方面的信息。[5]

美国有两大学术性更强的，用以保障历史事业的全国性团体。其中一个是成立于1884年，主要由高等院校中专门从事世界各地历史研究、写作和教学

的教师组成的美国历史学会（American Historical Association）。该协会有超过
12000 名个人会员，声称是世界上最大的专业历史学家组织。另一个是成立于
1907 年的美国历史学家组织，这一组织专注于美国历史的研究、写作和教学，
规模约为前者的一半。与美国历史学会一样，这个组织也主要为有博士学位的
历史学家服务。两者都有大型年会、期刊和其他重要的出版物，还设立年度奖
励项目表彰历史学科的成就杰出者。[6]

　　美国档案工作者学会（Society of American Archivists）是美国档案工作者
的主要代表组织。与美国各州与地方历史协会一样，该协会在 20 世纪初从美
国历史学会中分离出来。[7] 美国各州与地方历史协会和美国档案工作者协会都
是在 19 世纪末、20 世纪初历史学科专业化的浪潮中诞生的。19 世纪 90 年代，
主要来自美国中西部和南方的各州历史学会的领导人开始与美国历史学会接
触，并在 1904 年芝加哥举行的美国历史学会年会上发起了"各州和地方历史
学会会议"（Conference of State and Local Historical Societies）。这个由各州历史
学会、学院历史部门、档案馆和图书馆等组织组成的会议作为美国历史学会的
一部分已存在了数年。与此同时，这些档案员开始从中脱离并组建自己的会议
筹备小组，而协会的学术成员则继续留在讨论会中从事研究。1936 年，档案员
们脱离美国历史学会，成立了美国档案工作者协会。

　　1939 年，在华盛顿特区举行的美国历史学会会议暨第 35 届各州和地方历
史协会年度会议上，各州历史学会和历史委员会提议，将成员范围扩大至个
人，设立一个代表美国和加拿大的董事会，并建议该组织启动一个出版计划。
第二年，"各州和地方历史协会会议"解散，新组织即美国各州与地方历史协
会成立。

　　美国各州与地方历史协会自成立以来，便汇集了各领域的历史专业人士和
志愿者参与宣传有关保护和阐释州及地方历史的信息。20 世纪 40 年代，该协
会开始发行时事通讯和其他出版物，并设立年度奖励项目和年度会议等活动，
一直持续到今天。1941 年 7 月，在美国各州与地方历史协会自主出版的杂志
《历史新闻》（*History News*）第一期出版之际，协会主席阐明了该协会的宗旨：
"如今，在美国和加拿大，有超过 1000 个有关州、省和地方历史的组织，这些
由政府支持或私人资助、大小不一、实力强弱不等、资金充足或不足的组织，

都在朝着同一个目标努力，每个组织都可以通过与其他机构更紧密的联系而获益。成千上万的大学教授、业余历史学家、档案管理员、谱系学家、文物收藏者、从事历史圣地保护的人员、爱国团体的成员和其他个人都表现出对同一领域的兴趣。而像那些经常彼此隔绝、缺乏适当的工作工具的人，将从这些机构的紧密联系和资源聚集中受益。"[8]

这一情形在过去的 75 年乃至更长的时间内发生了巨大变化，尤其是历史组织的数量已经实实在在的从 1000 个增加到上文提到的 18000 多个到 20000个。但是美国各州与地方历史协会的宗旨和工作目标仍然保持着连续性。协会始终尝试"汇集资源"，开发"合适的工具"和实践，将众多热情的历史从业者联系在一起。协会最主要的功能是分享有关历史从业者创造性地参与到该领域中的重要方式，重点介绍他们及其社区面临挑战时的解决方案。协会通过季刊《历史新闻》、每年秋季的年会，以及每周的电子通讯《快讯》(*Dispatch*)和活跃的社交媒体等方式来实现其主要功能。协会还通过一系列丛书分享对该领域非常重要的培训和概念。在过去的几年中，由罗曼与利特菲尔德出版公司(Rowman & Littlefield Publishing) 出版的系列图书已增至每年 10 至 15 种，这些图书不仅为博物馆研究和公众史学项目的研究生课程提供了重要的教材，还为公众史学和博物馆领域各个分支的从业人员提供培训和关于相关领域现状与前沿的一系列读本。[9]

此外，美国各州与地方历史协会开展了越来越多的其他项目。70 多年来，该协会被授予"历史领导力"荣誉，以表彰其在建立和优化收集、保护和阐释州和地方历史的卓越标准上的贡献。"历史领导力"荣誉获得者是诸如出版物、展览、公共规划等不同类型项目的榜样和启示。大约 10 年前，为帮助美国和加拿大小型历史组织，美国各州与地方历史协会推出了"历史组织标准和卓越计划"，目前有近一千个机构参与。历史组织标准和卓越计划是一个多方面计划，可在 6 个类别 3 个绩效级别上提供国家绩效指标，并且重点关注那些希望以国家博物馆标准为基准的中小型组织。与此同时，美国各州与地方历史协会还为大中型博物馆和历史组织提供名为"参访者数量统计"的参访者研究项目，这一项目提供的数据和见解可以为这些组织所用，以创建一个成功和蓬勃发展的历史组织。

　　美国各州与地方历史协会还参与了一些旨在提高大型历史机构与当地社区互动能力，使过去更具有相关性的倡议。该协会是"历史相关性"（History Relevance）倡议的发起成员之一，这一倡议集合了致力于推动个人、社区和国家展示、发现和传播历史价值的历史专业人士和组织。协会还以核心组织者的身份，为2026年美国半百周年（250周年）纪念活动组建了一个新专项工作组和咨询委员会，把来自全国各地的历史组织汇聚一堂，阐明目标并制定计划，以使大型历史机构在筹备这一活动时为公众利益提供最佳服务。

　　美国各州与地方历史协会正在开发一个"地方历史学家硕士项目"（Master Local Historians Program），这一项目与（250周年）周年纪念活动的前期规划有关，也与协会回归其为业余和其他非专业历史从业者服务的初衷有关。项目的目的是帮助历史博物馆和其他大型历史机构与其所属的社区合作，并加强它们的志愿者网络。这个项目为博物馆、图书馆、档案馆、历史遗址和其他个人提供了课程计划和模板，以帮助他们培训有兴趣了解历史学家揭示过去的方法的公众。项目的关键是使更多的公民更熟悉历史调查的标准和实践，提高他们理解历史价值、推动建立历史和公民话语以及在他们的社区倡导建立历史机构的能力。

　　与为业余和非专业人士服务相反，美国各州与地方历史协会还提供历史领导力研究所（以前称为"历史管理研讨班"[Seminar for Historical Administration]）的实践经验，这对于任何类型和规模的历史组织领导者来说都是最难得的职业发展机会。自1959年以来，该研究会为历史专业人士提供了工具、观念和联系，以提升他们领导其机构和领域的能力。在这一为期3周的住宿研讨会上，历史领导研究会深入探讨了当前和未来历史和博物馆领域面临的各种问题。在数十位全国公认的在该领域处于领先地位的专家的支持下，通过案例研究、工作坊、论坛和现场访问，大家讨论历史机构面临的最紧迫问题，并制定解决这些问题的策略。历史领导力研究所每年11月在印第安纳波利斯的印第安纳历史协会举行为期3周的活动。

为"历史相关性"发声

　　所有这些计划和项目都反映出美国各州与地方历史协会的丰富经验，这些经验使它为历史和历史从业者们提供了一个包容的港湾居所，一个能够有效保护和阐释过去的理念与实践的分享平台。为实现这一目标，目前协会在历史关联的研究领域和当代社会的战略计划上主要关注以下两大核心，即无论是在这一领域还是大到整个社会，都要推动历史相关性和建立多样性与包容性。不管何种规模的历史组织，都在保护和阐释历史之外扮演着重要角色。正如倡议"历史相关性"的文件《历史的价值》（*Values of History*）中所述的，至少有 7 种关键方式使历史和历史组织对现代生活产生重要影响。当前，美国各州与地方历史协会与其他历史机构在美国所做的许多事情，正是受到了这七点的启发：1）在多元世界中，历史培养个人和集体的身份认同；2）历史教授重要的批判性思维技能；3）历史是强大、充满活力的社区的基础；4）历史是经济增长的催化剂；5）通过公民的积极参与，历史帮助人们展望更美好的未来；6）历史激励领导者；7）被保护和保存下来的历史，是人类走向未来的基础。[10]

　　美国各州与地方历史协会与它的姊妹协会，及其遍布全国的分支成员机构都在阐明这 7 种历史价值，并时刻提醒自己在公众史学项目规划、阐释和参与工作中，公开并清晰地阐述这些原则是如何发挥作用的。即使目前公众对公共机构、历史组织和博物馆存在一定程度上的不信任，它们也比大多数机构表现得更好，参访者和支持者们已经做好准备迎接这样一个信息：历史是必不可少的，过去很重要。

　　20 年前，我们从罗森茨威格（Rosenzweig）和泰伦（Thelen）的专著《过去的呈现：历史在美国生活中的通俗应用》（*Presence of the Past: Popular Uses of History in American Life*）中知道，历史博物馆是比历史教授、历史老师，甚至历史书籍可信度更高的信息来源。在 20 世纪 90 年代中期的全国调查中，80% 的受访者认为博物馆的可信度较高，而其他来源的可信度则要低得多，其中祖父母的可信度为 69%；历史目击者的可信度为 64%；大学历史教授的可信度为 54%；高中历史教师的可信度为 36%；非小说类书籍的可信度为 32%；电影和电视的可信度为 11%。[11]

2018 年春，美国各州与地方历史协会重新审视了其中至少一部分的可信度问题，这次调查的主题是互联网——20 世纪 90 年代中期的研究无法涉及的一个对象。2018 年初，威尔克宁咨询公司（Wilkening Consulting）为协会进行了一次范围更广的人口抽样调查，就四种历史资源和一个一般意义上的"博物馆"的可信度问题询问了 1000 个人。数据表明，81% 的受访者认为历史博物馆和历史遗址"绝对"或"多少"值得信赖，同样比例的受访者认为无论"博物馆"是否与历史相关都值得信赖。受访者中认为历史教科书和非小说类书籍可信的比例是 74%；认为高中历史教师可信的比例占 65%；而认为"互联网（历史信息）"可信的比例是 64%。因为 20 世纪 90 年代中期的调查中，并没有"互联网（历史信息）"可信度的选项，并且这次的调查方法与过去大相径庭，所以这些排名与过去的排名没有直接可比性，但数据至少表明今天人们对历史博物馆的信任度依然很高。在一个真理、信任、新闻和事实均受到挑战与反向挑战的时代，这是一个非常好的消息。

美国博物馆联盟最近发布的两项新研究更令人鼓舞。美国博物馆联盟和威尔克宁咨询公司的《博物馆和公众舆论》（*Museums and Public Opinion*）指出：97% 的美国人认为博物馆是他们社区的教育资产；89% 的人认为博物馆为他们的社区带来了重要的经济利益；96% 的人对民选官员采取立法行动支持博物馆持积极态度。在历史组织与董事会、地方资助者、纳税人和政治领导人交谈时，这些数据非常有用。在美国博物馆联盟开展的"作为经济引擎的博物馆"（*Museums as Economic Engines*）的项目结果显示，与其他行业的调查数据对比，博物馆直接雇用的人数是专业体育行业的两倍多。博物馆极大地推动了当地和国家的经济发展："在美国，博物馆每创造 100 美元的经济活动，就会在其他经济部门创造 220 美元，这是供应链和雇用员工开支影响的结果。"

与此同时，欧洲的一项研究为历史组织带来了更多好消息。英国"2014年遗产统计"（*Heritage Counts 2014*）研究表明，历史机构对社会幸福感有着积极影响。该研究指出，2014 年，"总的来说，同样的花费被用于参观遗产型景区，和将其用于社会福利，所带来的幸福感是一样的。这些钱约 1646 英镑，或约 2800 美元"。"2014 年遗产统计"项目还指出，过去 5 年中，"生活在有历史底蕴地区的成年人可能更有归属感"，且"参与传统可以对个人发展产生

有益的影响"，这意味着与普通人相比，历史志愿者的心理健康和幸福水平要
更高。[12] 在许多方面，历史组织虽然可能面临资金不足和重视不够的困境，但
人们普遍认为它们所分享的信息是值得信任的，并且认同在为社区提供福祉方
面，它们发挥着越来越重要的作用。

现在，许多美国人正利用这种社会资本，冒险在社会问题上发表意见。许
多历史组织和博物馆正在超越中立。他们确定，只要清楚、诚实地说明自己为
何要这么做，以及如何这样做，就可以提出一个哪怕是带有政治色彩的意见。
正如费城东部州立监狱历史遗址解说部主任肖恩·凯利（Sean Kelley）在 2017
年出版的《历史新闻》杂志中指出的那样，试图保持中立的理想主义只会阻碍
博物馆和历史遗址的发展。肖恩自己所在的机构并不试图在某一问题上选边站
队。"（这）为我们提供了一个借口，"他说，"中立只是为了避免棘手的问题，
如种族、贫困和政策等我们还没有准备好应对的问题。"保持中立还意味着接
受现状，或对决定现状的权力关系和主导地位保持沉默。因此，东部各州正试
图"将（其）重心从中立转向批判性思维和包容性"，他们围绕着"大规模监
禁是行不通的"这一呼吁团结在一起，向我们展示了美国的监禁历史，及美国
社会被监禁的人数的比例高于世界上其他任何国家的事实[13]。

正如越来越多的其他历史博物馆和历史遗址中的团队一样，凯利和他的同
事们，发现"许多观光参访者确实会参与到棘手的主题中"。自从他们开始处理
棘手问题以来，历史博物馆的参观人数增加了 40%，仅最近一年就增加了 12%。
尽管有 4% 的人抱怨博物馆展示的现代内容影响了他们的参观感受，但是 91%
的参访者承认，他们学到了一些发人深省的东西。[14] 在华盛顿特区的林肯总统
别墅里，一项类似的现象学研究仍在进行中，分析还未完成。但研究者隐约发
现，一个历史遗址或博物馆不仅可以让参访者获得愉快的感受，同时也能带来
一种紧张而发人深省的体验。绝大多数博物馆和历史遗址的参观者可能都希望
深入参与其中——不管他们在选择参观这些机构时是否有过这种想法。

卡尔·纽波特（Cal Newport）在其畅销之作《深度工作：如何有效使用每
一点脑力》（*Deep Work: Rules for Focused Success in a Distracted World*）一书中
指出，工作文化的驱动力正在向浅层的、过分强调通过媒体技术保持人际关系
的方向转变，因此，人们总是忙于电子邮件、推特和短信，这为那些把深度和

创造力放在首位的人创造了财富和个人机遇。对于博物馆及其他历史组织等注重深度和创造性的机构来说，这也是一个机遇。"深度，"纽波特说，"是一种能够长时间专注于一项认知要求很高的任务而不分心的能力。"换句话说，即训练一种认知技能，培养一种深厚的职业道德，一种能够从分心中解脱出来的职业道德，这将对个人的发展和经济利益产生重要的影响。纽波特写道："在我们的经济中，深度工作的能力变得越来越罕见，而与此同时，这种能力也变得越来越有价值。"也就是说，帮助学生和参访者成为公民领域信息的批判使用者，不仅有助于拯救我们的民主共和制度，而且将使这些人在就业市场上更有竞争力。[15]

博物馆和历史遗址可以培养这种深度的、专注的以及广泛的、情境化的思维。正如卡尔·纽波特在书中花了大量篇幅所解释的那样，掌握深度、专注工作的方法是困难且花费时间的。但是，人们可以一步一步地重新训练自己，再次专注于深层次、创造性、分析性的任务。博物馆和历史机构是参访者可以持续不断地接触信息和新思想并获益的地方。在博物馆环境和解说的帮助下，参访者可以练习辨别是非。

南卡罗来纳大学教授、美国公众史学委员会前任主席罗伯特·韦恩斯（Robert Weyeneth）呼吁，公众史学家和博物馆应该揭开自己阐释历史过程的面纱，让自己的行为更加透明。[16] 展品标签有时候应该解释为什么使用特定对象来表示某观点，为什么不选一个和这个展品不同的对象；为什么博物馆里有这幅画、这本日记或这件家具，或者正在讲述的是这个故事而不是另一个故事，这封信是如何保存下来的，但为什么其他几百封信却没有被保存下来；历史从业者应该解释证据是如何被保留、如何被关注、如何被选择、如何被保存、如何被分析、如何被组织起来进行论证的，以及在其他证据的背景下它又意味着什么。历史实践者可以为他们的受众建立情境化、研究型的模型，甚至可以是健康的、有根据的怀疑。

在《深度工作》中，纽波特强调了科学作家温尼弗雷德·加拉格尔（Winifred Gallagher）在 2009 年出版的《全神贯注：注意力和专注的生活》（*Rapt: Attention and the Focused Life*）一书中的一个观点：我们的大脑是基于我们选择关注的内容而非我们所处的环境来构建我们的世界观的。想要丰富、充实体验的人，想要摆脱由算法引起的互联网信息泡沫的人，会关注历史遗址和博物馆，因为它们拥有充满挑战性、超越中立的展览和项目，这里是挑战他们思维和揭示推理方法的地方。他们将继续信任那些处理事实和证据的人，这些人不仅进行历史解释，而且做与当下相关和有重要意义的历史解释。在全球范围内争夺信息和知识的伟大斗争中，历史组织和历史领袖发挥着十分重要的作用。

注 释

[1] 2014 年 5 月 19 日，美国博物馆和图书馆服务研究所称："官方估计的数字被政府加倍了：美国有 3.5 万家活跃的博物馆。" http://www.imls.gov/government_doubles_official_estimate.aspx.

[2] Lisa Junkin Lopez, Introduction, "Open House: Reimagining the Historic House Museum," *The Public Historian*, vol. 37, no. 2, 2015, pp. 10-13.

[3] 史密森学会是美国一系列博物馆和研究机构的集合组织，其地位大致相当于其他国家的国家博物馆系统。该组织囊括 19 座博物馆、国家美术馆、国家动物园、9 个研究中心以及 1.365 亿件艺术品和标本，也是美国唯一一所由美国政府资助、半官方性质的第三部门博物馆机构，同时也拥有世界上最大的博物馆系统和研究联合体。（译者注）

[4] National Council on Public History: http://ncph.org.

[5] National Trust for Historic Preservation: https://www.savingplaces.org; American Alliance of Museums: https://www.aam-us.org.

[6] American Historical Association: https://www.historians.org；Organization of American Historians：http://www.oah.org.

[7] Society of American Archivists: https://www2.archivists.org.

[8] *State and Local History News,* vol. 1, no. 1, 1941, American Association for State and Local History.

[9] https://rowman.com/Action/SERIES/RL/SLH/American%20Association-for-State-and-Local-History.

[10] *Value of History:* https://www.historyrelevance.com/value-history-statement.

[11] Roy Rosenzweig and David P. Thelen, *The Presence of the Past: Popular Uses of History in American Life*, New York: Columbia University Press, 1998.

[12] *Heritage Counts National Report 2014: Summary*, http://hc.historicengland.org.uk/National-Report/.

[13] 这里的"监禁"来自福柯《规训与惩罚：监狱的诞生》当中的隐喻。现代化前的公开的、残酷的统治（比如通过死刑或酷刑）渐渐转变为隐藏的、心理的统治，主体被监禁的历史事实上是主体被规训的历史，现代权力者通过现行的科学——法律综合体为自身的规训权力提供了基础、证明和规则，并将其直接作用于人的身体，或是管控个体的时间与空间，甚至是对某一特定时间或空间内的个体行为进行压制、排斥、否定，制造出受规训的个人。人性进而成为"复杂的权力关系的效果和工具"，是"受制于多种监禁机制的肉体和力量"。（译者注）

[14] Sean Kelley, "Beyond Neutrality," *History News*, vol. 72, no. 2, 2017, pp. 23-27.

[15] Cal Newport, *Deep Work: Rules for Focused Success in a Distracted World,* New York: Grand Central Publishing, 2016, p. 71, pp.89-91.

[16] Robert R. Weyeneth, "What I've Learned Along the Way: A Public Historian's Intellectual Odyssey," *Public Historian*, vol. 36, no. 2, 2014, pp. 23.

图书在版编目（CIP）数据

公众史学 . 第四辑 / 李娜主编 . —杭州：浙江大
学出版社，2021.6
ISBN 978-7-308-21346-2

Ⅰ . ①公… Ⅱ . ①李… Ⅲ . ①史学—文集 Ⅳ
① K03–53

中国版本图书馆 CIP 数据核字（2021）第 085244 号

公众史学　第四辑

李娜　主编

责任编辑	王志毅
文字编辑	焦巾原
责任校对	黄梦瑶
出版发行	浙江大学出版社
	（杭州天目山路 148 号 邮政编码 310007）
	（网址：http:// www.zjupress.com）
制　作	北京楠竹文化发展有限公司
印　刷	浙江印刷集团有限公司
开　本	710mm×1000mm　1/16
印　张	15
字　数	236 千
版 印 次	2021 年 6 月第 1 版　2021 年 6 月第 1 次印刷
书　号	ISBN 978–7–308–21346–2
定　价	75.00 元

《公众史学》征稿启事

　　《公众史学》是公众史学的专业读物。本系列文集秉承跨学科、跨文化的理念，反映公众史学的定义与实践之多元性和多样性，欢迎来自中国和其他国家及地区的投稿。

　　《公众史学》认为公众史学是突出受众的问题、关注点和需求的史学实践；它促进历史学以多种或多元方式满足现实世界的需求，促成史家与公众共同将"过去"建构为历史。我们收录关于公众史学的理论、实践、方法与教学的文章，内容包括博物馆与历史遗址解读与管理、公众记忆研究、公众史学教育、文化资源管理（历史保护）、档案管理、口述历史、地方历史、家族史、历史写作、公众参与、数字公众史学、史学多元受众分析等主要领域。我们设有理论探索、学术述评、实地研究、专题讨论、评论（包括公众史学新书、博物馆展览、影视作品、数字历史项目等）、动态与前沿、读者来信／综述／札记等专栏。

　　我们欢迎对公众史学的理论、方法、实践与教学做出不同贡献的原创性研究，侧重文献考证与实地考察结合的反思性文章，介绍正在进行中的公众史学项目与研究的工作坊性质文章，以及公众史学异域成果的译介作品。

　　我们鼓励体现出对史学公众性之敏感与关怀的札记类短文、读者来信，以实现公众史学的研究者、实践者和教育者与公众之间的交流；倡导平实易懂、流畅亲切的语言风格。

　　我们遵循中立、严谨的学术准则与伦理道德规范，实行双向匿名专家审稿制度。所投稿件须系作者独立研究完成之作品，充分尊重他人知识产权；文中引文、注释和其他资料，应逐一核对原文，确保准确无误，并应实事求是地注明转引出处。所投稿件，应确保未一稿两投或多投，包括局部改动后投寄给其他出版机构，且稿件主要观点或基本内容不得先在其他公开或内部出版物（包括期刊、报纸、专著、论文集、学术网站等）上发表。引文注释规定参见《历史研究》规范。来稿请注明作者姓名、职称、工作单位、联系电话、电子邮箱、通信地址及邮政编码等基本信息。

联系我们

编辑部：浙江大学公众史学研究中心

通信地址：浙江省杭州市西湖区余杭塘路 866 号浙江大学紫金港校区西区人文组团人文学院大楼 708 室

邮政编码：310058

电子邮箱：linalarp@163.com, linalarp@zju.edu.cn

海外编辑室

通信地址：7032 N. Mariposa Ln., Dublin, California, 94568, USA

电话：+1-925-361-2087

电子邮箱：linalarp@gmail.com

合作出版物

The Public Historian（美国公众史学委员会《公众史学家》）

Public History Review（澳大利亚悉尼科技大学公众史学中心《公众史学评论》）

合作机构

National Council on Public History, NCPH（美国公众史学委员会）

International Federation for Public History, IFPH-FIHP（国际公众史学联盟）